# 陶行知

师德师风系列丛书

丛书主编 张策华

南京市属高校"十四五"市级哲学社会科学重点研究基地
"陶行知教育思想及其当代价值研究"资助

# 陶行知师德师风教育文选

TAOXINGZHI SHIDE SHIFENG JIAOYU WENXUAN

张济洲 于涛 编

东南大学出版社
·南京·

图书在版编目（CIP）数据

陶行知师德师风教育文选 / 张济洲，于涛编 . -- 南京：东南大学出版社，2022.12（2025.3 重印）
（陶行知师德师风系列丛书）
ISBN 978-7-5766-0350-7

Ⅰ.①陶… Ⅱ.①张… ②于… Ⅲ.①陶行知（1891-1946）- 教师 - 职业道德 - 教育思想 - 文集 Ⅳ.① G40-092.6

中国版本图书馆 CIP 数据核字（2022）第 218942 号

责任编辑：李成思　　责任校对：张万莹　　封面设计：有品堂　　责任印制：周荣虎

| | |
|---|---|
| 编　　者 | 张济洲　于　涛 |
| 出版发行 | 东南大学出版社 |
| 社　　址 | 南京四牌楼 2 号　邮编：210096 |
| 网　　址 | http://www.seupress.com |
| 经　　销 | 全国各地新华书店 |
| 印　　刷 | 南京艺中印务有限公司 |
| 开　　本 | 700 毫米 ×1000 毫米　1/16 |
| 印　　张 | 23 |
| 字　　数 | 295 千 |
| 版　　次 | 2022 年 12 月第 1 版 |
| 印　　次 | 2025 年 3 月第 3 次印刷 |
| 书　　号 | ISBN 978-7-5766-0350-7 |
| 定　　价 | 98.00 元 |

（本社图书若有印装质量问题，请直接与营销部调换。电话（传真）：025-83791830）

# 丛书序

在学习宣传贯彻党的二十大精神热潮下,南京晓庄学院陶行知研究院学术研究蔚然成风,学陶师陶研陶成果势成穰穰,编著的"陶行知师德师风系列丛书"即将付梓面世,我深感欣慰并致以学术上的祝贺!

师德师风是评价教师队伍素质的第一标准,是广大教师努力成为"四有"好老师的第一要求。习近平总书记在党的二十大报告中指出"育人的根本在于立德""加强师德师风建设,培养高素质教师队伍,弘扬尊师重教社会风尚"。建立起完备的师德师风建设制度体系和有效的师德师风建设长效机制是教育者、研究者、全社会有关方面共同努力的方向。

陶行知是伟大的人民教育家,他是师德师风的典范,有着"爱满天下"的仁爱之心,"捧着一颗心来,不带半根草去"的奉献精神,"为一大事来,做一大事去"的教育情怀。陶行知波澜壮阔的教育生涯中展现出的以理想信念、道德情操、扎实学识、仁爱之心为核心的崇高师德,成为一笔弥足珍贵的精神财富和教育财富。我每次有机会到国内很多地方调研交流时,总要谈及"传承弘扬陶行知教育思想精髓"

话题，学习之余深感陶行知伟大光辉的一生和鞠躬尽瘁的精神令人赞叹。我也曾撰文《大先生陶行知》，宣扬陶行知先生立志、立德、立功、立言，作为"中国近代教育史上当之无愧的大先生"的风采。陶行知先生身体力行、知行合一，体现了其鲜明的师德观，这也是他崇高的人生观、道德观、价值观的集中表现，对新时期加强师德师风建设具有重要的现实意义与借鉴价值。

陶行知老校长创办的南京晓庄学院，是全国知名的教师教育特色鲜明的大学，这里是中国乡村教育运动的试验场，也是陶行知"生活教育"理论的发源地。"晓庄"因行知先生享誉世界，蔡元培、陈鹤琴、赵叔愚等一批我国近代著名教育家曾于此执教。今年恰逢学校建校95周年，95年来，学校传承弘扬陶行知教育思想，形成了"教学做合一"的校训和"教人求真，学做真人"的校风，为社会培养输送了17余万名基础教育师资和各类专门人才，涌现出数百名中小学特级教师、教学名师和教育管理者，被誉为"中小学教师的摇篮"，连续两年在校友会中国应用型师范院校一流专业排名中位列第一。今年9月，学校第三次党代会胜利召开，提出百年晓庄将迈上奋力建设新时代教师教育特色鲜明的高水平大学新征程。在新发展阶段，学校一直在教师教育方面，特别在师德师风领域，传承弘扬陶行知教育思想精髓，努力贡献晓庄力量、晓庄智慧。几个突出方面有：一是2020年江苏省教育厅向南京晓庄学院授牌"江苏师德教育基地"，去年陶行知先生诞辰130周年时，全国第一家师德教育馆在南京晓庄学院开馆，这为师德师风教育研究提供了优良的平台和基础。二是组织召开培养造就新时代"大先生"研讨会，邀请国内外学者嘉宾共同研讨新时代"大先生"的意蕴和成长路径，号召全国教师努力成长为新时代"大先生"。三是今年教师节，学校发布了《教师教育蓝皮书：中国教师教育发展报告（2022）》，其中章节揭示了改革开放以来我国师德师风建设的发展特征，指出了未来我国师德师风建设的努力方向。四是学校总体形成"以陶育人"的师德教育"晓庄模式"，开发了以"拜谒一次陶墓、参观一次陶馆、阅读一本陶著、观看一部陶行知影视剧、聆听一次关于陶行知的学术讲座、抒写一篇学陶师陶心得"为主要内容的系列师德教育课程，形成了以"坚定理想信念、厚植爱国情怀、传承大爱精神、铸造高尚师魂"为价值追求的师德教育模式。未来，学校将持续建设全国师德教育基地，以行知思想为依托打造师德师风研究实践高地。

陶行知研究院是南京晓庄学院设立的一个专门宣传、研究和实践陶行知思想的科研机构，也是中国陶行知研究会秘书处所在地。这次组织编著"陶行知师德师风系列丛书"是在去年"陶行知教育思想新视野研究丛书"基础上，继续深化研究主题、凝练研究方向、汇聚研究队伍的进一步探索，进一步总结梳理了新时代学陶研陶师陶的新经验。丛书包括《陶行知师德师风教育文选》（张济洲、于涛编）、《陶行知：民主之魂，教育之光——〈救国时报〉〈新华日报〉〈解放日报〉刊文选（1936—1946）》（王文岭、徐莹晖编著）、《中国之租借地——陶行知硕士论文（英汉）》（张汉敏、周洪宇译）。丛书以文选的形式，对陶行知及其师德教育思想进行侧写，是学校陶行知研究工作的又一成果，对学校推动教师教育特色化建设起到重要作用。

办好人民满意的教育是时代所盼。南京晓庄学院是一所有着深厚历史底蕴、深切人文情怀、巨大创新潜能的大学，努力建设学术晓庄、人文晓庄、创新晓庄。学校将始终传承弘扬陶行知教育思想精髓，深化陶行知教育思想和师德师风研究，努力做"为学""为人""为事"的"大先生"，必然会驰而不息、开拓创新，抓住强师计划新机遇，拓展与形成富有时代意蕴的教师教育新理念、新经验、新模式，为建设教育强国贡献力量。这是新时代晓庄人义不容辞的责任担当，愿与同仁共勉。

我衷心期盼通过此套丛书，南京晓庄学院的各位专家学者矢志不渝、笃行不怠，在教师教育、陶行知研究等各个方面与国内外专家多联系多交流，不断拓展新视野、开辟新赛道，取得新成果、达到新高度。

张策华

2022 年 12 月 8 日于南京方山

# 前　言

《陶行知师德师风教育文选》是从陶行知先生一生著述中选编而来的，它既是对陶行知先生的缅怀，又是对陶行知师德师风教育理念的弘扬。

当我们发现自己的育人理想、育人信念有所动摇的时候，我们要重温教育经典；当我们发现自己的育人方法过于单一、流于形式的时候，我们要重温教育经典；当我们发现自己的道德修养、职业素养难以精进的时候，我们要重温教育经典；当中华民族迈向民族复兴的伟大征程时，我们更要重温教育经典。

"百年大计，教育为本。教育大计，教师为本。"习近平总书记率先垂范尊师重教，"铺路石""引路人""大先生"……这是他对好老师的定义，更是对培养造就一流教师的希冀。

当下"评价教师队伍素质的第一标准应该是师德师风"，这要求广大教师要"敬重学问、关爱学生、严于律己、为人师表，受到学生尊敬和爱戴"，要认真领悟"好老师要有'捧着一颗心来，不带半根草去'的奉献精神，自觉坚守精神家园、坚守人格底线，带头弘扬社会主义道德和中华传统美德，以自己的模范行为影响和带动学生"。

《陶行知师德师风教育文选》就是在这样一种"立德树人"的大

背景下，不断构思、孕育而出的。它是我们永远的伙伴，也是我们的精神导师。它能陶冶我们的情操、锻炼我们的意志、筑牢我们的理想、夯实我们的价值观。这就是我们编这本《陶行知师德师风教育文选》的初衷。

此外，还有几点需要说明：

第一，关于入选篇目的原则秉持。入选的经典篇目，我们始终坚持"少而精"的原则，尽量选择最有代表性的篇目，让读者容易理解。

第二，关于入选篇目的内容划分。入选的经典篇目来自陶行知先生不同时期的著述，以"为学的大先生""为人的大先生""为事的大先生"为基本点，对陶行知先生的著述进行划分。

第三，关于入选篇目的价值取舍。入选的经典篇目，不单是陶行知先生在某时某地、某一领域之内的重要著述，我们更综合考虑了历史价值、精神价值、知识价值，因此所录篇目均是广大读者该读的、必读的、常读的师德师风教育名篇。

老师应该"做学生为学、为事、为人的大先生，成为被社会尊重的楷模，成为世人效法的榜样"。

我们真心希望，这本《陶行知师德师风教育文选》能够长伴读者左右。弘道养正，臻于至善。

南京晓庄学院陶行知研究院

2022 年 10 月

# 目 录

## 第一编 为学的大先生

### 第一章 胸怀国之大者铸牢育人理念 / 007

我们的信条 / 007
在孟禄与中国教育界同人饯别会上的讲话 / 008
智育大纲 / 009
创造的教育 / 011
生利主义之职业教育 / 019
《新教育评论》之使命 / 025
今后中华民族的使命 / 027
教育生活漫忆 / 027
如何可以不做一个时代落伍者
——致一位青年小学教师 / 029
捧着一颗心来，不带半根草去
——致李友梅、蓝九盛等 / 029

活的教育 / 030
育才十字诀 / 040
创造的儿童教育 / 042
从烧煤炉谈到教育 / 048
谈战时民众教育 / 048
国难与教育 / 049
共和与教育（译作） / 050
民主教育 / 053
国难教育社成立宣言 / 055
在南京高师教育研究会上的演讲 / 056
小学教师与民主运动 / 058
中国的大众教育运动 / 059
试验主义与新教育 / 070
第一流的教育家 / 070
南京安徽公学创学旨趣 / 072
以教人者教己 / 074
行是知之始 / 075
传统教育与生活教育有什么区别 / 076
小朋友的鸡
——致徐企周 / 078
生活教育目前的任务 / 078

## 第二章　心系民之向者创新教育改革 / 080

与贵州教育团的谈话 / 080
地方教育与乡村改造 / 082
学问之要素
——致程仲沂 / 082

## 目录

谈教学做合一
　　——致朱端琰 / 083
教学做合一下之教科书 / 086
谈生活教育
　　——致一位朋友 / 087
教育研究法 / 090
新教育 / 092
教育改进 / 097
教育与科学方法 / 102
教学合一 / 106
实施民主教育的提纲 / 106
教学做合一 / 107
儿童科学教育 / 109
怎样做小先生
　　——小先生指导法 / 109
育才三方针 / 122
如何引导学生努力求学
　　——给正之先生的信 / 122

## 第二编　为人的大先生

### 第三章　经师易遇　人师难逢 　　　／131
#### 第一节　明大德 　　　／131
共和精义 　　　／131
国民与瞎民 　　　／139
追求真理做真人
——致陶晓光 　　　／140
预备钢头碰铁钉
——给吴立邦小朋友的信 　　　／141
小孩子要知道三件事
——致陶城 　　　／142

#### 第二节　讲公德 　　　／142
学做一个人 　　　／142
育才十二要 　　　／143

#### 第三节　严私德 　　　／144
为考试事敬告全国学子 　　　／144
伪君子篇 　　　／144

### 第四章　严于律己　为人师表 　　　／145
#### 第一节　以身作则 　　　／145
为农人和儿童谋幸福 　　　／145
师生共生活
——给姚文采弟的信 　　　／146
教育者之机会与责任 　　　／147
儿童节对全国教师谈话 　　　／152

## 第二节　涵养人格　/ 154
因循篇　/ 154
每天四问　/ 158
领导者再教育　/ 164

## 第五章　爱满天下　乐育英才　/ 167

### 第一节　尊重学子　/ 167
导引新生之倡议　/ 167
美国活动教授之一段　/ 168
学生自治问题之研究　/ 170

### 第二节　面向全体　/ 171
为反对中学男女同学的进言　/ 171
《平民千字课》编辑大意　/ 173
创设乡村幼稚园宣言书　/ 176

### 第三节　理解包容　/ 176
女师大与女大问题之讨论　/ 176
法拉第　/ 177

### 第四节　鼓励引导　/ 179
学生的精神　/ 179
评陈著之《家庭教育》（书评）
——愿与天下父母共读之　/ 181

### 第五节　珍才惜才　/ 184
小朋友是民族未来的巨子　/ 184
争取时间　/ 184
儿童保育问题　/ 185

## 第三编　为事的大先生

### 第六章　推动师范教育　　　/ 193

　　师范生的第一变
　　　　——变个孙悟空　　　/ 193
　　师范生的第二变
　　　　——变个小孩子　　　/ 196
　　关于师范教育的意见　　　/ 199
　　师范教育之新趋势　　　/ 200
　　新学制与师范教育　　　/ 203
　　师范教育下乡运动　　　/ 209
　　天将明之师范学校
　　　　——江宁县立师范学校半日生活记　　　/ 211
　　中国师范教育建设论　　　/ 214
　　短期小学变成小师范　　　/ 218

### 第七章　从事乡村教育　　　/ 219

　　改拳术为随意科案　　　/ 219
　　规定女子旁听办法案　　　/ 219
　　报告招收新生问题　　　/ 220
　　小孩子最紧要的是进学校　　　/ 220
　　与北京《导报》记者的谈话　　　/ 221
　　莫轻看徒弟　　　/ 222
　　新旧时代之学生　　　/ 223
　　读书与用书　　　/ 224
　　怎样指导小朋友明白时事　　　/ 227

| | |
|---|---|
| 谈谈儿童节 | / 229 |
| 清水沙盘 | |
| ——献给全国的小朋友 | / 232 |
| 乡村教育要不会办教育的人办 | |
| ——致承国英 | / 235 |
| 民主的儿童节 | / 235 |
| 敲碎儿童的地狱，创造儿童的乐园 | / 237 |
| 学理与应用（译作） | / 238 |
| 试验教育的实施 | / 241 |
| 在南京高师教务会议上的报告纲要 | / 243 |
| 添设速记打字讲习科案 | / 244 |
| 在《学制系统草案》讨论会上的发言 | / 245 |
| 评学制草案标准 | / 246 |
| 整个的校长 | / 247 |
| 如何使幼稚教育普及 | / 248 |
| 小学目标案 | / 251 |
| 送科学丛书 | / 251 |
| 怎样选书 | / 252 |
| 幼稚园要重视科学的训练 | / 254 |
| 教育的新生 | / 255 |
| 育才学校教育纲要草案 | / 258 |
| 晓庄试验乡村师范学校创校概况 | / 265 |
| 我们的校徽 | / 266 |
| 从一个学校想到别的学校 | / 267 |
| 设立中央儿童学园以倡导幼年社会教育案 | / 268 |
| 育才卫生教育二十九事 | / 270 |
| 育才学校之礼节与公约 | / 271 |

育才二周岁前夜 / 275
改良课程案 / 284

## 第八章　普及大众教育 / 285

关于教育厅长产生问题的意见 / 285
地方教育行政为一种专门事业 / 291
对于参与国际教育运动的意见 / 295
道路与教育 / 297
我们对于新学制草案应持之态度 / 298
南京教育谈 / 300
市乡教育分治与南京教育 / 302
中华教育改进社简章 / 305
平民读书处之试验 / 308
论平民读书处之得失 / 313
社会改造之出发点 / 316
全国平民教育之现状 / 317
家庭妇女与普及教育 / 323
民族解放大学校 / 324
社会大学的创办 / 326
谈社会大学 / 326
中华平民教育促进会宣言 / 329
中华教育改进社第一次年会报告叙言二 / 331
在中华教育改进社第二次年会社务会议上的报告 / 333
在中华教育改进社周年纪念会上报告本年社务 / 335
中国建设新学制的历史 / 337

## 后记 / 349

第一编

为学的大先生

陶行知(抗战胜利后,陶行知响应中国共产党的号召,投入反内战、反独裁、争和平、争民主的斗争)

《实施民主教育提纲》封面（陶行知提倡民主教育运动，提出《实施民主教育提纲》。陶行知认为民主教育应该是全民教育、终身教育、开放式教育，使社会成为一所大学校）

绘画组学生在作画

戏剧组学生在排练

"七个小光棍"与上海报童工学团合影

教农民识字

陶行知夫妇与友人在重庆北碚北温泉留影（左四为陶行知、左三为吴树琴）

中国民主同盟第一次全国代表大会合影（1945年10月，陶行知参加组建中国民主同盟，被选为民盟中央常务委员，负责主编《民主教育》和《民主星期刊》。三排右四为陶行知；二排右三为史良，右五为鲜特生，右六为张澜，右七为沈钧儒；前排右六为李公朴）

# 第一章　胸怀国之大者铸牢育人理念

## 我们的信条

《我们的信条》虽是我用笔写的，但不是我创的。我参观诸位先生在学校里实际的工作，心里不由人起了好多印象，积起来共有十八项，我就依着次序编成这套信条。所以这是诸位先生自己原来的信条，早已接受实行，今日只是大家共同温习一遍，并下定决心，终身奉行，始终如一。

我们从事乡村教育的同志，要把我们整个的心献给我们三万万四千万的农民。我们要向着农民"烧心香"。我们心里要充满那农民的甘苦。我们要常常念着农民的痛苦，常常念着他们所想得的幸福，我们必须有一个"农民甘苦化的心"，才配为农民服务，才配担负改造乡村生活的新使命。倘使个个乡村教师的心都经过了"农民甘苦化"，我深信他们必定能够叫中国个个乡村变做天堂，变做乐园，变做中华民国的健全的自治单位。这是我们绝大的机会，也就是我们绝大的责任。

一、我们深信教育是国家万年根本大计。

二、我们深信生活是教育的中心。

三、我们深信健康是生活的出发点，也就是教育的出发点。

四、我们深信教育应当培植生活力，使学生向上长。

五、我们深信教育应当把环境的阻力化为助力。

六、我们深信教法学法做法合一。

七、我们深信师生共生活、共甘苦，为最好的教育。

八、我们深信教师应当以身作则。

九、我们深信教师必须学而不厌，才能诲人不倦。

十、我们深信教师应当运用困难，以发展思想及奋斗精神。

十一、我们深信教师应当做人民的朋友。

十二、我们深信乡村学校应当做改造乡村生活的中心。

十三、我们深信乡村教师应当做改造乡村生活的灵魂。

十四、我们深信乡村教师必须有农夫的身手、科学的头脑、改造社会的精神。

十五、我们深信乡村教师应当用科学的方法去征服自然，用美术的观念去改造社会。

十六、我们深信乡村教师要用最少的经费办理最好的教育。

十七、我们深信最高尚的精神是人生无价之宝，非金钱所能买得来，就不必靠金钱而后振作，尤不可因钱少而推诿。

十八、我们深信如果全国教师对于儿童教育都有"鞠躬尽瘁，死而后已"的决心，必能为我们民族创造一个伟大的新生命。

原载 1926 年 12 月 10 日《新教育评论》第 3 卷第 2 期

## 在孟禄与中国教育界同人饯别会上的讲话

我们当这新纪元开始的时候，要参与教育革新的运动，须具两种精神：一是开辟的精神，二是试验的精神。有开辟的精神，然后愿到那人不肯到的地方去服务，然后我们足迹所到之处，就是教育所到之处。有试验的精神，然后对于教育问题，才有彻底的解决；对于教育原理，才有充量的发现。但开辟和试验两种精神，都非短少时间所能奏效的。我们若想教育日新日进，就须继续不已地去开辟，继续不已地去试验。深望大家奋起继续开辟继续试验的精神，来做这新纪元的帅领。敝校同人不敏，也愿随诸君之后领一辅重队。

原载 1922 年 4 月《新教育》第 4 卷第 4 期

## 智育大纲

本校以诚为训育之本，亦以诚为智育之本。盖诚合成己成物而言，故格物所以致知，即所以致诚。《中庸》曰："自明诚谓之教。"又曰："诚之者，择善而固执之者也。"曰明，曰择，皆智育所有事，而皆所以致其诚也。故本校智育，亦以诚为本。依据诚训以养成学生思想及应用能力，则本校智育之标准也。深望诸生能思想以探知识之本源，能应用以求知识之归宿。盖明知识之本源，然后乃能取之无尽；明知识之归宿，然后乃能用之无穷。若徒以灌输知识为务，而不求所以得其源流，则枯寂之弊所不能免，又安能尽物之性哉？故本校智育以养成思想及应用能力为标准。标准既立，方法乃生。

本校智育方法，有一贯之精神，曰：试验。盖徒事思想而无试验，则蹈于空虚；徒知应用而无试验，则封于故步：皆不足以尽智育之能事也。荀子曰："大天而思之，孰与物畜而制之！从天而颂之，孰与制天命而用之！望时而待之，孰与应时而使之！因物而多之，孰与骋能而化之！思物而物之，孰与理物而勿失之也！"此数语，可谓中试验精神之窍要矣。盖凡天下之物，莫不有赖于其所处之境况，境况不同，象征自异。故欲致知穷理，必先约束其境况，而号召其象征，然后效用乃能发现。若其待天垂象，俟物示征，则以有限之时间，逐不可必得之因果，是役于物而制于天也，安得不为所困哉？况既得矣，或出于偶然；即有常矣，或所示者吝，吾又安能穷其极处无不到哉？

昔王阳明格竹七日而病，及在夷中，乃恍然以为"天下之物本无可格，其格物之功，只在身心上"。呜呼！此皆不能约束境况，号召象征有以致之也。彼善知致知者，役物而不为物所役，制天而不为天所制。设统系，立方法，举凡欲格之物，尽纳之于轨范之中：远者近之，微者大之，繁者简之，杂者纯之，合者析之，分者通之，多方以试之，屡试以验之，更校其异同，审其消长，观其动静，察其变化，然后因果可明，而理可穷也。故试验者，发明之利器也。试验虽不必皆有发明，然发明必资乎试验。人禽之分，在试验之有无。文野之分，在试验之深浅。试验之法，造端于物理、生物、生理，浸假而侵入人群之诸学，今则哲理亦受其影响矣。盖自培根用以格客观之物，笛卡儿用以致主观之知，试验精神遂举形而上学、形而下学而贯彻之。究其结果，则思想日精，发明日盛，欧美之世界，几变其形。

吾国数千年来相传不绝之方法，惟有"致知在格物"一语。然格物之方法何在？晦庵与王阳明各持一说。晦庵以即物穷理释之，近矣。然而即物穷理又当用何法乎？无法以即物穷理，则物仍不可格，知仍不可致。阳明固尝使用即物穷理者也，然未得其法，格物不成，归而格心。使阳明更进一步，不责物之无可格，只责格之不得法，兢兢然以改良方法自任，则近世发明史中，吾国人何至迄今无所贡献？故欧美之进步敏捷者，以有试验方法故。中国之所以瞠乎人后者，亦以无试验方法故。

柏林大学保尔生曰："德国中世纪以前，狉狉榛榛，等于化外之民。及拉丁文输自罗马，民情一变。既而文艺北渐，蕴成宗教变革，而民德又一进，是德人再得力于拉丁民族也。"当十七世纪，法国礼乐艺术最盛，德人见异而迁，其贵族咸以能说法语为荣。及十八世纪，大风烈铁骑帝又定法文为学校必修科，并聘法人为高级教师，其学于法人也，可谓勤矣。而于希腊及英吉利之文化，亦皆无所不吸收，此德人师天下之期也。迨至十八世纪之初，哈里大学与郭听斯堡大学相继而兴，皆以宣扬试验精神为务。其后，学者先后辈出，凡所建树，皆本于试验。至十八世纪末叶，复与国家主义会合，以国家主义定目的，试验主义定方法，相演相成，用著大效。此后言科学者多宗德人。故十九世纪以前，德人师天下；十九世纪以后，天下师德人。试验主义实与有力焉。

吾国维新二十载，形式上虽不无可观，而智识进化之根本方法，则无人过问。故拘于古法而徒仍旧贯者有之；慕于新奇而专事仪型者有之。否则思而不学，悬空构想，一知半解，武断从事。即不然，则朝行夕罢，偶尔尝试而已。孔子曰："温故而知新，可以为师矣。"仍旧贯，只是温故。仪型他国，则吾人以为新，他人以为旧矣。空想无新可见，武断绝自新之路，尝试则新未出而已中途废矣，何怪乎智识之不进也！故欲智识之刷新，非实行试验不为功。盖能试验，则能自树立；能自树立，则能发古人所未发，明今人所未明，人将师我，岂惟进步已哉？然能试验，岂易言哉？知其要而无其才，不足以言试验；有其才而无百折不回之气概，犹不足以言试验也。故试验者，当内有其才，外度其势，视阻力为当然，失败为难免，复贯以再接再厉之精神，然后功可成也。诸生宜急起直追，以试验自矢，则所思者皆有所用，所用者皆本所思，当不难自明以至于诚也。勉之！勉之！

原载1918年9月20日《南京高等师范日刊》

## 创造的教育

诸位同学：

我今天的讲题是《创造的教育》。

什么是创造的教育？先说明创造两个字的意义。我举两个例子来说吧。鲁滨孙漂流到荒岛上去，口渴了，白天他走到海边用手去捧水喝，到黑夜里就没有办法了。他偶尔在灶的旁边，看见经火烧过的泥土，硬得如石子一样。他想到软的土经火烧了，就成坚固且硬的东西，于是他把土做成三个瓶子，放入火中去烧，烧碎了一个，其余的两个可以满满地盛着水。于是他口渴的问题完全解决了。我们把这件事分析起来，可以发现三点：他把手捧水喝，到黑夜发生了困难，是他的行动；发现泥土经过火烧变成坚固且硬的东西，也是他的行动；把泥土塑成了瓶，希望同烧过的土一样的坚固，是他的思想。结果，他瓶子盛水的计划成功了,是新价值的产生。由行动而发生思想,由思想产生新价值,这就是创造的过程。这个例子是"物质的创造"。再如《红楼梦》上刘姥姥游大观园,贾母请客,后来唤了二只船来,贾母同媳妇等人在前船先行,宝玉同姊妹们在后船后行。河内氽满着破残荷叶,宝玉的船划不快,追不上前船。宝玉心里非常忿怒,马上要铲光破荷叶。薛宝钗说:"现在仆人们很忙碌,等他们空了,再叫他们铲除吧!"林黛玉说:"我平生最不喜欢李义山的诗,只有一句还可以。"宝玉问她究竟是哪一句呢?黛玉说,"留得残荷听雨声"一句。宝玉一想,觉得破荷叶很有用处,就不再要铲荷叶了。这个例子中,船行到荷叶中去,是行动;破荷叶妨碍行船,是行动;林黛玉提出李义山的诗句,是思想;宝玉心中厌恶的破荷叶,一变而为可爱的天然乐器,是产生了新的价值。这种新观念的成立是心理的创造。

  我现在再讲行动,关于教育上的行动。中国现在的教育是关门来干的,只有思想,没有行动的。教员们教死书,死教书,教书死;学生们读死书,死读书,读书死。所以那种教育是死的教育,不是行动的教育。我们知道王阳明先生是提倡"知行合一"说的,他说"知是行之始,行是知之成"。他的意思是先要脑袋里装满了学问,方才可以行动,所以大家都认为学校是求知的地方,社会是行动的地方。好像学校与社会是漠不相关的,以致造成一班只知而不行的书呆子。所以阳明先生的二句话,很可以代表中国数千年的传统教育的思想。现在我要把他的话翻半个筋斗。如果翻一个筋斗,岂非仍是还原吗?所以叫他翻半个筋斗,就是说:"行是知之始,知是行之成。"例如爱迪生发明电灯,不是从前的人告诉他的,是玩把戏而偶然发现的。小孩子不敢碰洋灯泡,是他弄火烫痛的经验。至于妈妈告诉他火是烫人的,不过使小孩子格外清楚一些。所以要有知识,是要从行动中去求来,不行动而求到的知识,是靠不住的。有人告诉你这是白的、那是黑的,你不行动,就不能知道哪个是真、哪个是假。有行动的勇敢,才有真知识的收获。书本子的东西，不过告诉你别人得来的知识。有许多人著书，东抄西袭，这种抄袭成章的知识，不是自己知识的贡献。你能行动，行动才生困难，想法解决了困难，才是真知识的获得。我现在介绍杜威先生思想的反省（Reflectria of Thinking）中的五个步骤：（一）感觉困难；（二）审查困难所在；（三）设法去解决；（四）择一去尝试；（五）屡试屡验，得到结论。我的意思，要在"感觉困难"上边添一步："行动"。因为惟其行动，到行不通的时候，方才觉得困难，困难而求解决，于是有新价值的产生。所以我说行动是老子，思想是儿子，创造是孙子。你要有孙子，非先有老子、儿子不可，这是一贯下来的。但是我们知道，单独的行动，也是不能创造的。如中国农夫耕种的方法，几千年来，间有小小的改良外，其余的都是墨守成规，毫无创造。还有许多书呆子，书尽管读得多，也不能创造。所以要创造，非你在用脑的时候，同时用手去实验，用手的时候，同时用脑去想不可。手和脑在一块儿干，是创造教育的开始；手脑双全，是创造教育的目的。孟子说："劳心者治人，劳力者治于人。"这是孟子当时的教育思想。时至今日，这种传统的思想已经起了一个极大的地震，渐渐地在那里崩溃了。我最近读了世界许多有名科学家的传记，觉得有发明的人，都是以头脑指挥他的行动，以行动的经验来充实他的头脑。中国的所谓学者，他们擅长的是高谈阔论，作空文章；而做劳工的人，又不读书，不肯用脑，所以一辈子在这种传统习尚下过生活，大科学家、大发明家哪里会产生？现在我们知道了，劳工教育啦，平民教育啦，都是时见时闻的。但是情势一变，"反动""嫌疑"等等名目都加上来，你就陷于四面碰壁的绝境。有许多教育界很有声望的、无阻无碍的人，他们又不愿去干，以致这种教育至今还尚在萌芽时代。

　　行动的教育，要从小的时候就干起。要解放小孩的自由，让他做有意思的活动，开展他们的天才。至于我们一辈，从小是受传统教育的熏陶，到现在觉悟起来，成为一个半路出家的和尚。和尚是半路出家，他往往会想起他的家来。例如不吃鸦片的人，一见鸦片就生厌恶，但吃过鸦片的人，虽然戒了，至少对它有相当的感情。我们小的时候，有天赋的行动本能，不过一切工作都被仆人们代做去了，被慈善的妈妈代做去了。稍长一些，我们到小学校去读书，有阎罗王般的教师坐在上面，不许我们动一动。中学和大学的课程是呆呆地订死在那里，你要动亦不得动。到现在始费尽九牛二虎之力，挣扎着改变久受束缚的人生，还不能回复自然的行动本能。但是我们不要灰心，时机也并不算晚，佛兰克林四十几岁才发明了避电针呢！不过行动的教育，应当从小就要干起，因为小孩子还没有斫丧他行动的本能，小小的孩子，就是将来小小的科学家。假使我们给小孩子自由行动，我相信千百孩子之中，一定有一个小孩是天才，是一个创造者、发明者。爱迪生小时候，是个很喜欢行动的小孩子。当时美国的教育，也同中国一样，小学教员是禁止小孩子活动的。爱迪生违反了教师的训条，就蒙到"坏蛋"的声名，不到三个月，爱迪生被"坏蛋"的空气逼走了。爱迪生的母亲不服气，她以为她的儿子并不是"坏蛋"，"蛋"并没有"坏"，她就教他先在地窖里研究化学，后来研究物理，结果成了一个闻名的科学家。所以爱迪生的成功，幸而有他的妈妈，否则老早就把他的天才牺牲了。牛顿生下来的时候，小到像小老鼠一只，体重只有三磅。看护妇去请医生的时候，很不高兴地说："这样小老鼠一般大的东西，等到医生来，早已一命归天了。"岂料小老鼠一般的东西，就是以后闻名的科学家，还活到八十多岁呢。据说牛顿小的时候，并不聪明。可见小孩子的时代，很难看得出哪一个是天才的儿童。

四月四号是世界儿童节，中华慈幼协会请我编了四支儿童歌：

**（一）小盘古**

我是小盘古，

我不怕吃苦；
我要开辟新天地，
看我手中双斧。

### （二）小孙文
我是小孙文，
我有革命精神；
我要打倒帝国主义，
像个球儿打滚。

### （三）小牛顿
我是小牛顿，
让人说我笨；
我要用我的头脑，
向大自然追问。

### （四）小工人
我是小工人，
我有双手万能；
我要造"富的社会"，
不造"富的个人"。

我们要打倒传统的教育，同时要提倡创造的教育。他的办法是怎样呢？我们知道，传统的教育，他们一个教室容纳四五十人。试问教师的力量有多么大，能够完全去推动全级学生？所以就发生了教育方法上的错误。我们现在的办法是教师教大徒弟，大徒弟再去教小徒弟，先生在上了几堂课以后，鉴别了几个较有天才、聪明的大徒弟。以后教师就专门去教大徒弟，所以他的精神容易去推动他们，学问也容易灌输到他们头脑中去。大徒弟再把他所得到的，分别地去教那些小徒弟。学生们很活动地去找寻知识，解释困难，贡献他所求得的知识，先生不过站在旁边的地位略加指点而已。我们认为这种教育，是行动的教育。有行动才能得到知识，有知识才能创造，有创造才有热烈的兴趣。所以我们主张"行动"是中国教育的开始，"创造"是中国教育的完成。我曾经参观过一个学校，这个学校是小孩子办的。我问他们说："你们是大小孩子教小小孩子吗？"有一个小孩子回答说："是的，不过有许多时候小小孩子也教大小孩子呢。"我说："你的话是对的，是真理，比我的意见更进一层。"现在中国传统教育下的智识阶级，根本就看不起小孩子，看不起农人、工人。但是试问他们的力量有多么大？倭奴侵占我们的东三省，你有力量赶走他吗？不可能！我们要启发小孩子，启发农人、工人，运用大多数人的力量，才能够去创造，才能救国雪耻。我来举一个例子，证明农人的力量并不弱。从前我办一个学校，在校的旁边凿了一口井，专门供给学校用水的。有一年大旱，乡村中旁的井水都汲干了，所以乡民都集中到校旁井内来汲。后来这口井也涸竭了，于是我们校里，因为水的恐慌开了一个会。当时有人主张，把井收回自用。我不以为然。我说："我们的学校，是以社会作学校的，不应该把社会圈出于学校之外。假如这样，我们将来推广农事和民众教育就不容易办了。用水既是大众的事，还不如请大众共同来解决。"于是请各村庄每家派一个代表，男的、女的、小孩子在十三岁以上的都可以，没有多少时候，礼堂上已挤满了代表。我们教员们，自觉居于孔明的地位，三个臭皮匠合做一个诸葛亮的地位，所以黄龙宝座的主席，推了一个十三岁的小孩子。我们略略讲了几条会场规则之后，就正式开会。那一天的会，非常有精彩、有力量，当时发言最多且最好者，要推老太婆！好！我们来听听一个老太婆的宏论。她说人是要睡觉的，井也是要睡觉呢！井不让它睡觉，一辈子就没有水吃。所以当时一致议决井要睡觉。自下午七时起至翌晨五时止，不得唤醒井，违者罚大洋壹元，作修井之用。当这个老太婆发言未完，另有一个老太婆，也想立起来发言，就有第三个老太婆牵牵她的衣襟，制止她的发言，说："不是方才先生说过的吗？"你想他们非但能够自治，而且还能管理他人，所以当时会场发言的人非常多，秩序还是一丝不乱的。他们讨论了好久，还制成几条议案：第二条就是汲水的程序，先到者先汲，后到者后汲，违者罚大洋五角，作修井之用；第三条就是再开凿一井，把太平天国时留下淤塞的废井加以开凿，经费富者多捐，贫者少捐，茶店、豆腐店也多捐一些；其四，推举奉天刘君世厚为监察委员，掌理罚款，调解纠纷。结果，一个大钱都没有罚到，因为这是出于农人自动的议决，所以大家能遵守。你看农人的力量是多么大，他们的话多么的公正和有效，这种问题来的时候，岂是少数人所能干得了吗？不过他们的旁边，还是需有孔明在那里指示，否则恐怕到如今，井还没有开凿成功。所以创造的教育应该启发农人、工人、学生……，使他们得真的知识，才是真的创造。

其次我要讲的：现在中国的教育组织，是不能创造的。我们可以分两种来说：第一种是，学校是学校，社会是社会。他们认为学校是求知的地方，社会是行动的地方；他们说读书不忘救国，救国不忘读书。日本人的炮弹已经飞到他们面前，还是子曰子曰读他的书，这种教育是亡了中国还不够的。第二种，他们已经觉得学校是离不开社会的，所以他们主张"学校社会化"，他们想把社会的一切，都请到学校里来，所以学校里什么都有：公安局啦，卫生局啦，市政厅啦，什么都有。但是他们所做的与社会依旧是隔膜的。况且学校有多么大，能够包罗万象？他们的学校好像大的鸟笼，把鸟儿捉到笼里来养；又好像一只大缸，把鱼儿捉到缸里来养。结果鸟儿过不来鸟笼的生活，死了；鱼儿过不来鱼缸的生活，死了。所以这种似是而非的教育是不自然的、虚伪的和无力量的，也不是创造的教育。创造的教育是怎样呢？就是"以社会为学校""学校和社会打成一片"，彼此之间，很难识别的。社会含有学校的意味，学校含有社会的意味。我们要把学校的围墙拆去，那么才可与社会沟通。这种围墙不是真的围墙，是各人心中的心墙。各人把他的感情、态度从以前传统教育那边改变过来，解放起来。实则这种教育，只要有决心去干，是很容易办到的。例如大夏大学的附近有许多村庄，庄上的人，都是散漫的，无教育的。假使我们把学校与村庄沟通，大学生都负责去创造新村，村上的人，都接受到知识，形成活泼的有力量、有生命的村庄，再把全中国所有的村庄联合起来，构成一个有大生命的中国，民众的力量可以集中，国难也可共赴。这样做去，要普及教育，一年就可以成功。我们自近而后远，先小而后大，着手办去，把小孩子、农人、工人都培养起来，这才是创造教育的目的。中国现在的教育不是平等发展的，是畸形发展的：一方面有博士、硕士，一方面有一大群无知识的民众，迟滞得表示不出多大贡献。

现在我再要讲，创造的教育是以生活为教育，就是生活中才可求到教育。教育是从生活中得来的，虽然书也是求知之一种工具，但生活中随处是工具，都是教育。况且一个人有整个的生活，才可得整个的教育。举个例来说吧，有一个儿子，他是喜欢赌博的，他的母亲训斥他。不过他的母亲却悄悄地到邻舍去赌博了，他在窗内看见他的母亲赌博，于是也到别处去赌博了。这个孩子过的是赌博生活，受的是赌博教育，不期而然而成赌博的人生。某学校反对我"生活即教育"的主张，我去参观他们的学校，适逢吃饭的时候，他们的饭菜是有等级的，厨子巴结先生，先生的菜特别好，学生的菜，简直坏之不堪。他们请我在先生一桌吃饭，我愿意同学生一块儿吃。学生的饭菜坏到怎样呢？他们名为一碗肉，肉仅在碗面上有几小块，学生在未下箸的时候，目光炯炯地早已看准那最大的一块，一下箸，一碗饭还没有吃完，而菜已吃得精光了。这种饕餮的状态，无形中在饭堂里更造成了许多小军阀。这个学校，是不把吃饭问题归入教育范围之内的。有许多学校对于男女学生的恋爱，他们是讳莫如深，但恋爱问题，往往在学校里闹遍。现在生活的教育是怎样呢？我们知道恋爱、吃饭等问题都是非常重要的。所以，恋爱先生我怕你，请你进来；吃饭先生我怕你，请你进来：我们一块儿干吧！我们的教育非但要教，并且要学要做。教而不学，学而不做，叫做"忘三"。我们要能够做，做的最高境界就是创造。我们要能够学，学从生活中去学，只知学而不知做，就不是真的学。我们要能够教，教要教得其所，要有整个的教育，平等的行动的教育，不要像现在畸形的教育。有人说我的创造教育，不成其为学校，我做了一首诗："谁说非学校？就算非学校。依样画葫芦，简直太无聊。"

原载 1933 年 3 月《教育建设》第 5 集

## 生利主义之职业教育

生活主义包含万状，凡人生一切所需皆属之。其范围之广，实与教育等。有关于职业之生活，即有关于职业之教育；有关于消闲之生活，即有关于消闲之教育；有关于社交之生活，即有关于社交之教育；有关于天然界之生活，即有关于天然界之教育。人之生活四，职业其一；人之教育四，职业教育其一。故生活为全体，职业为部分；教育为全体，职业教育为部分。以教育全体之生活目的视为职业教育之特别目的，则职业教育之目的何以示别于教育全体之目的，又何以示别于他种教育之目的乎？故生活之不能为职业教育独专之主义者，以其泛也。

生活主义固不适于职业教育之采用矣。衣食主义则何如？大凡衣食之来源有四：职业、祖遗、乞丐、盗窃是也。职业教育若以衣食为主义，彼之习赖子、乞丐、盗窃者，不亦同具一主义乎？而彼养成赖子、乞丐、盗窃者，亦得自命为职业教育家乎？此衣食主义之不适于职业教育者一也。不宁惟是，职业教育苟以衣食为主义，则衣食充足者不必他求，可以不受职业教育矣。此衣食主义之不适于职业教育者二也。且以衣食主义为职业教育之正的，则一切计划将趋于温饱之一途。此犹施舍也。夫邑号朝歌，墨翟回车；里名胜母，曾子不入。学校以施舍为主旨，则束身自好者行将见而却步矣。此衣食主义之不适于职业教育者三也。凡主义之作用，所以指导进行之方法。若标一主义不能作方法之指针，则奚以贵？故衣食之可否为职业教育之主义，亦视其有无补助于职业方法之规定耳。夫学校必有师资，吾辈选择职业教员，能以衣食为其资格乎？学校必有设备，吾人布置职业教具，能以衣食为其标准乎？又试问，职业学校收录学生，可否以衣食为去取？支配课程，可否以衣食为根据？衣食主义之于职业教育方法，实无丝毫之指导性质。有之，则吾不知也。衣食既不能为职业教育方法施行之指导，则其不宜为职业教育之主义，又明矣。此衣食主义之不适于职业教育者四也。不特此也，吾人作事之目的，有内外之分。衣食者，事外之目的也；乐业者，事内之目的也。足衣足食而不乐于业，则事外虽无冻馁之虞，事内不免劳碌之患。彼持衣食以为职业教育主义者，是忽乐业之道也。此衣食主义之不适于职业教育者五也。且职业教育苟以衣食主义相号召，则教师为衣食教，学生为衣食学，无声无臭之中隐然养成一副自私之精神。美国人士视职业教育与学赚钱（Learning to Earn）为一途，有识者如杜威（Dewey）先生辈，咸以其近于自私，尝为词辟之。吾国当兹民生穷蹙之际，国人已以衣食为口头禅，兴学者又从而助长其焰，吾深惧国人自私之念，将一发难厌矣。此衣食主义之不适于职业教育者六也。是故衣食主义为众弊之渊薮，欲职业教育之有利无弊，非革除衣食主义不为功。

衣食主义既多弊窦，生活主义又太宽泛，二者皆不适用于职业教育，然则果应以何者为正当之主义乎？曰，职业作用之所在，即职业教育主义之所在。职业以生利为作用，故职业教育应以生利为主义。生利有二种：一曰生有利之物，如农产谷、工制器是；二曰生有利之事，如商通有无、医生治病是。前者以物利群，后者以事利群。生产虽有事物之不同，然其有利于群则一。故凡生利之人，皆谓之职业界中人；不能生利之人，皆不得谓之职业界中人。凡养成生利人物之教育，皆得谓之职业教育；凡不能养成生利人物之教育，皆不得谓之职业教育。生利主义既限于职业之作用，自是职业教育之特别目的，非复如生活主义之宽泛矣，此其一。以生利主义比较衣食主义尤无弊窦之可指，故以生利主义为准绳，则不能生利之赖子、乞丐、盗窃与养成之者，皆摈于职业教育之外矣，此其二。学校既以生利为主义，则足于衣食而不能生利者无所施其遁避，此其三。父母莫不欲其子女之能生利，职业教育苟以生利为主义，自能免于施舍之性质，自好者方将督促子女入学之不暇，又何暇反加阻力乎？此其四。职业既以生利为作用，吾人果采用生利主义以办职业教育，则生利之方法，即可为职业教育方法之指针，此其五。职业教育既以养成生利人物为主义，则其注重之点在生利时之各种手续，势必使人人于生利之时能安乐其业，故无劳碌之弊，此其六。生利主义侧重发舒内力以应群需，所呈现象正与衣食主义相反。生产一事一物时，必自审曰："吾能生产乎？吾所生产之事物于群有利乎？"教师学生于不知不觉中自具一种利群之精神，此其七。不特此也，能生利之人即能得生活上一部分之幸福；而一衣一食亦自能措置裕如。不能生利之人，则虽有安富尊荣亦难长守。故惟患不能生利，不患不得生活之幸福与温饱。然则生利主义既无生活主义之宽泛，复无衣食主义之丛弊，又几兼二者之益而有之，岂非职业教育之正当主义乎？

**生利主义之职业师资** 职业教育既以养成生利人物为其主要之目的，则其直接教授职业之师资，自必以能生利之人为限。盖己立而后能立人，己达而后能达人，天下未有无生利经验之人而能教育人生利者。昔樊迟请学稼，子曰："吾不如老农。"请学为圃，曰："吾不如老圃。"孔子岂故为拒绝哉？亦以业有专精，事有专习，孔子之不知农圃，亦犹老农老圃之不知六艺耳。由是以推，无治病之经验者，不可以教医；无贸易之经验者，不可以教商。百凡职业，莫不皆然。故职业教师之第一要事，即在生利之经验。无生利之经验，则以书生教书生，虽冒职业教师之名，非吾之所谓职业教师也。

然职业教师不徒负养成生利人物之责，且负有改良所产事物之责。欲求事物之改良，则非于经验之外别具生利之学识不可。无学识以为经验之指导，则势必故步自封，不求进取。吾国农业，数千年来所以少改良者，亦以徒有经验而无学识以操纵之耳。故职业教师之第二要事，是为生利之学识。

兼有生利之经验学识尚不足以尽职业教师之能事。盖教授生利之法，随业而异。有宜先理想而后实习者，有宜先实习而后理想者，有宜理想实习同时并进者。为职业教师者自宜熟悉学者之心理，教材之性质，使所教所学皆能浃洽生利之方法，而奏事半功倍之效。故职业教师之第三要事，为生利之教授法。

准如前说，则健全之职业教师，自必以经验学术教法三者皆为标准。三者不可得兼，则宁舍教法学术而取经验。盖无学术教法而有经验，则教师尚不失为生利之人物，纵无进取良法，然学生自能仪型教师所为，以生产事物。既能生产事物，即不失职业教育之本旨。如无经验，则教授法无由精密，纵学术高尚，断不能教学生之生利。既不能生利，则失职业教育之本旨矣。是故经验学术教法三者皆为职业教师所必具之要事，然三者之中，经验尤为根本焉。

职业教师既以生利经验为根本之资格，则养成职业师资自当取材于职业界之杰出者。彼自职业中来，既富有经验，又安于其事，再加以学术教法，当可蔚为良材，概之收录普通学子，为事当较易，收效亦当较良且速也。

职业教师既以生利之经验学术教法三者为资格，则如何养成此种教师之方法，亦在吾人必须研究之列。大概养成职业师资之法有三：（一）收录普通学子教以经验学术与教法；（二）收录职业界之杰出人物教以学术与教法；（三）延聘专门学问家与职业中之有经验者同室试教，使其互相砥砺补益，蔚为职业教师。夫经验所需之多少，随职业而异。其需经验较少之职业，利用第一法。如普通师范学校之教师有二三年之经验者，即可作教授之基础。故收录普通学子而养成之，为事甚易。其次则商业学校教员，似亦可以利用此法。但农工等职业之教师，性质迥异，非富有经验，不足以教生利。舍难就易，似不如采用第二法，精选职业界之杰出者养成之。彼既从职业中来，自必有相当之经验，再教以实用之学术教法，为事自顺。然此法效力之大小，常视国中教育普及之程度为差。其在欧美教育普及之邦，职业中人，大半受过八年之公共教育，既有普通知能以植其基，则于学术教法自易领悟。中国则不然，教育未普及，农工多数不识文字；既不识文字，则欲授以学术教法，自有种种困难。然而职业界之杰出者，终不乏粗识文字之人。当事者苟能精选而罗致之，则有用之职业师资，或能济济而出也。此外则有延聘学问家与经验家同室试教一法。当今职业师资缺乏，为其备选者或有学术而无经验，或有经验而无学术，速成之计，莫如合学问家与经验家于一炉而共冶之；既可使之共同试教，又可使之互相补益，则今日之偏材，经数年磨练之后，或能蔚成相当之师资，岂非一举两得哉？然一班二师，所费实巨，况学术经验贵能合一，若分附二人之身，终难免于隔膜。故此计虽有优点，不过为过渡时代权宜之策耳。总之，职业教师最重生利之经验，则养成之法，自宜提其要领，因已有之经验而增长之，方能事半功倍也。

**生利主义之职业设备** 孔子曰："工欲善其事，必先利其器。"无利器而能善其事者，吾未之前闻。职业教育又何独不然？必先有种种设备，以应所攻各业之需求，然后师生乃能从事于生利；否则虽有良师贤弟子，奈巧妇不能为无米之炊何！故无农器不可以教农，无工器不可以教工。医家之教必赖刀圭。画家之教必赖丹青。易言之，有生利之设备，方可以教职业；无生利之设备，则不可以教职业。然职业学校之生利设备可分二种：一、自有之设备；二、利用职业界之设备。但无论设备之为己有，为利用，学生教师莫不可因以生利。故设备虽有己有利用之分,而同为学生教师生利之资则一。余尝游美之麻撒朱赛州(Massachusetts)视其乡村中学校附设之农业科,多利用学生家中之田园设备,使各生在家实习,命之曰家课(Home Projects)。教员则自御汽车,循环视察,当场施教。农隙则令学生来校习通用之学术。故校中自有之设备,除课堂点缀以外,实属寥寥无几;校外则凡学生足迹所至,皆其所利用之设备。论其成效则不特设备之经费可省,而各家之农业皆藉学生而间接改良之。此盖利用他人生利设备以施职业教育之彰明较著者也。

**生利主义之职业课程** 职业学校之课程应以一事之始终为一课。例如种豆,则种豆始终一切应行之手续为一课。每课有学理,有实习,二者联络无间,然后完一课,即成一事。成一事再学一事,是谓升课。自易至难,从简入繁,所定诸课,皆以次学毕,是谓毕课。定课程者必使每课为一生利单位,俾学生毕一课,即生一利;毕百课则生百利,然后方无愧于职业之课程。职业课程既以生利为主,则不得不按事施教,欲按事施教,则不得不采用小班制。故欧美之职业实习班至多不满十五人,凡以便生利课程之教授也。不特每课为然,即各课之联络亦莫不以充分生利为枢机。客有学蚕桑者,学成执蚕桑业,终岁生利之期两三月而已,余则闲居坐食,不数年而家计渐困,卒改他业。此能生利而不能充分生利之过也。故职业课程之配置,须以充分生利为标准,事之可附者附教之,事之可兼者兼教之。正业之外,苟能兼附相当之业,则年无废月,月无废日,日无废时矣。此之谓充分之生利。根据此旨以联络各课,是为充分生利之课程。

**生利主义之职业学生** 有生利之师资设备课程,遂足以尽职业教育之能事乎?曰,未也。学生择事不慎,则在校之时,学不能专;出校之后,行非所学。其弊也:学农者不归农,学商者不归商。吾国实业教育之所以鲜成效,固由于师资设备课程之不宜于生利,然其学生择业之法之不当,亦其一因也。大凡选择职业科目之标准,不在适与不适,而在最适与非最适。所谓最适者有二:一曰才能,二曰兴味。吾人对于一业,才能兴味皆最高,则此业为最适;因其最适而选之,则才能足以成事。兴味足以乐业,将见学当其性,用当其学,群与我皆食无穷之益矣。故能选最适之业而学者,生大利不难,岂仅生利已哉!择业不当,则虽居学习生利之名,而究其将来之生利与否,仍未可必。故欲求学业者归业,必先有精选职业之方法。方法维何?曰,职业试习科是也。职业试习科包含农工商及其他业之要事于一课程,凡学生皆使躬亲历试之。试习时期可随遇伸缩,多至半载,少至数星期皆可。但试习之种种情形,必与真职业无异,始可试验学生之真才能真兴味。一参假面具则试验科之本旨失矣。试习之后,诸生于各业之大概既已备尝,再择其最有才能最有兴味之一科专习之。彼其选择既根本于才能兴味,则学而安焉,行而乐焉,其生利之器量,安有不大者哉?

**结论** 职业学校:有生利之师资、设备、课程,则教之事备;学生有最适之生利才能兴味,则学之事备。前者足以教生利,后者足以学生利;教与学咸得其宜,则国家造就一生利人物,即得一生利人物之用,将见国无游民,民无废才,群需可济,个性可舒;然后辅以相当分利之法,则富可均而民自足矣。故职业教育之主义在是,职业教育之责任在是,余之希望于教育家之采择试行者亦莫不在是。谨贡一得,聊献刍荛,幸垂教焉。

原载 1918 年 1 月 15 日《教育与职业》第 1 卷第 3 期

## 《新教育评论》之使命

现在国内各界对于教育的关系,教育界对于国家的需要,都缺少充分的了解。不但如此,即教育界本身,也是隔阂很深,并无充分联络的机会。往往大学不知中学,中学不知小学,小学不知蒙养园;倒转来,亦复如是。而在教育界服务的人,办学的不知教学的;教此一科的不知彼一科的；甚至同在一地，同教一科的人亦复不相闻问。这种闷起头来各干各的情形确有联络之必要。那应当联络中之最应当联络的就是试验学校与一般学校。试验学校是教育上新知识之来源；一般学校是应用此种新知识之场所。如何使这些新知来源和一般学校联串起来，是一种最重要的工作。试拿自来水来做个比方。试验学校好比是泉水，一般学校好比是用户；本刊不敏，愿意做座水塔，谁要水用，还愿为他通根水管。

中国教育在万难中奋斗：有的禁不起过分的压迫，归于破裂；有的禁不起世俗的诱惑，归于萎靡；有的愈败愈战，愈见其卓绝之精神。不知者以腐败两字抹杀中国一切教育，那以耳代目之教育行政者亦跟在后面附和，实在有点冤屈。就我所知道的，各地教育成绩可以互供参证的正自不少，所可惜的就是缺少充分沟通的机会。我们很愿意把这个周刊献给大家。如果大家不嫌他太小，肯到这里来交换经验，沟通思想，我们是很欢迎的。我们愿意大家借这个机会把个各干各的教育界渐渐地化为一个通力合作的教育界。倘使本刊出现之后教育界多得一个有机体的联络，使他各部分的生命汇通起来产生一个更圆满、更和谐的新生命，我们也就心满意足了。

我们沟通思想，交换经验的时候，因为种种关系，不免发生不同之见解，不得已而出于辩论。理愈辩而愈明，本刊即当作讲理的地方看也可。现在有些人论列世事，往往党同伐异，逞意气之争，以好恶、毁誉、利害与是非混作一谈。甚至是非可以制造，可以颠倒，可以买卖。把一般的阅者都弄得昏头昏脑，无所适从。至于顺带骂人几句，亦为今日言论界的通病。骂人虽可取快一时，但是设身处地一想，叫对方见了气得脸上发青或涨得满脸通红，又有什么趣味呢？我们只愿讲理：是的说是，非的说非；是非未明，决不轻下判断。彼此所见不同，必求其所以不同之故。我与对方同是寻求真理的人，谁寻着真理，双方都应当乐意承受。所以讲理的人应当"毋意，毋必，毋固，毋我"，而"我"关尤宜打破。谩骂和强辩都是把"我"字看得太重的缘故。所以说理的人，必愿尊重他人的意见，反省自己的主张，同时更有服从真理的勇气。本刊旨在说理，凡和我们说理的，我们都很欢迎；倘寻人吵嘴，我们就要敬谢不敏了。我们愿在说理的时候顺带培养点浑厚的态度，减少些刻薄的风气，谅想这也是大家赞成的。

我们少数人的供献是很有限的。但平日研究，或有一得。此一得之见，或者是各方同志所愿闻的。且因每周出版的督促，同人益加奋勉，而不容稍有懈怠。如是即使无益于人，至少有益于己。倘此有益于己的，兼能有益于人，岂不是更好吗？所以本刊的旨趣乃是寓供献于研究之中。他的使命就在为教育界通通血脉，使大家呼吸些清新温润的空气，并给同志们一个努力切磋的机会。

原载 1925 年 12 月 4 日《新教育评论》第 1 卷第 1 期

## 今后中华民族的使命

教育的力量与别种力量不同之点，就在教育的力量是能够达到个个民众的内心里头去的；他能够使民众自己从"心里"发出一种力量来自己团结的。别的力量不能达到内里而只是外面的。他像绳一样，只能把东西捆起来，绳子一断就散了。所以我们可以说，现在国民革命还没有成功，因为中华的民众还不能自己团结起来。现在我们只有努力教育，用教育的力量来建设新中华！

原载 1928 年 11 月 30 日《乡教丛讯》第 2 卷第 22 期

## 教育生活漫忆

我们发现了若干道理。

第一，我们觉悟到过去的教师仅停滞在狭义的教育范围内是不够的，因为教师也有体力——有手也有脚，具有足够的劳动能力；同时农民也不应该只是默默地劳动，应该有思想的必要。总之，我们觉悟到了思想和生活的具体的关联性。

我们发现了手和脑若能打成一片，农民和工人始能成为革命的农民和革命的工人。而教育者获得了头脑和手脚的同盟，始能成为一个有创造能力的学者。

第二，我们觉悟到教学的本质是学习，而"学习"也就是实践，学而后能教人。这一点，就是说教学做合一。

所谓"做"是包涵广泛意味的生活实践的意思。而学习或是教学，不是片段而是一个整体，要教学必须先有手和脑的结合与思想和生活的合一，换句话说不单是要"劳力"，同时也要"劳心"。

在这样意义的教育运动的实践中，感到学校教育的狭隘性是当然的。因此遂发现了第三个道理，就是为要真正地教育，必须做到"社会即是学校"这一点。整个乡村是我们的学校；扩大之，整个中国是我们的学校；更扩大之，整个世界乃至于宇宙都是我们的学校。

这样说来，单靠一个学校推动教育工作是不可能的。在整个教育过程中的学校，好像是整个房子当中的客厅。对教育——即教学范围的观念，这么一扩大，学校自然也很广大了，教师也多，功课也繁，至于学生的范围也就更多了。因而教育的效果也就更实在了。

总而言之，我们创办晓庄学校的目的，当初在于知识分子和农民之间的接触和结合，可是后来这两者的关系发生了很大的变化。根据我们的道路可以这样说：由（一）生活即是教育，发展到（二）教学做合一，然后更发展到（三）社会即学校。

出自 1946 年《陶行知先生纪念集》

## 如何可以不做一个时代落伍者
——致一位青年小学教师

××：

　　接读你的信，知道你有努力上进之志，我是何等地欣慰啊！我们要不愿做时代的落伍者，必须专攻一门自然科学。自然科学是开向理想世界去的特别快车，你坐在上面，不要下来，决不致落伍。我现在也打算用我后半生之精力来专攻一门科学。我们同坐这部车儿去吧！从农业文明渡到工业文明，自然科学是惟一的桥梁。小学教师必须拿着科学的火把引导儿童过渡。不懂科学的人，不久便不能做教师了。但是有一件事你得留心：科学已经被屠户用做杀人的利器。我们应当从屠户的手里把科学夺过来。我们要教学生用科学渡人，不用科学阻人过渡。我们要拿科学来抑强扶弱。科学的使命，是要造富的社会，不造富的个人。自然科学没有成为国货以前，我们要取得自然科学上最新的知识与方法，还得精通一种外国文。这都是你要认清而必须准备的。你来，我们详说吧！

陶知行
原载1931年12月24日《申报·自由谈》

## 捧着一颗心来，不带半根草去
——致李友梅、蓝九盛等

友梅、九盛、和中、达之：

　　接到你们四月二十四日所写的信，知道你们用两件大衣跑了三十里路，当不得两元钱，又饿着肚子跑回学校。这件事是你们在长江北岸为乡村教育史写成悲壮的一页，亦即光荣的一页。我们是何等地安慰而又是何等地敬佩你们啊！在前一个礼拜，我们接到文采先生转来的信，即汇了三十元经常费给你们，可惜竹因不慎，给扒手拿去了。我只希望这人需要此款比你们还切，那么我们总算对于他有些贡献了。但是想念着你们的困难，急得了不得，立刻又凑了一笔款寄去，谅现在已经收到了吧！请你们放心，你们要我们做的事，我们是已经做了，我们是决不会忘记你们的。捧着一颗心来，不带半根草去。你们抱着这种精神去教导小朋友，总是不会错的。

何日平

原载1929年亚东图书馆版《知行书信》

## 活的教育

教育可分为三部：

A. 死的教育；

B. 不死不活的教育；

C. 活的教育。

死的教育，我们就索性把他埋下去，没有指望了！不死不活的教育，我们希望他渐渐地趋于活。活的教育，我们希望他更活！

我今天且讲这活的教育。什么叫做活的教育？活的教育是什么？这个问题本来是很大的，我不容易下定义，我也不能定概观。不过我总觉得活的一字，比一切什么字都要好。活的教育，更是教育中最不可少的现象。比譬：鱼在岸上，你若把他陡然放下水去，他的尾和鳍，都能得其所哉，行动不已。鸟关在笼里，你若把他放到树林里去，他一定会尽其所能，前进不已。活的教育，正像鱼到水里鸟到树林里一样。再比譬：花草到了春天受了春光、太阳光的同化和雨露的滋养，于是生长日速。活的教育，好像在春光之下，受了滋养料似的，也就能一天进步似一天。换言之，就是一天新似一天。

我现在把这活的教育，再分做三段讲：

我们教育儿童，第一步就要承认儿童是活的，要按照儿童的心理进行。比方：儿童性爱合群，有时他一个人住在那地方，觉得有点寂寞的样子，在那儿发闷！我们就要找个别的小孩子同他在一块儿玩玩。普通儿童之特性，大多都富于好奇心。当他还不知道说话和走路的时候，他时常手舞足蹈的，跃跃欲有所试的样儿，忙个不歇。这可就是他的好奇心了。假若我们要弄些什么东西给他玩，他一定玩那好看的，不玩坏的。他起初间或也还可以拉杂地玩一路，后来知道好，他就只专玩好的了。在这里拿一点，在那里拿一点，只要与他合意，他一定非要不可。有时我们要是给他一个表，他必定将他翻来覆去地仔细观看，他并且还要探知里面的秘密，就打破砂锅问到底。我们同小孩子玩的时候，假以木筷搭个架子，小孩子看着，必定以为很好玩。后来我们忽然把他推倒，那小孩子就更以为好玩了，欢喜了。假若我们再进一步，以这架子，不由我们推倒，让小孩子自己去推，那么，这时小孩子的欢喜，我敢断定更比从前要欢喜得多了。诸如此例，我不能细举。还有一件最紧要的，就是：我们如果承认教育是活的，我们教育儿童，就要根据儿童的需要的力量为转移。有的儿童天资很高，他的需要力就大些；有的儿童天资很钝，他的需要力就小些。我们教育儿童，就要按他们的需要的力量若何，不能拉得一样。比方：吃饭，有的人饭量大些，他要吃五碗或六碗；有的饭量小些，他只能吃一两碗。我们对于他，就只能听其所需，不能定下死规。要是我们若规定了，比如吃两碗的定要逼他吃五碗才及格，那么，这一定就要使人生病了！学校里教育儿童，也像这样，不能下死规强迫一律，不但学校是要如此，就是社会上的工作亦莫不要像这样。我们人的需要力，有大有小，我们只求其能够满足他的需要就是了。所以教育儿童和承认儿童是活的，首先就要能揣摩儿童的心理。

儿童不但有需要，并且还有能力。他对于种种事体的需力有大小，他的能力亦有各种不同。男女遗传下来的生理不能一样，他们的能力亦不能一样。我并不是说女子比男子差些，我是说男女各有各的优点。就是男子与男子两相比较，亦有许多相异的能力，有因年龄不同的，有因环境不同的，有因天性不同的。由这许多的不同，所以其结果的能力，就大有差别。我们教育儿童，就要顺导其能力去做去。比如：赛跑，这就是一件凭能力的事。我们认定几个人同时同地立在一块，听指挥者发号令，就一齐出发，让他们各凭充分的能力自由前进，不加限制，然后谁远谁近，自可显见。而他们的能力的大小，也就由此可以证明了。设使我们要是下个定规，规定三人赛跑，跑一百二十码或二百四十码，快慢都要一样，不许谁先谁后，那么，那个能力充足能跑二百四十码，他自然是很舒畅，不甚为难；而那只能跑得六十码或一百二十码的，他一定是很苦的了，甚至还要受伤呢！这是从运动方面着想的。至于教授方面，亦多类此。设有许多儿童，同在一堂，当教授的人，就要按照各个儿童的能力去教授。要是规定了今天讲一课，明天讲一课，每课虽是都一字一句地分析解释，在那天资聪颖的小孩子咧，他固然能够领受到他的脑袋里去，并且还有闲空；若在那秉性鲁笨的小孩子，那就等于对牛弹琴了，一些儿也不懂得。这种教育，正像规定三人赛跑一般，还能算得是活的教育吗？我们现在既是想讲活的教育，就要知道儿童的能力是不相同的，我们要设法去辅助他，使他能力发展，有如我们看见某处一个学校园，那里内的花卉长得非常整齐好看，我们心下羡慕他，我们也就可以仿照他，将我们自家的学校园也培植得像那一样。这是培植花园的方法，办教育也是如此。我们大家设若不相信，恐怕做不到，我们可再看。譬如有一块草地，那地上所生长的草，都是参差不齐的，我们若任他自然去生长，那就越长越不齐了，假若我们要用机器把他逐次地推铲，那么，这一定要不了多少功夫，就会使他平坦了。我们办教育，也就像推草一样，也要用方法去使之平，这是对于草是这样——对于普通的儿童是这样；若对于树木——对于天资特敏的小孩子——那就不行了。树木的生长力强些，他的性子也猛些，我们对于他，也要按其能力去支配他，使其生长适度。若任其自然生殖，则其枝干必日渐伸张，后来越长越高，甚至把屋棚都要捣破了！学校里起风潮，就像大树捣毁屋棚，是一样的，都是由于办教育的人，平日对于这教育的趋向没有注意，对于那天资高尚的儿童，没有按得其能力去教育。这就是我们没有承认儿童有活的能力。

　　活的小孩子与死的小孩子有不同的特点。小孩子他所吃下去的滋养料不同，他们所受的利益也就不能一致。活的小孩子，他秉性活泼些，他对于一切的事实上，也就进步得快些。死的小孩子，他的脑筋滞钝些。并不是说小孩子的确是死的，是言其能力不能有多大的发展，虽活也等于死的一般。我们办教育的人，总要把小孩子当作活的，莫要当作死的。地球看起来，好像是个不动的东西，其实他每天每时都在旋转不已。小孩子也像这样。表面上看起来，也好像是很平常的，没有什么进益，其实他的能力知识，没有一天不在进行中求活。我们就要顺着他这种天然的特性，加以极相当的辅助和引导，使他一天进步似一天，万不能从中有所阻碍或滞停，不使前进，把他束缚了起来。束了若干时，然后又陡然把他解放掉，这一定要受危险的。这好像人家有个小孩子，他把他在今年做了一件衣服，等到五年后，他还拿给这小孩子穿，那小孩子体干长大了，衣服小了，以这小的衣服去给大的孩子穿，那衣是一定要破裂的。纵或可以勉强穿得上，而小孩子的身体，也就束缚得紧紧的了，血脉也就不能调和，就要生病了！由此可知小孩子的衣服，是年年要换的；小孩子的知识学问，也是年年天天要换的。现在设有一个人，忽然妙想天开，他说："我有个小孩子，我不要他年年换衣，当他还只有五岁的时候，我就把他做件十六岁时候的衣服，周身都把他绐起来，年年穿，年年放，一直放到十六岁的时候，都还可以穿。"这个法子，勉强一看，觉得也还不大坏，并且又很经济的。但是仔细看来，那就觉得不像了，就是精神上也有点不好看。古时的衣服，不能适合于现在；现在的衣服，未必又能适合于将来！时势的变迁，是有进无已的。办教育的，就要按着时势而进行，依合着儿童的本能去支配。有许多教科书，在从前要算是很新很适用的，在现在却变成了腐败不堪了。我们讲活的教育，就要本着这世界潮流的趋向，朝着最新最活的方面做去。中国教育最大的毛病，就是不能普及。从前俄国的西伯利亚也是这样，但比较中国要好些。中国社会上失学的人，也不知有多少，就以普通人民计算，总有三分之一不识字的。我们现在要想将这些人重新给以教育，那除非要从国民一年级教起。但是他们都是壮年的居多，要是都放在国民一年级教，那又好像十六岁的孩子穿五岁时候的衣服了。这种教育，可算得是死的教育。活的教育就不能这样了。活的小孩子，他生长快，他的进步也快。他一时有一时的需要，一时有一时的能力。当教育家的，就要设法子去满足他的需要，就要搜罗相当的材料去培植他。这就是我们所讲的活的教育第二件。

我现在再讲活的教育要些什么材料。这材料也可以分做三段说：

一、**要用活的人去教活的人**。我们要想草木长得茂盛，就要我们天天去培植他，灌溉他；我们要想交结个很活泼的朋友，就要我们自己也是活泼的。我的影响，要使能感到他的身上；他的影响，也要在我身上，这才可以的。比如：我俩人起先是不相识的，后来遇到了好几回，在一块儿谈了一次，于是两下的脑筋里都受了很深的影响，两下的交情，也就日渐浓厚了。当教员的对于学生也要这样，也要两下都是活的，总要两下都能发生的密切的关系。教员的一切，要影响到学生身上去；学生的一切，要影响到教员身上去。一个会场有的人好谈话，有的人好笑，我们看了心下一定也会生了一种影响。比如：我一人在台上讲演，大家都坐在下面听，我的脑筋中已经印象了许多听讲演的人；想大家的脑袋中，也会印象到了我讲演的人，这也就是一种活的表现。活的教员与活的学生，好像汽车一样，学生比譬是车，教员比譬是车上司机器的。机器不开，车自然不动。教员对学生，若不以活的教材去教他，他自然也就不能进步。现在的教员，不像从前了。他像把汽车上机子开了，车子在跑了。但是还有些教员，他的性子未免太急，他把车上的机器开猛了一点，车子行得太快，刚刚要想收机，忽然前面碰到了石头或其他的人，这时就要发生很大的危险了。活的教员，正同司汽车的一般，要把眼睛向前看准了。若闭着眼睛乱开机，那就要危险极了！学生向前进，教员也要向前进，都要一同并进。若徒以学生前进，而教员不动，或者学生要进而教员反加以阻碍，这可谓之死的人教活的人，不能谓之活的人教活的人！

二、拿活的东西去教活的学生。我们就比如拿一件花草来教授儿童，将这花草把他解剖开，研究其中的奥妙，看他是如何构造的。小孩子对于这事，觉得是很有趣味的。我们能以这种种东西去教他，不但能引起他活泼的精神，并且还可以引起他的快乐。我们还可以拿活的环境去教他，比方沙漠本是干燥的，我们可以设法使他出水；大海有时候变成陆地；太平洋里航船到美洲，本不大便利，于是就有人开了巴拿马运河；火车行山路不便，就会把山打个洞。这就是拿活的环境去作教育上材料的。文化进步，是没有止境的；世界环境和物质的变化，也是没有一定的。活的教育，就是要与时俱进。我们讲活的教育，就要随时随地地拿些活的东西去教那活的学生，养成活的人材。

三、要拿活的书籍去教小孩子。书籍也有死的有活的。怎样是活的书籍？我觉得书籍所记载的，无非是人的思想和经验，那个人的思想、经验要是很高尚的，与人生很有关系的，那就可算是活的书籍。若是那著书的人思想、经验都没有什么价值，与人生没有关系，那就是死的书籍。我们教授小孩子，对于书籍的死活，就不能不慎重，所教授的书籍，要有统系的，前后都能连贯得起来，不是杂乱无章的，这才是活的教育。若只知道闭着眼睛教死书，也不顾那书适用不适用，这样我敢说就是死的教育。我们教授儿童的书籍，好像人家传财产样，普通有两个常法子：（甲）是传财的法子。比譬一家，他的家主不愿管事（或临死时）了，要把家事完全推及小家主，将所有存蓄的银钱，都要对小家主说个明白，叫他慎重。（乙）是传产的法子。就是有本账簿子，说我所有的产业，都登在这账上面。那天那家主把他的后人带到各田庄上去看，说是某田是租给某人的，某庄子是某人承租的，那块山场是由某人保承的，某处房屋是谁租着做什么事的。这样一件一件地指示给他看了，又与他那账簿子再对照一下，那么，这个财产的根本，他那小家主已经明白了。这笔家私，就没有人能够会糊倒他占得去了。我们办教育的传文化的人，也是这样，也要把书籍像传财产一样，要把所教授的东西，都能使他领会得到，能连贯得起来，使小孩子的脑筋有个统系，不致混乱，这种教育才配说是活的。从前有许多讲教育的，没有统系。所以使一般学生听了，只是囫囵吞枣，一点不能受益。这也就是死的教育，不是活的。活的教育要拿活的书籍去教。现在还有许多教员先生们，他对书籍还不十分注意。当他初当教员的时候，也还肯买一两本书看看，到了后来，他不但不买，连从前所有的几本书，都借给人去了。这样教员，教育界中也不知道有多少。他既不能多买书看，对于一切新知识，他自然是不知道的。他既不能有新的知识，那一定没有新的教材能供给学生，只是年年爬起来卖旧货！这种教育中的败类，真不知害了多少青年。我们现要希望教育成活的，当教员的就要多看书——多看些活的书——好去供给学生的需要，养成新而且活的学生。——这就是我讲的 Education of life。

现在要讲到活的教育的方法，我可提出两个最时髦的法子就是：

（1）设计教授法。活的教育，最好而且最时髦、最紧要的，就是总要有个目的。这我在上面也曾说到了一点。我们教授儿童，先要设定一个计划，然后一步一步地向着所计划的路上去做。若是没有个计划，那就等于一只船放到了江中没有舵，进退左右，都没有把握！倘不幸遇了一阵大风，那一定逃不了危险的！办教育的人，要能会设计，预知学生将有风潮，就先要设一方法，使那风潮却从无形中消灭，不致使他发泄。知道学生程度不齐，就要设一种计策，使之能齐，总期各方面都无损，且能获益。这种设计，各学校的情形，各有各的不同，各地方亦有各地不同，这可听大家因时制宜，我不能断定。

（2）依计划去找实现法。这个方法大致是根据上面来的。我们订了一个计划，不能就算了事的，必定还要依照这计划去实行去。我现在可拿个浅近的事作个比譬：就如农人种豆子，他先也要订个计划，以几亩田能要几多种子，要多少肥料，又要多少人工去做，要经多少时期才能完工；什么地方种绿豆适宜些，什么地方种黄豆适宜些；还有甚地不适于种豆子，适于种山芋。这样计划了一番，然后兴工动作，按这所计划的进行，这必定是有条有理，不致乱忙；而所收的结果，也一定是很丰厚了。由此类推，办教育亦莫不是这样。一个学校，也先要订个计划，然后去依计划实行。例如那级学生，今年应当注意什么功课，某级学生今年应当添什么功课和减什么功课，某教授教授法不好应当怎样。能这么一样一样地计划好了，然后又按照这个进行，那个学校没有办不好的道理。推之修桥修路和其他种种建设，都能依着这样进行，求到所希望的目的，那么，天下事绝没有不可能的。现在我看有许多地方，他一开个什么会，他预先没有计划。到了临时开会了，不是招待员左右乱跑，就是会场上布置得不周全，往往令来宾有兴而来，败兴而归，这都是由于预先没有一定的计划。俗语所谓："平时不烧香，急时抱佛脚。"这事决不会办得好的。我们谈教育的，就是在这上面注意注意。无论是办大学也好，中学也好，国民小学也好，总要预先有个计划，然后依着计划去找实现。有时计划定得不好应随时变更。比如：我们讲化学，今天就要计划明天化学堂上要些什么东西试验。我们预先就要预备好着，省得临时仓皇失措。诸如此类我也不必多举，我总觉得设计教授法是活的教育上最不可少的，依计划去找实现法，那更是一件要紧的事了。——这就是我所讲的 Education by life。

我现在又要讲我们为什么要讲活的教育。因为活的教育，能使我们有种种活的能力。我们人生有高尚的，有低微的；有暂时的，有永久的；有完全的，有片面的。我们要使暂时的生活，能够叫他永久；片面的生活，要使他能完全；低微的要使他高尚。怎样叫做完全？我们在国家是公民，在社会上有朋友亲戚，在家庭里有父母兄弟姊妹，在学校里有同学，有师长。我们一身，对于自己，对于各方面都要顾到。如果一方面不能顾到，这还是片面的。怎么叫做高尚的？我觉得人们的身体和精神是两样的，各有各的生活。身体上的生活，固然要紧，精神上的生活也是要紧的。设使两者要去其一，那就是我们最不幸的一件。我们总要使得我们的身体、精神，都是很健全的、愉快的。这可就算是高尚的生活，反之就是低微的生活，都是有关系于教育上的。再，怎样谓之永久和暂时的生活？我们人的寿命有长短不一，有二三十岁就死的，有七八十岁才死的，有十几岁就死的，也有八九十多岁才死的。说者多谓生死有定，但这可不能为凭。我想人的生命的长短，大致是关系于人的操作和卫生上的。从来人的死，多是由病的。考病之由来，不外两种：（一）是由人的操动过度致伤身体而殒命；（二）是由人的卫生上没有讲求，以致生出了许多毛病，终至因而送命。决没有无病无灾而好好就会死的。纵有，也是很少很少的，但亦必定有其他原因。要说人的生死有定，何以人不好好的就死，而偏要生病才死咧？这种无稽之谈，我是不盲目崇拜的。我觉得人的生活，所以有暂时和永久的，都是根据于卫生和操作的关系。我们现在讲活的教育，就要明白这种关系，然后好去预防他，保护他，谋永久的生活。我在上海、南通参观各工厂，有许多六七岁的小孩子，都跟在他的母亲父亲身边做工，我看他们那些小孩子，都是很瘦的，精神也很衰败的。这都是那些贫民没有钱给儿童受教育，国家亦没有钱能办这种义务教育。有些资本家倒是很有钱的，但他只知道营业获利，不肯拿钱来办这可怜的教育，所以那些小孩子就没有机会受教育，只得附随其阿父阿母做工以度日。五六岁的小孩子，尚有许多生理器官还没有长完全，现在竟居然要他工作，这种不适宜的使用，一定会使那小孩子身体不得强健，甚至还要早死的。譬如树上的果子，还没有成熟，你就把他摘下去吃，那是一定吃不得的。小孩子还没有成人，就要使用他，他的前途一定是很有限的，将来一定要发生危险的。像这样只顾眼前不顾后来，就可谓之暂时生活，不是永久的生活。现在讲活的教育，就不能不注意这一层。

活的教育，有属于抽象的，叫做精神上活的教育。比方一个人死了，他的机能死了，他的躯干倒了，他的精神是没有死，还存在空中，能使我们还受到他的影响。这也似乎是种渺茫之谈，我本不敢怎么样地贡献于大家，因为各个人的观念不同。但是，有时我觉得大家也可以公认这话有点的确。例如：孔子是死了，他的精神还没有死，其影响存在我们大家身上。我们大家的脑袋中都还印象了有个孔子。历来许多大英雄、大豪杰，他的身子虽已腐化了，但他的勇气、毅气，还是贯传着，在我们大家的脑海中。这也就是精神上还没有死。他的精神可以一代一代地向下传，可以传许多人，不只传一人。一个活泼学生的精神，可以传应到许多学生。比如：我的精神传应着在大家身上，也可以传应到社会上去。这种传应，并是很快的。我们讲活的教育，对于这精神上的传应，也要注意，也要求活的精神。精神也有死有活的，活的精神，就是能使人感受了他，可以得到许多的教训。社会一日不死，各方面的精神传应，也是不死的。我觉得社会上受了这种精神的教育，也不知道有多少。这精神上的教育，最易感动人的，能连络一切。我从前有许多朋友住在一块，后来别了好多年，没有见过面，形式上要算疏忽了，但是精神上还是没有分离。这就是一种活的精神的表现。我希望讲活的教育，也要把这活的精神当作活的教育里一件材料。——这就是我讲的 Education for life。

原载 1922 年 1 月 18—19 日《时事新报》副刊《学灯》

## 育才十字诀

一次在报上看见一首木偶十字诀,把一个木头菩萨描写得惟妙惟肖,可算是民众或通俗文艺的杰作。记得第一个字写的是"一窍不通",的确是精彩得很。当时我就想给育才学校之创学旨趣,披上一件"民族形式"之外套,几经修改,完成了这育才十字诀:

一个大脑。二只壮手。三圈连环。四把钥匙。
五路探讨。六组学习。七(集)体创造。八位顾问。
九九难关。十(誓)必克服。

因为这个十字诀稍微有点新的内容。又因为措辞不够通俗,还需要简单的解释才可以显出里面的精义。

**一个大脑** 人类的头脑在动物中并不算最大,但他的脑髓与脊髓之比例是超过一切动物。这是思想之物质基础。三民主义一开始就说:"大凡人类对于一件事,研究当中的道理,最先发生思想,思想贯通以后便起信仰,有了信仰就生出力量。"思想贯通是信仰与力量之泉源,研究又是思想贯通之泉源,都是要顺应这大脑之天然条理进行,才能奏效。

**二只壮手** 人类自脊梁骨硬了起来,前脚便被解放而成为一双可以自由活动的手。手执行头脑的命令,打猎、捉鱼、务农、做工、战斗而健壮起来,同时是改造着发展着那对他发号施令的头脑,我们要重生原始健壮的双手来向前创造。

**三圈连环** 这是我们的校徽,圈有三种德性:一是虚心,代表学习;二是不断,代表工作;三是精诚团结,代表最后胜利。第一个圈表示全校一体;第二个圈表示全国一体;第三个圈表示宇宙一体。而且学校、国家、宇宙是互相联系,息息相关,绝不可能把他们彼此孤立起来意识。

**四把钥匙** 文化钥匙要使学生得到最重要的四把：一是国文；二是一个外国语；三是数学；四是科学方法——治学治事之科学方法。与其把学生当作天津鸭儿填入一些零碎知识，不如给他们几把钥匙，使他们可以自动地去开发文化的金库和宇宙之宝藏。

**五路探讨** 探讨真理，我们提出五条路：（一）体验，（二）看书，（三）求师，（四）访友，（五）思考。这与《中庸》上所讲的博学、审问、慎思、明辨、笃行可以比起来看。体验相当于笃行；看书、求师、访友相当于博学；思考相当于审问、慎思、明辨。我们的治学次序是依据"行是知之始"及自动的原则排列，可以说是把传统的道理颠倒过来。

**六组学习** 育才除普遍功课依照择定课程标准进行外，用四分之一的时间让学生各依性之所近学习一门特修课。特修课分为下列六组：（一）文学组，（二）音乐组，（三）戏剧组，（四）绘画组，（五）自然组，（六）社会组。

**七（集）体创造** 我们希望以集体力量纠正个人主义，以创造的工作来纠正空话与幻想。在共同努力创造学校上来学习，共同努力创造新中国、新世界。

**八位顾问** 吉辅灵有一首小诗题为六个裁缝，即（一）什么事，（二）什么人，（三）什么缘故，（四）什么方法，（五）什么时间，（六）什么地方。我们为着要改造一般书生的笼统的静止的头脑，加了两位：（七）什么数目，（八）什么动向。这八贤是我们治学治事不用报酬的常年顾问。

**九九难关** 人生是患难与欢乐所织成。追求真理的人以与患难搏斗为乐，唐僧向西天取经，遭遇八十一难，不知者以为他是自寻苦吃，其实他是抱着一个宏愿要完成，看破生死，乐而忘苦。总之，人生与患难有不解之缘。患难给有志者以战斗之情绪与战胜之智慧。

**十（誓）必克服** 有了战斗之情绪与战胜之智慧，还必须有战斗到底之意志，才能克服大难，以至于成。一个人到了富贵不能淫、贫贱不能移、威武不能屈的境界是永远不会被患难压倒，那时，他成亦成，败亦成，而不是世俗所谓之成败了。

民国三十一年十二月四日

原载 1944 年 1 月 15 日时代印刷出版社版《育才学校手册》

## 创造的儿童教育

创造的儿童教育，不是说教育可以创造儿童。儿童的创造力是千千万万祖先，至少经过五十万年与环境适应斗争所获得而传下来之才能之精华。发挥或阻碍、加强或削弱、培养或摧残这创造力的是环境。教育是要在儿童自身的基础上，过滤并运用环境的影响，以培养加强发挥这创造力，使他长得更有力量，以贡献于民族与人类。教育不能创造什么，但他能启发解放儿童创造力以从事于创造之工作。

我们晓得特别是中国小孩，是在苦海中成长。我们应该把儿童苦海创造成一个儿童乐园。这个乐园不是由成人创造出来交给小孩子，也不是要小孩子自己单身匹马去创造。我们造一个乐园交给小孩子，也许不久就会变为苦海；单由小孩子自己去创造，也许就创造出一个苦海。所以应该成人加入小孩子的队伍里去，陪着小孩子一起创造。

一、把我们摆在儿童队伍里，成为孩子当中的一员　我们加入到儿童队伍里去成为一员，不是敷衍的，不是假冒的，而是要真诚的，在情感方面和小孩子站在一条战线上。我们曾经写过一首小诗，描写过我们在小孩队中应有和不应有的态度。

儿童园内无老翁，
老翁个个变儿童。

变儿童，
莫学孙悟空！
他在狮驼洞，
也曾变过小钻风。
小钻风，
脸儿模样般般像，
拖着一条尾巴儿两股红！

我们要加入儿童队伍里，第一步要做到不失其赤子之心，做成小孩子队伍里的一分子。

**二、认识小孩子有力量**　我们加入儿童生活中，便发现小孩子有力量，不但有力量，而且有创造力。我们要钻进小孩子队伍里才能有这个新认识与新发现。

从前当晓庄学校停办的时候，晓庄的教师和师范生不能回晓庄小学任职，私塾先生又被小孩拒绝，农人不好勉强聘请，不得已，小孩自己组织起来，推举同学做校长当教员，自己教，自己学，自己办，并自称自动学校，这是中国破天荒的创造。我听见了这个消息以后，就写了一首诗去恭贺他们：

有个学校真奇怪：
大孩自动教小孩。
七十二行皆先生，
先生不在学如在。

写好之后，交给几位小学生，请他们指教，他们说尽善尽美，于是用快信寄去。

第三天，他们回一封信，向我道谢之外，说这首诗有一个字要改，大孩教小孩，难道小孩不能教大孩吗？大孩能够自动，难道小孩不能自动吗？而且大孩教小孩有什么奇怪呀？这一串炸弹把个大字炸得粉碎，我马上把他改为"小孩自动教小孩"，这样一来，是更好了。黄泥腿的农村小孩改留学生的诗，又是破天荒的证明，证明小孩有创造力。

又有一次我到南通州去推广"小先生"，写了一篇一分钟演讲词，内中有一段："读了书，不教人。甚么人？不是人。"我讲过后有一个小孩子马上来说，陶先生，你的演讲最好把"不是人"改为"木头人"，"木头人"比"不是人"更好了。因为"不是人"三个字不具体，桌子不是人，椅子也不是人，而"木头人"是给了我们一个具体的印象。这也证明小孩子有创造力。我们要真正承认小孩子有创造力，才可以不被成见所蒙蔽。小孩子多少都有其创造的能力。

**三、解放儿童的创造力** 我们发现了儿童有创造力，认识了儿童有创造力，就须进一步把儿童的创造力解放出来。

（一）解放小孩子的头脑。儿童的创造力被固有的迷信、成见、曲解、幻想层层裹头布包缠了起来。我们要发展儿童的创造力，先要把儿童的头脑从迷信、成见、曲解、幻想中解放出来。迷信要不得，成见要不得，曲解要不得，幻想更要不得，幻想是反对现实的。这种种要不得的包头布，要把他一块一块撕下来，如同中国女子勇敢地撕下了裹脚布一样。

自从有了裹脚布，从前中国妇女是被人今天裹，明天裹，今年裹，明年裹，骨髓裹断，肉裹烂，裹成一双三寸金莲。

自从有了裹头布，中国的儿童、青年、成人也是被人今天裹，明天裹，今年裹，明年裹，似乎非把个个人都裹成一个三寸金头不可。如果中华民族不想以三寸金头出现于国际舞台，唱三花脸，就要把裹头布一齐解开，使中华民族的创造力可以突围而出。三民主义开宗明义就说：大凡人类对于一件事，研究其中的道理，首先发生思想，思想贯通，以后才生信仰，有了信仰，才生力量。思想贯通，便等于头脑解放。惟独从头脑里解放出来的创造力，才能打退日本鬼，建立新中国。

（二）解放小孩子的双手。人类自从腰骨竖起，前脚变成一双可以自由活动的手，进步便一天千里，超越一切动物。自从这个划时代的解放以后，人类乃能创造工具、武器、文字，并用以从事于更高之创造。假使人类把双手束缚起来，就不能执行头脑的命令。我们要在头脑指挥之下用手使用机器制造，使用武器打仗，使用仪器从事发明。中国对于小孩子一直是不许动手，动手要打手心，往往因此摧残了儿童的创造力。一个朋友的太太，因为小孩子把她的一个新买来的金表拆坏了，在大怒之下，把小孩子结结实实打了一顿。后来她到我家里来说："今天我做了一件极痛快的事，我的小孩子把金表拆坏了，我给了他一顿打。"我对她说恐怕中国的爱迪生被你枪毙掉了。我和她仔细一谈，她方恍然大悟，她的小孩子这种行动原是有出息的可能，就向我们请教补救的办法。我说："你可以把孩子和金表一块送到钟表铺，请钟表师傅修理，他要多少钱，你就给多少钱，但附带的条件是要你的小孩子在旁边看他如何修理。这样修表铺成了课堂，修表匠成了先生，令郎成了速成学生，修理费成了学费，你的孩子好奇心就可得到满足，或者他还可以学会修理咧。"小孩子的双手是要这样解放出来。中国在这方面最为落后，直到现在才开始讨论解放双手。在爱迪生时代，美国学校的先生也是非常地顽固，因为爱迪生喜欢玩化学药品，不到三个月就把他开除！幸而他有一位贤明的母亲，了解他，把家里的地下室让给他做实验。爱迪生得到了母亲的了解，才一步步地把自己造成发明之王。那时美国小学的先生不免也阻碍学生的创造力的发展。我们希望保育员或先生跟爱迪生的母亲学，让小孩子有动手的机会。

（三）解放小孩子的嘴。小孩子有问题要准许他们问。从问题的解答里，可以增进他们的知识。孔子入太庙，每事问。我从前写过一首诗，是发挥这个道理："发明千千万，起点是一问。禽兽不如人，过在不会问。智者问得巧，愚者问得笨。人力胜天工，只在每事问。"但中国一般是习惯不许多说话，小孩子得到言论自由，特别是问的自由，才能充分发挥他的创造力。

（四）解放小孩子的空间。从前的学校完全是一只鸟笼，改良的学校是放大的鸟笼。要把小孩子从鸟笼中解放出来，放大的鸟笼比鸟笼大些，有一棵树，有假山，有猴子陪着玩，但仍然是个放大的模范鸟笼，不是鸟的家乡，不是鸟的世界。鸟的世界是森林，是海阔天空。现在鸟笼式的学校，培养小孩用的是干腌菜的教科书。我们小孩子的精神营养非常贫乏，这还不如填鸭，填鸭用的还是滋养料让鸭儿长得肥胖的。我们要解放小孩子的空间，让他们去接触大自然中的花草、树木、青山、绿水、日月、星辰以及大社会中之士、农、工、商、三教九流，自由地对宇宙发问，与万物为友，并且向中外古今三百六十行学习。创造需要广博的基础。解放了空间，才能搜集丰富的资料，扩大认识的眼界，以发挥其内在之创造力。

（五）解放儿童的时间。现在一般学校把儿童的时间排得太紧。一个茶杯要有空位方可盛水。现在中学校有月考、学期考、毕业考、会考、升学考，一连考几个学校。有的只好在鬼门关去看榜。连小学的儿童都要受着双重夹攻。日间由先生督课，晚上由家长督课，为的都是准备赶考，拼命赶考，还有多少时间去接受大自然和大社会的宝贵知识呢？赶考和赶路一样，赶路的人把路旁风景赶掉了，把一路应该做的有意义的事赶掉了。除非请医生，救人，路是不宜赶的。考试没有这样的重要，更不宜赶。赶考首先赶走了脸上的血色，赶走了健康，赶走了对父母之关怀，赶走了对民族人类的责任，甚至于连抗战之本身责任都赶走了。最要不得的，还是赶考把时间赶跑了。我个人反对过分的考试制度的存在。一般学校把儿童全部时间占据，使儿童失去学习人生的机会，养成无意创造的倾向，到成人时，即有时间，也不知道怎样下手去发挥他的创造力了。创造的儿童教育，首先要为儿童争取时间之解放。

**四、培养创造力** 把小孩子的头脑、双手、嘴、空间、时间都解放出来，我们就要对小孩子的创造力予以适当之培养。

（一）需要充分的营养。小孩的体力与心理都需要适当的营养。有了适当的营养，才能发生高度的创造力，否则创造力就会被削弱，甚而至于夭折。

（二）需要建立下层的良好习惯，以解放上层的性能，俾能从事于高级的思虑追求。否则必定要困于日用破碎，而不能够向上飞跃。

（三）需要因材施教。松树和牡丹花所需要的肥料不同，你用松树的肥料培养牡丹，牡丹会瘦死；反之，你用牡丹的肥料培养松树，松树受不了，会被烧死。培养儿童的创造力要同园丁一样，首先要认识他们，发现他们的特点，而予以适宜之肥料、水分、太阳光，并须除害虫，这样，他们才能欣欣向荣，否则不能免于枯萎。

最后，我要提醒大家注意创造力最能发挥的条件是民主。当然在不民主的环境下，创造力也有表现。那仅是限于少数，而且不能充分发挥其天才。但如果要大量开发创造力，大量开发人矿中之创造力，只有民主才能办到，只有民主的目的、民主的方法才能完成这样的大事。美国杜威先生（不是候选总统之杜威，而是哲学家、教育家之杜威）最近给我信说："现在世界是联系得这样密切，如果民主的目的与方法不能在全世界每一个角落里都普遍地树立起来，我怕我们在美国也难持久繁荣。"民主应用在教育上有三个最要点：

（一）教育机会均等，即是教育为公，文化为公。我们要求贫富的机会均等，男女的机会均等，老幼的机会均等，各民族各阶层的机会均等。

（二）宽容和了解。教育者要像爱迪生母亲那样宽容爱迪生，在爱迪生被开除回家的时候，把地下室让给他去做实验。我们要像利波老板宽容法拉第，法拉第在利波的铺子里作徒弟，订书订得最慢，但是利波了解他是一面钉书一面读书，终于让法拉第在电学上造成辉煌的功绩。

（三）在民主生活中学民主。专制生活中可以培养奴才和奴隶，但不能培养人民做主人。民主生活并非乱杂得没有纪律。民主要有自觉的纪律，人民只可以在民主的自觉纪律中学习做主人翁。在民主动员号召之下，每一个人之创造力都得到机会出头，而且每一个人的创造力都能充分解放出来。只有民主才能解放最大多数人的创造力，并且使最大多数人之创造力发挥到最高峰。

原载 1945 年 4 月 1 日重庆《战时教育》第 9 卷第 1 期

## 从烧煤炉谈到教育

教育的使命是什么？不是放茅草火！不是灭茅草火！是要依着烧煤的过程点着生命之火焰，放出生命之光明。中国教育的使命，是要依着烧煤的过程，点着中华民族生命之火焰，放出中华民族生命之光明。世界教育之使命，也是要依着烧煤的过程，点着全人类生命之火焰，放出全人类生命之光明。

原载 1932 年 1 月 9—10 日《申报·自由谈》

## 谈战时民众教育

生活为抗战，抗战即生活。
已知教不知，能者教不能。

办战时民众教育之原则，须认定五点：（一）社会与学校应打成一片，爱当此坚持长久抗战时期，应使全民皆具有抗战信念，须将社会与学校，彼此互相推动，以构成全民抗战之事实。（二）生活与教育联为一气。办战时民众教育应养成民众战时之生活，使各个民众一切生活动作，悉含有抗战之意味，而战时教育之实施，处处以抗战为对象。生活为抗战，抗战即生活。（三）节省时间以办战时民众教育，应以最短之时间，而收较大之效果，决不应使时间浪费。（四）节省经济。办战时民众教育，应以最少数之经费，办多数之学校，如目前课本发生困难，可由各个学生利用土纸抄写，供不识字民众之用。此即节省经费而收效较大之一端。（五）即知即传。任何民众，对于抗战一切问题，即其所知者，即传达别人，倘人人能即知即传，则抗战知识可普遍于各阶层，收效当然很大。至于实施办法：第一，从教学方面言之，不分老幼性别，使知识较高者，教知识较低者，已知者教不知者。虽儿童亦可教成年。第二，应训练民众，能用脑用手用机械。譬如开汽车、接电线之机械技能，亦可有助于抗战。

原载 1938 年 11 月 5 日《新华日报》

## 国难与教育

我们知道，教育的目的，在于解决问题。所以不能解决问题的，不是真教育。不能解决国难问题的，尤其不是真教育。我们必须有了真教育，才能对付国难。教育是什么？教育就是力的表现，力的变化。实则整个宇宙，也就是一个力的表现，力的变化的过程。我们现在要解除国难，先要有力量，因为我们力量不充分，所以才不能对付国难。因此，我们要对付国难，就须以教育为手段，使我们的力量起了变化，把不能对付国难的力量，变成能够对付国难的力量，这才能达到目的。

力量发生了变化，其大小之比较，可分别如下：少数人的力，比不上多数人的力；空谈的力，比不上行动的力；散漫的力，比不上组织的力；被动的力，比不上自动的力；头脑的力，比不上手脑并用的力。

我国的传统教育和现行的教育，只能造成少数人的力，空谈的力，散漫的力，被动的力，头脑的力。我们从此要改造教育，使教育普及于大众，使受教育者都能实践力行，从行动上去求得真知识，并使大众组织起来，自动去做他们的事；而仅用脑的知识分子，要使他们变成兼用手的工人，仅用手的工人、农人等都变成兼用脑的知识分子。这才能把少数人的力，变成多数人的力；空谈的力，变成行动的力；散漫的力，变成组织的力；被动的力，变成自动的力；仅用脑和仅用手的力，变成脑手并用的力。于是我们就可以造成极伟大的民族力量，来解除一切国难。

出自孙铭勋、戴自俺编《晓庄批判》<br>1933年上海儿童书局

## 共和与教育（译作）

今日中国之各问题极复杂，并经过许多变迁，与欧洲百年前经过之情形略似。考泰西各国社会状况之变迁，约分数时代：（一）工业改革时代，（二）社会改革时代，（三）文学改革时代，（四）宗教与各方面之改革时代。一时期有一时期之变迁与改革。而中国则不然，这许多事情同在一时期发现。吾以为诸问题仅得以教育解决之。鄙人第一次到华在八年前，见一书，名《变化之中国》，颇令余注意。现在系余第二次到华，有数点感触，即中国正在变化期中耶？抑或已经变化耶？然不论中国为正在或已经变化，而在教育基本之眼光观之，则中国教育情形与世界相同，已有莫大之变迁矣。各国教育之变迁，可得而言之，若英，若美，若墨西哥，若日本，各国教育莫不有变迁。我不能谓中国今日之教育问题，即得适当之解决，但愿助以解决之。今日有一须与诸君讨论之问题，我不敢说此问题即可就此解决，一方

面亦不欲解决此问题，盖仅欲使诸君对此问题有清晰与正确之观念而已。从历史上观之，从来支配教育之势力不外个人与社会。分析起来，约有四端：（一）知识与科学，（二）工业与经济，（三）宗教，（四）社会与国家。今日所欲讲者即为社会与国家如何支配教育而立论也。近二百或二百五十年来，有支配教育之两种学理，即上所述之国家主义与共和主义是也。此二主义常暗相争竞，然其发生，各有特殊地点。德国教育制采取国家主义，以操纵为宗旨。美国则于教育上之教材学理，皆采共和主义。

弟不知中国将采何种主义之教育制。换言之，即中国是否将向平民的自由的路进行？抑向军国主义的专制的路走去？

教育与政治有密切之关系。欧战后，大有变迁，战前一般人莫不料国际感情将渐趋大同，顾观诸事实，则不特不趋大同，反更趋于国家主义之一途。又如拿破仑未战以前，似有趋向大同之势。迨拿氏败而国家主义之观念益深。（中略）

教育有制造国家观念及一切文化的力量，如德日二国，明明以教育养成共同习惯。德国学校专以养成国民信仰皇帝为心；日本亦然，教导学生信仰天皇是万世一系的。可知此等国家明以教育为建造国民性之工具。德帝国发生于五十年前，一般国民均抬高德皇，视为神圣不可侵犯，这种国民性大半由教育造成。欧战既起，即令国民全体从军，此即所谓国家主义之教育制也。今中国正当改革教育之际，对于国家主义与共和主义之教育制，不可不加以选择。然敝人非述二者之孰优孰劣，仅解释二者之不同点而已。如美国采取共和主义，而德国前此则采取国家主义。二者性质各异，各有优劣。目下美国方面，均思如何利用国家主义，以补共和主义之不足，盖为此也。

欧洲大陆为采用独裁制之国家主义之代表者。申言之，即欲以政府之意志，而造成国民性，使国民一如机器，专供其利用指挥。所有学校之课程教法，均属一致，教员学生无置喙余地。美国则为共和主义之代表者，主张各个人须自由发展其个性，所采制度，县乡各异。盖美国教育乃个人的自由的，而非独裁的。

以上所述，可知德日乃代表国家主义，而英美则代表共和主义。今中国教育正当改革之际，须审慎选择，采取那与国家进步有关系者而实行之。

今请分别言之。第一点为学校之系统。欧洲大陆，以德为代表，德国从前学校系统乃双轨制。学校分二种：一种小学校乃为平民而设，只须教以极普通之学识，使其成一平民而止，无升入中学大学之机会；一种为造成领袖人才而设，进此种学校后，可再升入中学大学。故人当年幼之时，即须慎为选择孰舍孰从。一不慎，即终生成一平民，不能再入大学。故德国教育又可称为阶级制的教育，其教育制度不啻有二轨，划分国民何者为人才，何者为平民。美国则否，小学毕业后，即自由升学，并无限制，此即单轨制共和主义之学制也。中国亦采此制，诚幸事也。

第二点，教育行政，代表统一制者如法兰西。百余年前，法教育部某总长看他的钟表说："我于此一小时内，可知全国小学校所上之功课。"盖学校一切权力管理均由中央政府支配者也。美国则代表采不统一制者，中央政府权力甚小，权多操于各地方，美国学校教员亦均有自动之机会。

学校教材与制度业已约述。今更请进而述教学法。教学法各国颇不一致，如欧洲大陆，战前所用方法（现在改良亦未可知），每日教员上课有一种教材，先将一字一句为各生详解。次日即令背诵，故学生所得教材乃来自教员，而教员则得自政府者。美国则不然，教科书与参考书种类繁多，各地各校并不一致采用，亦不一字一句地解释。如有问题，各生可至图书馆搜寻，故所发意见，各有贡献，而对于一种问题，均有详切之研究。以上二种教学法完全不同。后者学者有选择之机会，并可得思想之训练。至于德育方面，在独裁主义之下之宗旨，专以养成一种服从心。然在共和主义之下则不然，其宗旨在养成独立与彼此有一种同情互助的志愿。

近年来日本赴美考察教育团有一问题，即战前日本对于美国所采的共和教育制有所怀疑。他们以为美国欲国民自由独立，如何可使国民为国牺牲？彼辈每至一处考察，必询欧战时美国用何方法使国民服役战事，盖此问题实日本教育考察团所最关心者。

敝人现有一诚恳之言奉告。今当中国新教育兴起之际，我人抱无限希望。新教育固须将外国新知识灌入本国，然亦不可推翻旧文化，务将固有文化扩大之。中国向以家长为中心，子弟愿为家庭牺牲，家长愿为子弟牺牲。

今望发展此种优点以对国家。简言之，即欲求旧文化有新功用也。诸君，我在美国，闻中国有学生运动，欣愉之至。

鄙人最后又有二言为赠：（一）愿有团结力与互助精神；（二）愿为国牺牲，为群牺牲。

原载 1922 年 4 月《新教育》第 4 卷第 4 期

## 民主教育

现在把这样教育的内容和方法，扼要地提出几点，供给从事举办民主教育的朋友参考。

（一）教育为公，以达到天下为公；全民教育，以实现全民政治。积极方面，我们要求教育机会均等。对人说，无论男、女、老、少、贫、富、阶级、信仰，以地方说，无论远近、城乡，都应有同等机会享受教育之权利。消极方面，我们反对党化教育，反对党有党办党享的教育，因为党化教育是把国家的公器变做一党一派的工具。

（二）教人民肃清法西斯细菌，以实现真正的民主。

（三）启发觉悟性。教人民进行自觉的学习，遵守自觉的纪律，从事自觉的工作与奋斗。

（四）培养创造力，以实现创造的民主和民主的创造。解放眼睛，敲碎有色眼镜，教大家看事实。解放头脑，撕掉精神的裹头布，使大家想得通。解放双手，剪去指甲，摔掉无形的手套，使大家可以执行头脑的命令，动手向前开辟。解放嘴，使大家可以享受言论自由，摆龙门阵、谈天、谈心、谈出真理来。解放空间，把人民与小孩从文化鸟笼里解放出来，飞进大自然、大社会去寻觅丰富的食粮。解放时间，把人民与小孩从劳碌中解放出来，使大家有点空闲，想想问题，谈谈国事，看看书，干点于老百姓有益的事，还要有空玩玩，才算是有点做人的味道。有了这六大解放，创造力才可以尽量发挥出来。

（五）各尽所能，各学所需，各教所知，使大家各得其所。

（六）在民主的生活中学习民主。在争取民主的生活中学习争取民主。在创造民主的新中国的生活中学习创造民主的新中国。

（七）尽量采用简笔汉字、拉丁字母，双管齐下，以减少识字困难，使人民特别是边民易于接受教育。

（八）充分运用无线电及其他近代交通工具，以缩短距离，使边远地方之人民、小孩可以加速地享受教育。

（九）民主教育应该是整个生活的教育。他应该要工以养生，学以明生，团以保生。他应该是健康、科学、艺术、劳动与民主织成之和谐的生活，即和谐的教育。

（十）承认中国是从农业文明开始渡到工业文明，经济是极端贫穷。我们必须发现穷办法，看重穷办法，运用穷办法，以办成丰富的教育。开始的时候，惟独这样办才能使绝大多数之劳苦大众及其小孩得以享受教育；否则只有少数少爷小姐享受教育，不能算是真正的民主教育。

原载 1945 年 11 月 1 日《民主教育》创刊号

## 国难教育社成立宣言

我们在《发起组织国难教育社缘起》里面，已经明白地指出了整个中华民族的最后危机，并且认定了："我们除了反抗敌人的侵略，没有法子可以获得民族解放；我们除了流血，不会获得民族自由。"

今天国难教育社的成立，便是根据上面所说的认识和需要而来的。每一个到会的社员，都认清了中华民族的最后危机，都认清了在中华民族解放斗争中所担负的重大责任，都愿意热烈地坚决地来执行国难教育的工作。在国难教育社成立的今日，我们郑重地宣言如次：

第一，国难教育，是民族解放斗争中最重要的工作，这决不是少数人能够担负起来的。因此，不但国难教育社的社员，从今日起，应该热烈地坚决地执行这一最重要的工作，并且我们要求全国同意于我们的主张的人们，也赶紧地加入国难教育社，共同担负起这一重要的工作。

第二，抢救中华民族的危亡，是每一个不愿意做亡国奴或汉奸的中国人所应有的责任，决不是某一党某一派所能包办得了的。因此，不但我们诚恳地欢迎同意于我们的主张的人们踊跃地加入，并且我们要求和全国各地类似国难教育社的组织和团体，取得密切的联系，共同担负起国难教育的工作。

第三，要执行国难教育的工作，最主要的，就在暴露并廓清"奴化教育"和"买办教育"的理论，就在暴露并廓清一切歪曲事实麻醉大众的理论。只有这样，我们才能够统一我们的阵容，用同一的步调，向着民族解放斗争的伟大工作迈进。

第四，单有理论，没有行动，还是不够的。因此，我们每一个社员，都应积极地参加并执行国难教育的工作。我们不但把理论和行动打成一片，并且在行动中在实践中，使我们的理论更充实起来，更丰富起来。

第五，国难教育社是我们行动的指导机关，是我们行动的设计机关，我们不但要积极地拥护它，并且要诚意接受它的指导，执行它的设计。同时我们不要忘记：只有有组织的力量，才是真的战斗的力量；只有集体的行动，才是真的战斗的行动。

原载 1936 年 3 月 16 日《生活教育》第 3 卷第 2 期

## 在南京高师教育研究会上的演讲

本校同学，知教育之重，设会研究。及至今日，人数倍增，则研究所得，必更昌宏，可为忭贺。

夫国之盛衰，视乎教育；而教育之新旧，视乎研究。守陈法而不革，拘故步而自封，则亦造成旧国，不适于新势而已。本会同人，踊跃如斯，研究之新颖，盖可预知也。苟全国人士，研究教育者之数，亦若本会之与年增进，则亦何患不盛乎？然而亦难言矣。或假教育之名，而肆其政治之愿者，不乏其人，则虽置身教育之场，而其意不属，以为用役之才，将操纵于天下，教育界不过其逆旅耳。逆旅之兴替，岂足当过客之盼哉？则教育之利害兴革，又岂若人之事哉？斯亦不足责矣！此政客之教育家，无补于事者一也。亦有笃守篇籍，罔知变通，其收效仍莫由光大。虽学术一道，不当废弃乎前言，而拘泥之失，何堪与言乎进步？此书生之教育家，无补于事者二也。

惟有以科学之方，新教育之事，庶几可耳！参酌古今，辨析毫芒，躬验体察，条理秩然，终身以之，勤劬专一，斯真教育之人矣。夫以科学方法研究教育，其遭遇困难，盖无异于哥伦布之探寻新地。立说而不见信，筹资而不见予，风涛险阻，蛮夷侵凌，其能卒底于成者，亦非偶然矣！吾今略举教育新理发明时之轶事，以助研究教育者之兴趣。

约翰·费司刻（John Fiske）创幼稚说，谓族类愈高其成愈晚，缘伊尝读万力司（Wallace）获取幼猩之事：取幼猩饲之，离母三月而不能行。禽兽生数月而能自立者夥矣，猩独不能，则以其族类高也。等而上之，至于人类，则其成愈晚矣；等而下之，则虫豸多生而知之也。此幼稚说所由创也。桑戴克（Thorndike）欲求父母于子女才能之关系，则以孪生弟兄五十姓而试之，以算数、文法之课窥其尽同，则孪生者之巧拙常等，可以知遗传之故矣。福兰息司·高尔登（Francis Galton）考察英雄家族之性情，比校剖析，缕列无遗，遂开遗传学之宗。裴司塔洛齐（Pestalozzi）之研究教授法也，则考察其子而得之。艾而克思（Yerkes）之验尝试法也，取龟而置之穴外，龟之欲入新穴也，纵横回旋数十次，久乃得之。桑戴克则以猫为验，置猫笼中。猫见笼外肉，竭力求出，爬搔数十次，始获触机脱出。复纳入之，则其跳踉不似初次之甚矣。再纳之，则其出愈易。多次而后，竟不复试探，径拨机而出。是故循偶然之故而得常然之理，乃益信效果原则之说。今更谈教育制度之发明，若加雷（Gary）之学校，以善利用校舍著称于世。价微耳（Wirt）之创此制也，盖观诸市廛商贾支配店伙，彼此错综，不费时地，乃照用此法于学校，以一室而为二校之用，使校内各地无时无学生之踪迹，此上课而彼自修，甲参考而乙操练。是故，他人岁需万金者，如此八千金而已足；他人需教师百人者，如此九十人而已足：办学而最合于经济学理者也。斯说初布，世莫之信，遇钢铁大王，其说乃申。节俭之说，固戚戚于讲实利之人耳，然新理之行亦难哉！福禄伯（Froebel）之设幼稚园，则由爱玩天然物而创之。以爱玩天然物者，移之于童稚。然其初始，亦屡遭政府之非难阻止，而其制终获大行于世。盲童学校之起，原亦有足述者。某逆旅主人，饰盲人令作剧。胡爱（Hally）见之，深知盲人之可教育，于是设学校专纳盲童，创种种新法以施教育。更有异者陈，沙力方夫人（Mrs. Sullivan）研究教育，毕生只教一人，名海仑·克楼（Helen Kellr），然其成就大有功于教育界。盖其所教者，生而兼聋、喑、瞽三者于一身。常人必以为无可为矣，而女士则穷力以启之。虽其耳目口舌失其作用，而心思犹存，且外尘不染，更有灵于常人者。故使其一指按于鼻，一指按于喉，一指按于唇，以自觉其所感之气息振动之度，用窥想其所表暴之意义，萃其五官之用，寄于感觉，则感觉愈灵，遂授以发音之术，而喑者则不喑矣。此后竟能通数国文，且能演说。

由是观之，世间岂有难事哉？亦视研究者之专否耳！苟其心不专，不以教育为其毕生之业，浅尝轻试，又不遵科学之途术，则其事虽易，目所常见，亦将熟睹而无所创获，矧其难者乎？故有心之人，随时随地皆能触其教育之理而创新说。天下之事万变，斯新理之出无穷，人亦何患无用心之地哉？苟不实事求是，详加审谛，惟就前人之说以遵循之，则教育终无大昌之时也。至于徒袭外人之余绪，而不思自己有以考察之，亦可以自反矣！

原载 1918 年 10 月 5 日《南京高等师范日刊》

## 小学教师与民主运动

我们所要学习的民主作风，至少应该包含这些：

（一）民为贵。人民第一，一切为人民。

（二）天下为公。文化为公，不存心包办，或征为私有。

（三）虚心学习，集思广益，以建立自己的主张。

（四）自己要说话，也让别人说话，最好是大家商量。自己要做事，也让别人做事，最好是大家合作。自己要吃饭，也让别人吃饭，最好是大家有饭吃。自己要安全，也让别人安全，最好是大家平安。自己要长进，也让别人长进，最好是大家共同长进。

（五）民主未得到之前，联合起来以争取民主为己任；人民基本自由得到之后，依据民主原则共同创造，创造新自己，创造新家庭、新学校、新中国、新世界。

这是一种全新的生活方式，我们必须天天在实际的生活中学习，学习，再学习，才能习惯成自然，造成民主的作风。

个人学习不如集体学习，偶尔学习不如经常学习。为着进行经常的集体学习，最好是联合起来组织社会大学、星期研究会，以实施共同之进修。这些新的学习组织，在重庆已经施行有效，应该在各地举办起来，以应好学的教师与好学的青年的需要。孔子说："学而不厌，诲人不倦。"我看出这两句话有因果的关系。惟其学而不厌才能诲人不倦；如果天天卖旧货，索然无味，要想教师生活不感觉到疲倦是很困难了。所以我们做教师的人，必须天天学习，天天进行再教育，才能有教学之乐而无教学之苦。自己在民主作风上精进不已，才能以身作则，宏收教化流行之效。我们在民主作风之外，要学习的东西很多，应该按着自己的兴趣、才能和工作岗位的需要继续不断地学习，活到老，学到老。但是最重要的不能忘了社会科学。每一位现代的教师，必须把基本的政治问题、经济问题、世界大势、社会的历史的发展和正确思想方法弄清楚，最好是要参加教师进修的组织，如社会大学、星期研究会，凭着集体的力量督促自己长进。在没有社会大学或星期研究会的地方，小学教师们应该主动发起创办。这是如同吃饭一样的急不容缓，不可等待。

我们进行自我再教育，不能没有先生，我们要三顾茅庐请出第一流的教授来帮助我们进行各项学习。第一流的教授具有两种要素：一、有真知灼见；二、肯说真话，敢驳假话，不说谎话。我们必须拿着这两个尺度来衡量我们的先生。合于此者是吾师，立志求之，终身敬之。

原载 1946 年 5 月 10 日《教师生活》第 4 期

## 中国的大众教育运动

大约十二年前，一群教授和学生深入农民生活，想研究出一种真正为农民服务的教育方法。这样，就兴起了大众教育运动。该运动的目的,在于尽力弥补正规学校的不足,努力发展本国自己的教育,而不是发展从历史背景和自然条件不同的外国引进的教育;努力发展为广大劳苦大众服务的教育,而不是发展只为少数特权阶级的教育;努力发展完整的生活教育,而不是发展畸形的智力教育。为了达到这些目的,保证运动成功,我们制订了四个条件:

1. 试验者必须同群众生活在一起,向群众学习;

2. 方法必须以深思熟虑的实干为基础,而不是以书生气的空想为基础;

3. 教育费用必须最少,时间必须最短;

4. 要决心摆脱对教书这一职业的偏见和歧视。

下面几件事情可以说明"晓庄试验"的部分情况。该试验的主要成果是形成了生活即教育、社会即学校、教学做合一等一系列的理论。"山海工学团"与"小先生"运动适应了反对一九三一年及一九三二年外来侵略的需要。当侵略深入到华北,北京学生奋起要求抵抗时,我们的运动以"国难教育社"的形式与"中国人民救国会"携手合作。一九三五年十二月以来,这一运动旨在:

1. 团结起来保卫中国的民主;

2. 通过国际合作,保卫世界和平;

3. 使人民自己提高道德和文化水平;

4. 实行全民免费教育。

只有最后一个目的及实现该目的之方法才是本文详细讨论的内容。本文讨论的也不只是教大众学文化,还要讨论教他们学政治、学经济。同时,我们还在尽最大的努力寻求最简单的方法实现教育为民众所有、为民众所治、为民众所享,使我国人民愈来愈具备条件,参加使自由的中国进入自由民族之林而进行的伟大斗争。

### 死了的书呆子

具有数百年传统的错误教育观念是我们的障碍。用旧观念来看,教育就是读书。学者被称为"读书人",意思是读书的人。若问一位教授的职业是什么,他通常会这样回答:"我在北京大学教书。"同样的,如果你问一个学生在哪儿求学,他会回答:"我在北京大学读书。"意思是他在北京大学念书。虽然我们重视书籍,把它们作为帮助我们了解过去及当代文明的重要手段,但是,我们怀疑,是否光读书使我们获得自由;是否只有读书,才是赏识书。在较进步的人中间,这样的读书人绰号是"书虫"。我的朋友 P.C. 张彭春,称他们为"死了的书呆子"。下面是一首形容这种读书人的小诗:

我是书呆子,
住在太平洋。
读破万卷书,
要中状元郎。
农家供酒肉,
主人快饿死。
失业教蒙童,
尽变小呆子。

**手脑并用**

中国的传统教育似乎创造了两种怪人。在学校,学生的头脑被知识塞得发胀,却很少有机会使用双手。许多应该由他们自己做的事,都由仆人代做了。做泥饼与打开表检查都同样要受到惩罚。从人类历史发展来看。我们知道,有手才有脑。直立使手获得自由,我们才开始工作;工作时发出的声音,逐步被我们选用为口头语言。文字及工具都是我们的双手创造的。旧学校不鼓励使用双手,的确达不到发展脑的目的。由于受到这种不正常的训练,学生只得到一大堆不消化的、孤立的知识,不能将它们用于实践。他们看起来有个大脑袋,但不能按客观世界的规律准确地思考。因此,有机会上学的人,毕业后有个大脑袋及一双小手,用个比喻来说,他们看起来有点像只袋鼠,只有提笔写几行字的力气。另一方面,广大民众为国家做了大量的工作,却不能上学。尽管要为办学校缴纳税款,他们及他们的孩子却一直被剥夺了劳动之余享受文化教育的时间。他们被迫以小脑袋及一双大手的样子而生存。生活教育的目的,在于使这两种怪人恢复他们的正常生活。我们要唤醒读书人,伸出手来干活;唤醒广大民众学点知识好思考。让读书人与农民接触,几乎创造了奇迹。读书人和农民都重新发现了他们曾经忘掉的东西。读书人看到农民那出色的劳动成果,禁不住喊出声来:"我们不也有手吗?为什么我们不劳动?"同样地,农民重新发现了他们的脑:"我们有脑袋。的确,我们有脑袋。让我们来思索吧!"真正的教育必须造就能思索、能建设的人。我们需要的教育,要能造就会用脑指挥手、手开动脑的手脑健全的人。这种教育的新概念可用一首诗来形容,该诗题为《手脑相长歌》:

人生两个宝,
双手与大脑。
用脑不用手,
快要被打倒。
用手不用脑,
饭也吃不饱。
手脑都会用,
才算是开天辟地的大好佬。

## 工学团

手脑相长的原则,逐步发展形成了"工学团"的概念。"工学团"似乎是个奇怪的术语,但它阐明了新教育的内容、方法及组织形式:

工以养生，学以明生，团以保生，把教育的全部内容讲得清清楚楚。而且，做工、学科学、团体的方法决定了教育的方法，教育不再是纯学术性的了。最后，该术语还表明了组织的性质。它比"学校"包含的内容丰富，因为按传统观念来说，学校传授科学知识呱呱叫，但学生几乎没有机会劳动及合作。该术语甚至比"合作社"更合适。"合作社"除了眼前的经济需要以外，不够注意人类生活的其他方面。

"工学团"实际上采取了三种形式。第一种，是那些严格贯彻新原则，取名"工学团"的组织，如宝山的"棉农工学团"、上海的"报童工学团"。就"棉农工学团"而言，种棉花是（做）工；摸索种棉花的好方法，更加懂得整个生活是学（科学）；组织棉农，使之能保卫他们的劳动果实不受剥削，并能参加反对侵略、保卫祖国及人类的更伟大的斗争便是团（体）的真正意义。通过精选种子来改进棉花质量使一个小小的团体能增收二千元，平均每英亩增收六元。这笔额外收入的十分之一使他们能在同一村子里成立一个"儿童工学团"，让他们的孩子受到较好的教育。

上海静安寺北面万航渡路的"报童工学团"成立的方式很有趣。一天，我们注意到这些报童不会念他们卖的报纸，表示要派一位年轻人去教他们识字。孩子们非常高兴地同意了。但他们找间教室很困难，孩子们担负起自己找地方学习这一任务。最后，报童鲁孔宜的妈妈，很慷慨地把她惟一的一间房让孩子们自由使用。每天，孩子们同义务教师一起在那儿学习一小时。报纸是他们的课本，标题是他们的启蒙课文。他们受教育是免费的，但作为回报，他们有责任把所学的知识教给邻居。报童们是自立的。卖报开始被当作光荣的劳动。一旦组成团体，孩子们的力量就强了，同报纸老板打交道，就变得容易些。有些孩子甚至还赢得了开明警察的尊敬。

"工学团"的第二种形式还是学校，就是在教学计划中增添了生产活动及社会活动的内容，但还是保持着学校的名字。

第三种形式是使合作社办得朝气蓬勃，在加强合作社生产的同时，使其具备学文化及保卫生活的特点。这样的合作社，挂的是合作社之名，行的是工学团之实。这一运动将及时为许许多多的难民服务。

## 小先生

小先生是与他人分享教育的儿童。在小先生运动发展的较早阶段，最常见的小先生是自愿帮助家人及邻居学习基础知识的学童。随着时间的推移，甚至街上的孩子也即知即传，把学到的知识教给自己的朋友。大约十四年前，我那五十七岁的母亲对学习产生了兴致。这件事启发了我，使我第一次想到小先生的可能性。母亲要读我的家信，还想了解时事，她惟一能找到的先生是我的第二个儿子，他当时六岁，刚好学完初级读本。祖孙一边玩，一边学习。一月以后，我母亲便学完了第一册。当时，这令人愉快的事并没有引起我家以外的人们的多少热情。然而，一个六岁的男孩，没有师范学校的毕业文凭，没有督学颁发的证书，却顺利地教他五十七岁的祖母学完了第一册。这一事实使我得到深刻的启示，是发现"小先生"的决定性因素之一。

一九三一年和一九三二年，外国人入侵满州，进攻上海。这时，我们才知识到不唤醒全国民众实现全民团结，就不能救国。这需要在最短的时间内，以最少的经费，实行免费全民教育。进步青年男女潮水一般涌到农村，帮助农民了解国难。有些青年到我这儿来求教。我的意见很简单：来者不拒。但当农民越来越明白教育对他们及其子女的重要性时，他们及其子女便都涌到小小的学校来听课了。当时，不少教师怀疑，根据这一原则，他们能维持多久。坦白地说，有些教师还在考虑如何以收费或入学考试的办法来减少听众哩！如果容许这样做，就不能实现大众教育的全部目的了，因为它意味着又回到了只为少数人的教育。我们尽力催促他们面对现实，想出新的办法来应付这一形势。在需要的压力下，他们自然而然地委派一些能干的学生负责教那些超编的听众。一九三二年十一月的一天，我参观了"山海工学团"，很惊奇地观看了一个十二岁的男孩侣朋教一个拥有四十多个儿童的班。每个幼小的心灵都掌握在他手心里！一刹那间，我的潜意识里浮现出孙儿教祖母的情景。随即召开了一个教职员会，会上我告诉他们，他们自己已经找到了救校救国的新方法，那便是"小先生"。随着小先生运动的发展，我们不仅能一直遵循"来者不拒"的指导原则，还提出"不能来者免费送上门去"的新口号。从那时起，我们的小朋友就把教育送给不能参加正规班学习的家庭主妇及放牛娃的家中。这样，就不会打破他们的饭碗了。送教育上门这一特点是小先生制所独有的，是它与蔺开夏郡的"导生制"的不同之处。另一个不同点是，即使放牛娃和家庭主妇，迟早也要与他人分享教育。

小先生制正以一种独特的方式为中国服务，即帮助成年女孩及妇女受点教育。在旧风俗习惯仍然盛行的农村，男教师感到很难教成年的女孩子。一个敢这样做的青年男子，会招来风言风语，女孩子们会被吓跑，他就只能教椅子和板凳了！女教师很少。多年来，让女子也受教育的问题一直困扰着我们。小先生一出现，这问题便迎刃而解，就像积雪遇到阳光就消融了一样。他们可以到新娘的卧室里给她上课。孩子比正规教师随便得多。当小先生到农民家去上课时，如果主妇还没有洗完碗，她可以让小先生等一等，小朋友何乐而不为？正好可以在院子里玩一会。小先生就是这样推动了女子教育。在广东省百侯村，一九三四年有二百名学童自愿教二千名村民，其中一千五百名是女孩及妇女。

小先生很善于说服老一代继续进步。有个故事可能大家都感兴趣。西湖附近有个烟霞洞，洞上边有个小茶场叫翁家山。山上小庙里有个小学。这所学校大约有一百名"小先生"。有一次，一个年仅十二岁的小先生对我讲了个非常有趣的故事，说的是他如何说服祖母跟他学习。他拿着一本漂亮的书走到祖母身边："奶奶，如果您想学这本书，我很高兴帮助您。"老太太回答道："好孩子，奶奶太老了学不进去。

我都是快死的人了，学习对我有什么用呢？"对一个小男孩来说，这可是个棘手的问题。一阵困惑之后，小男孩又回到祖母身旁："您死后到哪儿去呢？""我是个规规矩矩的好人，死后可以进天堂。"孩子说："恭喜恭喜！如果天堂的守门神要您签名后才能进去，您怎么办呢？"祖母似乎完全相信了孙儿的话，马上要他教她写名字。"给我一支铅笔。给我一张纸。"她开始练习写自己的名字了。半夜里，发生了一件更有趣的事。在我国，祖母通常负责照顾家里一部分孩子。这孩子同祖母一起睡。半夜里，他突然醒了，以为有小虫子顺着他的腿往上爬！伸手一摸，他大吃一惊，那不是虫子，而是祖母的手指，正在画十字、圆圈，练习笔画哩！当孙儿问她为什么这样做时，她答道："哦！我在练习写自己的名字。"

从我们的经验来看，小先生非常热情。下面这首歌生动地描叙了他们的热情：

我是小先生，
热心好比火山喷。
生来不怕霜和雪，
踏破铁鞋化愚蒙。

小先生有时被称为"蚊子先生"。我想，我们大多数人都不喜欢蚊子。但有一点我可以为蚊子辩护。若你周围有匪徒，蚊子可以使你彻夜不眠。的确，现在的小先生，已经远远不止教读和写了。他们经常教唱歌、讲故事、谈新闻、传授知识、提出问题来讨论。新安的小先生甚至自己组成巡回演出团，随身带着收音机、新闻片、唱片及演戏的道具。他们几乎走遍了北方各省，访问了公路两旁许多村庄及兵营。他们走到哪儿，就在哪儿表演、放电影、演讲、成立识字小组或讨论小组，为的是使人民牢记民族斗争。

小先生运动得出的原则非常简单：任何懂得一点简单真理的人就够资格传授真理并有责任与他人共享真理。

从我们的经验来讲，小先生运动有下述优点：

1. 通过教别人，孩子们学得更多。把知识冷藏在脑子里的人学得最少。

2. 知识不再是买卖的商品。教育成为人人可以免费得到的礼物。它像空气，人人可以呼吸；它像水，人人可以饮用；它像阳光，人人可以享受。

3. 老少共同进步。成人与儿童经常在一起学习知识，可以使成人年轻起来。

4. 它帮助解决了女子教育那不可克服的困难。使全国一半人口都能受到初级教育。这是其他任何方法都办不到的。

5. 随着小先生的出现，学校本身也有了相应的新变化。从前，乡村学校在乡村中是孤立的。现在，小先生就像通电的电线，把乡村学校和每家每户联结起来，全村都成了学校。教育之光照遍每个角落，而学校转过来又被众多需要解决的问题激发得生气勃勃。破庙中孤零零的教师，突然与几十个小同志相处，必然会看到他职业的新前景，为他应该完成的历史使命而振作起来。"舜帝庙"的教师曹代江先生，准备辞职，因为山西乡村学校教师那微薄的薪金养不活他一家人。正准备辞职时，他在《生活教育》杂志上偶然发现了小先生教学法。他便进行试验并写了封信给我。这封信鼓舞了许多乡村教师坚守自己的岗位。他说："有小先生和小工人做我的同志，我相信，几年之内我们就能重建乡村生活。我感到，似乎整个国家的命运都掌握在教师手里。"在信的结尾他写道，即使给他高十倍的工资，他也不辞职了。

小先生运动不是没有危险的。我可以举出两个：

第一，在过分热情的领导的控制下，小先生容易操劳过度，这可能会损害孩子的健康，妨碍事业的发展。作为规则，我们只让小先生每天教半小时。

第二，有些政客及武断的官员们为了自己的利益，利用这些孩子做小宣传家。这是违背我们的原则的。先生是传授真理的人，只传授真理而不是其他。为了传授真理，他必须追求真理。自由批评是绝对必要的。为了阻止滥用孩子作宣传工具，我们必须注射自由批评这一抗毒剂。

### 传递先生

另一类自愿教师，遵循着与小先生同样的原则，称为传递先生。它与小先生的区别在于年龄。小先生的年龄在十六岁以下，而传递先生的年龄在十六岁以上。"传递先生"这一术语来自接力赛跑，把旗帜传给下一个赛跑者。要说明传递教学的过程，最好的办法是邀请一些听众，让他们把自己想象为在乡村学校上夜校的中国农民，把演讲者想象为乡村学校的教师。夜校教师的任务不是把农民当学生教，而是帮助他们成为传递先生，成为不必等四至五年后才出去教书的教师，成为放学后就能教别人的教师。放学后，每个学生都是教师，每个家庭都是学习中心。我们惊讶地发现，我国十分之一的农民有能力领导独立的班级。其余的至少能教两个朋友，一个坐在左，一个坐在右，倘若这两个朋友太穷买不起书，传递教师自己的书可以三人共用。传递教师刚刚在夜校里学了功课，也得复习一下。他一边复习功课，一边教他的两个朋友。在教朋友的过程中，他学得更多、更清楚、更深刻。一个人想与他人分享知识时，他自己的知识会有个大的飞跃。"把真理传给邻居"已成为传递教师的座右铭。看到我们这么多的农民和工人逐渐成为自己同胞的传递教师，真令人十分欣慰。

### 女工的传递教学

上海杨树浦一个烟草公司的女工朱冰如小姐，在女工中开展传递教学，成绩特别卓著。她在上海工作，住在离上海约莫五英里的浦东。她家附近有所由上海基督教女青年会赞助的培养传递先生的夜校。除了星期天，朱小姐每晚在该校学习一小时。拂晓前她就过黄浦江，步行两英里左右以便按时进厂。中午,工厂午休一小时,让所有的工人到街上去吃午饭。工厂就关门直到下午一点差几分才开。在街上吃顿便饭只需十分钟。朱小姐心中有个计划,要用剩下的时间帮助她的姐妹们受教育。起初,她约伙伴们到一个空场地集中。但男工们也蜂拥而至,要看她们干什么。他们觉得这些女工很奇怪,因为他们从未见过这样的奇事——女工们聚集在露天里,手拿着书,墙上贴着地图。男工们不无惊讶地看见这些女工在念书、讨论问题、唱歌。男人在场令姐妹们十分讨厌。朱小姐不得不另找安身之处。这一愿望终于实现了。一位小学校长经劝服最后答应借给她一间教室上口头问答课,因为学生一点以后才上学。从那以后,女工听课人数猛增。几天以后,朱小姐不得不从她班上挑了一名能干的学生作第二小组的传递教师。一个月后,她不得不占用了这位好心肠校长所有的教室来适应不断增长的需要。所有的房间都挤满之后,又在姐妹们家中成立了新小组,每组选出能干的传递教师晚上教。这样,朱小姐和她的朋友们创办的班,就成了那个地区女工传递教师的培养中心。教育之光从那儿发出,照到每个与她们有联系的家庭。随着时间的推移,其他地区的工人,闻到了这边的风声,有些人受到鼓舞,也推行类似的计划。甚至当初给朱小姐的班添麻烦的男工人也开始认识到这种教育的重要性,决定成立男工人班,贯彻同样的原则。

## 新文字

大众教育运动还对提倡汉语口语新文字感兴趣。七十多年前,人们就开始尝试为汉语口语发明拼音文字,但这最新的尝试证明是最好、最有成效的。为北方、上海、广州、厦门及其他几种方言使用的文字已编造出来。新文字把汉语口语当多音节语言处理,消除了不同声调中那麻烦的小符号。正是这一大优点,使这种新文字一下子超过了所有以前的发明。有了这些新文字,不同地区的农民,每天花一小时,一两个月之内就能学会用本地语言读书写字。省去了多少时间啊!

目前，把全国民众团结在抵抗日本侵略这一中心思想和行动的周围，是中国的燃眉之急。我们也须毫不犹豫地动员所有的通讯工具实现这一团结。新文字是些听任我们支配的最好的工具。尽管有许多困难，我们也要尽可能地使用它们。

### 社会即学校

另一个概念是把社会当成学校，利用一切现有的物力提高人民的道德和文化水平。实现这一主张就是在庙宇、茶馆及所有空闲的地方开展识字小组及讨论小组等活动。我们的方针是尽可能少占用房屋。找不到房间，树荫下也可以。较大的会议总是在露天举行。天然礼堂的确十分雄伟。青天作屋顶，大地作地板，群星是墙，月亮是灯，我们的农民在那儿开群众大会和座谈会。正是在这样的礼堂里，中国的农民唱他们的歌，讲他们的故事，学习他们那简单的真理，讨论国内国际问题。

原载 1938 年 10 月 29 日、11 月 5 日和 11 月 9 日
印度杂志《民族旗帜》（*HARIJAN*）

## 试验主义与新教育

从事教育之人，偏欲凭一己一时之意，以定进行之趋向。故思而不学，凭空构想者有之；一知半解，武断从事者有之；甚至昧于解决，以不了了之者亦有之。空想则无新可见；武断则绝自新之路；不了了之，则直无新之希望矣。欲救斯弊，必使所思者皆有所凭，所断者皆有所据。

原载 1919 年 2 月《新教育》第 1 卷第 1 期

## 第一流的教育家

依我看来，今日的教育家，必定要在下列两种要素当中得了一种，方才可以算为第一流的人物。

**（一）敢探未发明的新理**　我们在教育界做事的人，胆量太小，对于一切新理，小惊大怪。如同小孩子见生人，怕和他接近。又如同小孩子遇了黑房，怕走进去。究其结果，他的一举一动，不是乞灵古人，就是仿效外国。也如同一个小孩子吃饭、穿衣，都要母亲帮助，走几步路，也要人扶着，真是可怜。我们在教育界任事的人，如果想自立，想进步，就须胆量放大，将试验精神，向那未发明的新理贯射过去；不怕辛苦，不怕疲倦，不怕障碍，不怕失败，一心要把那教育的奥妙新理，一个个地发现出来。这是何等的魄力，教育界有这种魄力的人，不愧受我们崇拜！

**（二）敢入未开化的边疆**　从前的秀才以为"不出门能知天下事"，久而久之，"不出门"就变做"不敢出门"了。我们现在的学子，还没有解脱这种风气。试将各学校的《同学录》拿来一看，毕业生多半是在本地服务，那在外省服务的，已经不可多得，边疆更不必说了。一般有志办学的人，也专门在有学校的地方凑热闹，把那边疆和内地的教育，都置在度外。推其原故，只有一个病根，这病根就是怕。怕难，怕苦，怕孤，怕死，就好好地埋没了一生。我们还要进一步看，在这些地方，究竟是谁的山河？究竟是谁的同胞？教育保国究竟是谁的责任？要晓得国家有一块未开化的土地，有一个未受教育的人民，都是由于我们没尽到责任。责任明白了，就放大胆量，单身匹马，大刀阔斧，做个边疆教育的先锋，把那边疆的门户，一扇一扇地都给它打开。这又是何等的魄力！有这种魄力的人，也不愧受我们崇拜。

敢探未发明的新理，即是创造精神；敢入未开化的边疆，即是开辟精神。创造时，目光要深；开辟时，目光要远。总起来说，创造、开辟都要有胆量。在教育界，有胆量创造的人，即是创造的教育家；有胆量开辟的人，即是开辟的教育家：都是第一流的人物。大丈夫不能舍身试验室，亦当埋骨边疆尘，岂宜随便过去！但是这种人才，究竟要到什么时候才能出现？究竟要由什么学校造就？究竟要用什么方法养成？可算是我们现在最关心的问题。

原载 1919 年 4 月 21 日《时报·教育周刊·<br>世界教育新思潮》第 9 号

## 南京安徽公学创学旨趣

有了这种同情的基础，所以我们最注重师生接近，最注重以人教人。教职员和学生愿意共生活，共甘苦。要学生做的事，教职员躬亲共做；要学生学的知识，教职员躬亲共学；要学生守的规矩，教职员躬亲共守。我们深信这种共学、共事、共修养的方法，是真正的教育。师生有了共甘苦的生活，就能渐渐地发生相亲相爱的关系。教师对学生，学生对教师，教师对教师，学生对学生，精神都要融洽，都要知无不言、言无不尽。一校之中，人与人的隔阂完全打通，才算是真正的精神交通，才算是真正的人格教育。

在共同生活中，教师必须力求长进。好的学生在学问和修养上，每每欢喜和教师赛跑。后生可畏，正是此意。我们极愿意学生能有一天跑在我们前头，这是我们对于后辈应有之希望。学术的进化在此。但我们确不能懈怠，不能放松，一定要鞭策自己，努力跑在学生前头去引导他们，这是我们应有的责任。师道之可敬在此。所以我们要一面教，一面学。我们要虚心，尽量接受选择与本职本科及修养有关系之学术经验来帮助我们研究。要教学生向前进、向上进，非自己努力向前进、向上进不可。

安徽公学是个贫穷的学校。办贫穷的学校如同管贫穷的家事一样。用一文钱，必问："这一文钱该用吗？"费一分光阴，必问："这一分光阴该费吗？"光阴与钱都有限，该用才用，不该用必不用；用必尽其效。爱惜光阴，就是不为无益害有益；将无益的时间腾出，则从事有益的时间有余裕了。然后学生可以从容问学，怡然修养，既不匆忙劳碌，那身心也就自然渐渐地有润泽了。节省经费，不是因陋就简，乃是移无用为有用。我们既不甘于简陋，来源又不易开，要想收相当的效果，自非革除浪费不为功。用最少的经费，办理相当的教育，是我们很想彻底努力的一个小试验。

现今办学的人，每存新旧宽严之见。我们只问是非好坏，不问新旧宽严。是的、好的，虽旧必存；非的、坏的，虽新必除。应宽则宽，应严则严。随时、随地、随人而施教育，初无丝毫之成见。我们承认欲望的力量，我们不应放纵他们，也不应闭塞他们。我们不应让他们陷溺，也不应让他们枯槁。欲望有遂达的必要，也有整理的必要。如何可以使学生的欲望在群己相益的途径上行走，是我们最关心的一个问题。总之，必使学生得学之乐而耐学之苦，才是正轨。若一任学生趋乐避苦，这是哄骗小孩的糖果子，决不是造就人才的教育。

最后，我们要谈谈我们心中所共悬而藉以引导我们进行的目标。

一，我们都是学生，教师的一部分生活也是学生——就要负学问的责任。做学问最忌的是玄想，武断，尽信书；以差不多自足，以一家言自封。我们要极力地锻炼学生，使他们得到观察，知疑，假设，试验，印证，推想，分析，会通，正确，种种能力和态度，去探求真理的泉源。简单些说，我们研究学问，要有科学的精神。

二，我们是物质环境当中的人。我们对于四周的环境，最忌是苟安，同流合污，听天由命，不了了之。有进取性的人，要求改造。但是驱了乌合之众，叫嚣乱斫，算得改造吗？改造应当秉着美术的精神，去运用科学发明的结果，来支配环境，使环境现出和谐的气象。我们要有欣赏性的改造，不要有恐怖性鬼脸式的改造。换句话说，我们改造环境，要有美术的精神。

三，我们不但是物质环境当中的人，并且是人中人。做人中人的道理很多，最要紧的是"富贵不能淫，贫贱不能移，威武不能屈"。这种精神，必须有独立的意志、独立的思想、独立的生计和耐劳的筋骨、耐饿的体肤、耐困乏的身，去做他摇不动的基础。近今国人气节，消磨殆尽，最堪痛心。倘不赶早在本身、后辈身上培植一种不可屈挠的精神，将何以为国呢？至于今日，少数具有刚性的领袖，又因缺少度量，自取失败，并以此丧失国家的元气，至为可惜。那么推己及人的恕道，和大公无我的容量，也是做人中人的最重要的精神。把这几种精神合起来，我找不到一个更好的名词，就称他为大丈夫的精神罢。我们处世应变，要有大丈夫的精神。

科学的精神，美术的精神，大丈夫的精神，都不是凭空所能得来的。我们要在"必有事焉"上下手。我们要以"事"为我们活动的中心。研究学问要以事为中心，改造环境要以事为中心，处世应变也要以事为中心。我们要用科学的精神在事上去求学问，用美术的精神在事上去谋改造，用大丈夫的精神在事上去炼应变。我们愿意一同努力朝着这三个目标行走。活一天，走一天；活到老，走到老。

原载 1924 年 12 月 8 日《申报·教育与人生》第 60 期

## 以教人者教己

昨天邵先生教纳税计算法，就是"以教人者教己"的例证。邵先生因为要教大家计算纳税，所以就去搜集种种材料，并把这些材料融会贯通起来，然后和盘托出，教大家计算。他因为要教大家，所以先教自己。他是用教大家的材料教自己。他年年纳税，但是总没有明白其中的内幕，今年为什么就弄得这样彻底明白呢？因为要教你们，所以他自己便不得不格外明白了。他从教纳税上学得的益处怕比学生要多得多哩。近来韩先生教武术，不是要一位同学发口令吗？这便是以教人者教己。这位同学发口令时便是以同学教同学。因为要他发口令，所以他对于这套武术的步骤就格外明了，他在发口令上学，便是以教人者教己。第三中心小学潘先生是素来没有学过园艺的。但是第三中心小学有园艺一门功课,他必得教。既然要教园艺,他对于园艺便要格外学得清楚些。他拿园艺教小学生的时候便是拿园艺来教自己。我们从昨天起开始交际教学做。第一次轮到的便是孙从贞女士,今天有客来,便须由她招待。来宾到校必定要问许多问题,孙女士必须一一答复。但她是一位新学生,对于学校的经过历史、现在状况及未来计划还没有充分明了。因为要答复来宾的问题,她必须预先把这些事情弄得十分明白,才不致给来宾问倒。她答复来宾的问题时,从广义的教育看来,她便是在那儿教,来宾便是在那儿学。为了要答复来宾的问题,她自己就不得不先去弄得十分明白,这便是以教人者教己。我们平常看报,多半是随随便便的。假使我们要教小学生回家报告国家大事,那么,我们看报的时候,便不得不聚精会神了。我们这样看报,比起寻常的效率不知道要大得几多倍哩。这便是借着小孩讲国家大事来教自己明了国家大事。这便是以教人者教己。又比如锄头舞的歌词是我做的,对于这套歌词,诸位总以为我做了之后便是十分明了了,其实不然。我拿这歌词教燕子矶小学生时,方把他弄得十分明白。以前或可以说只有七八分明白,没有十分明白。自己做的歌词还要等到教人之后才能十分明白,由此可见"以教人者教己"的效力之宏。从这些例证上,我们可以归纳出一条最重要的学理,这学理就是"为学而学"不如"为教而学"之亲切。"为教而学"必须设身处地,努力使人明白;既要努力使人明白,自己便自然而然地格外明白了。

原载 1928 年 2 月 12 日《乡教丛讯》第 2 卷第 3 期

## 行是知之始

阳明先生说:"知是行之始,行是知之成。"我以为不对。应该是"行是知之始,知是行之成"。我们先从小孩子说起,他起初必定是烫了手才知道火是热的,冰了手才知道雪是冷的,吃过糖才知道糖是甜的，碰过石头才知道石头是硬的。太阳地里晒过几回，厨房里烧饭时去过几回，夏天的生活尝过几回，才知道抽象的热。雪菩萨做过几次，霜风吹过几次，冰淇淋吃过几杯，才知道抽象的冷。白糖、红糖、芝麻糖、甘蔗、甘草吃过几回，才知道抽象的甜。碰着铁、碰着铜、碰着木头，经过好几回，才知道抽象的硬。才烫了手又冰了脸，那么，冷与热更能知道明白了。尝过甘草接着吃了黄连，那么，甜与苦更能知道明白了。碰着石头之后就去拍棉花球，那么，硬与软更能知道明白了。凡此种种，我们都看得清楚，"行是知之始，知是行之成"。佛兰克林放了风筝，才知道电气可以由一根线从天空引到地下。瓦特烧水，看见蒸汽推动壶盖，便知道蒸汽也能推动机器。加利里翁在毕撒斜塔上将轻重不同的球落下，便知道不同轻重之球是同时落地的。在这些科学发明上，我们又可以看得出"行是知之始，知是行之成"。

《墨辩》提出三种知识：一是亲知，二是闻知，三是说知。亲知是亲身得来的，就是从"行"中得来的。闻知是从旁人那儿得来的，或由师友口传，或由书本传达，都可以归为这一类。说知是推想出来的知识。现在一般学校里所注重的知识只是闻知，几乎以闻知概括一切知识。亲知是几乎完全被挥于门外。说知也被忽略，最多也不过是些从闻知里推想出来的罢了。我们拿"行是知之始"来说明知识之来源，并不是否认闻知和说知，乃是承认亲知为一切知识之根本。闻知与说知必须安根于亲知里面方能发生效力。

原载 1929 年 7 月 30 日《乡教丛讯》第 3 卷第 12 期

## 传统教育与生活教育有什么区别

吃人教育与生活教育有什么区别？我的意思，不如说"传统教育与生活教育有什么区别？"所谓吃人教育，就是指传统教育而言的。

现在，我们可以这样说：传统教育，是吃人的教育；生活教育，是打倒吃人的教育。

传统教育怎样是吃人的教育呢？他有两种吃法：

（一）**教学生自己吃自己**　他教学生读死书，死读书；他消灭学生的生活力，创造力；他不教学生动手，用脑。在课堂里，只许听教师讲，不许问。好一点的，在课堂里允许问了，但他不许他到大社会里、大自然界里去活动。从小学到大学，十六年的教育一受下来，便等于一个吸了鸦片烟的烟虫，肩不能挑，手不能提，面黄肌瘦，弱不禁风。再加以要经过那些月考、学期考、毕业考、会考、升学考等考试，到了一个大学毕业出来，足也瘫了，手也瘫了，脑子也用坏了，身体的健康也没有了，大学毕业，就进棺材。这叫做读书死。这就是教学生自己吃自己。

（二）**教学生吃别人**　传统教育，他教人劳心而不劳力，他不教劳力者劳心。他更说："劳心者治人，劳力者治于人。"说得更明白一点，他就是教人升官发财。发谁的财呢？就是发农人、工人的财，因为只有农人、工人才是最大多数的生产者。他们吃农人、工人血汗，生产品，使农人、工人自己不够吃，就叫做吃人的教育。

生活教育与传统教育则刚刚相反：

（一）**他不教学生自己吃自己**　他要教人做人，他要教人生活。健康是生活的出发点，他第一就注重健康。他反对杀人的各种考试，他只要创造的考成，也就是他不教人赶考赶人死。简单地说来，他是教人读活书，活读书，读书活。

（二）**他也不教学生吃别人**　他不教人升官发财，他只教中国的民众起来做主人，做自己的主人，做政府的主人，做机器的主人。他教人要在劳力上劳心。即使有人出来做官，他是要来服侍农人和工人，看看有吃农人或工人的人，他要帮助农人、工人把他干掉。做官并不坏，但只要能够服侍农人、工人就是好的。他更要教人做到"工以养生，学以明生,团以保生"。说得更清楚些是:教大众以大众的工作养活大众的生命;以大众的科学明了大众的生命;以大众的团体的力量保护大众的生命。

原载 1934 年 12 月 1 日《生活教育》第 1 卷第 20 期

## 小朋友的鸡
### ——致徐企周

教育法的演进大概可以分为四个阶段:

第一个阶段　凭先生教授,不许学生发问;

第二个阶段　师生共同讨论,彼此质疑问难;

第三个阶段　师生共同在做上学,在做上教,在做上讨论,在做上质疑问难;

第四个阶段　师生运用科学方法,在做上追求做之所以然,并发现比现在可以做得好一些的道理。

第一个阶段的教育连花也不会开,何况果了!第二个阶段的教育只会开花,不会结果。到了第三个阶段才会结果,但未必有美味。要想有美味而硕大的果子必得跳上第四个阶段。第四个阶段是教学做合一之极,则他在此处已与科学打成一片了。

原载 1931 年 12 月 14—15 日《申报·自由谈》

## 生活教育目前的任务

我们有四种任务:一、力求长进,把自己的集团变成抗战建国的真力量;二、影响整个教育界共同求进,帮助整个教育界都变成抗战建国的真力量;三、参加在普及抗战建国的生活教育的大运动里面帮助全民族都变成抗战建国的真力量;四、参加在普及反侵略的生活教育的大运动里面帮助全人类都变成反侵略的真力量。

我们的理论，在战时，更显出它的优点。现在说它的可能的贡献：

一、我们认识教育只是民族大众人类解放之工具。当日本帝国主义危害我们生存的关头，生活教育者每上一课自必要问：这一课对于抗战能有多少帮助？为教育而办教育的人是不容易发出这样的疑问。

二、我们认识生活之变化才是教育之变化，便自然而然地要求真正的抗战教育，必须通过抗战生活。抗战演讲、宣传，若不通过抗战生活，我们不会承认它是真正的抗战教育。

三、我们认识社会即学校，便不会专在后方流连。我们立刻会联想到前方，联想到敌人的后方。即使在后方办学校也必然地要想，如何把教育的力量输送到前方和沦陷区域里面去。

四、我们认识人民集中的地方便是教育应到的地方，便毫不迟疑地注意到伤兵医院、难民收容所、壮丁训练处、防空壕与山洞里的教育而想去解决它。

五、我们认识集团的生活的力量大于个人的生活的力量，即认识集团的教育力量大于个人的教育力量，便毫不迟疑地帮助我们的学生团结起来，让他们自己管自己，从前的工学团和战时的集体主义的自我教育都是要贯彻这个意思。

六、我们认识"生活影响生活"以及人人都能即知即传，故不但顾到成人青年而且顾到老年人与小孩子，整个民族不分男女老少都必然地要他们在炮火中发出力量来。义勇军之母赵洪文国老太太及台儿庄的小孩唱歌感化小汉奸为小战士，都是印证生活教育理论颠扑不灭的铁证。

七、我们认识教学做合一及在劳力上劳心为最有效之生活法亦即最有效之教育法，便自然以行动为中心而不致陷落在虚空里面。如果抗战建国是要真正地干出来，那么生活教育的理论便要求为干而看，为干而谈，为干而玩，为干而想。

八、我们认识到处可以生活即到处可以办教育。当平时学校被炸，先生散了，学生散了，学校也跟着散了。生活教育者的学校是炸不散的，如果可以炸散，除非是先生学生一起炸死。只要有几个存在，不久归起队又是一个学校了。孩子剧团、新安旅行团便是炸不散的学校。平常的学校只要采取生活教育这一点点办法，那千千万万倒闭的学校都可以复活了。这几次的集会使我们大家对于生活教育理论有了更亲切的了解，更热烈的信仰。这了解与信仰是会发生不可思议的力量。我相信生活教育必定能够发出伟大的力量帮助打倒日本帝国主义，帮助创造一个自由平等的新中国，并且帮助创造一个和平互助的新世界。

原载 1939 年 1 月 10 日《战时教育》第 3 卷第 10 期

# 第二章　心系民之向者创新教育改革

## 与贵州教育团的谈话

对于教员的希望：一、如何而后可使教员与学生关系密切。学校是施教育的地方，教员负施教育的责任。教员与学校，相互间的关系，当然是最密切的了。然而，现在大多数教员，对于学校，总带着一个客体观念，似乎事事都没有切己利害。一方面又因生计问题，不能不多求钟点。但是一个学校，能有许多钟点呢？一校的钟点，既不足供其需要，势不能不兼求于他校，因之视教授等于贩卖。用那已经带有"贩卖性质"的教授，说是不敷衍塞责，岂非欺人之谈吗？再有什么"学生个性的研究"等问题，那更不必问了。但是我们也不能深怪他，因为他的钟点既多，预备上也得有相当的时间。一天除却预备和讲授，实在再没有旁的时间给他研究那些问题了。然而这种情形,直接受影响的,就是学生;间接受影响的,就是教育前途,仔细想想,真个十二分危险。余谓此问题的解决,除了先解决经济问题,委实没有别的法子。解决经费问题,就是增加教育经费。要如此,学校对于教员,也才能讲到优遇;教员的生计,也才能根本解决。生计既已解决,学校又加以至诚的精神,专一的托付,那还怕相互间的关系不密切么?二、如何而后可使各科联络贯通。学科是为便利研究,有系统的知识,贵明了,尤贵实验。有了实验,已经学过的,即足证明;还未学过的,更可发明。惟是讲到实验,非先求各科联络贯通不可。因为各科都有互为辅助的能力,要是任他各不相关,那实际也是空谈了。然而,要各科如何才能联络贯通呢?说到这里,关系于教员的却不少。因为各科教员,要有旁的工作的时间,方能期他认真研究,共同讨论。比方定一个标准,大家的向心力,都是依着这标准去的。教授程序,有钩接的方法。那么到了实验的时候,不单是可以得其所以然,且能特别发生若干新思想,若干新意味。所以既要望教育发达,对于此点,就应该详细研究,求个结果。而第一问题的解决,尤其不可缓了。三、当使教员有进步的机会。学科仿佛是机器,教员仿佛是贩卖机器的人。机器天天有发明的,学科也天天有进步的。假使贩卖机器的人,所预备的货物有限,或者非现时代的货物,不能供给人的需要,试问那事业可能发达么?又能同着顺潮流的贩卖竞争么?所以,他必定要计算,看众人的需要,是甚么新发明的,是哪些机器计算的?他就照着预备,等待别人需用。教员对于教授上,还是如此。要他有了进步的机会,能进步,然后教材才丰富,教授法才生动,学生所得的科学知识,也就切合于现代的趋势了。

原载 1919 年 9 月 22 日
《时报·教育周刊·世界教育新思潮》第 31 号

## 地方教育与乡村改造

教育就是生活的改造，我们一提及教育便含了改造的意义。教育好比是火，火到的地方，必使这地方感受他的热，热到极点，便要起火。"一星之火，可以燎原"，教育有这样的力量。教育又好比是冰，冰到的地方，必使这地方感受他的冷，冷到极点，便要结冰。教育有力量可以使人"冷到心头冰到魂"。或是变热，或是变冷，都是变化，变化到极点，不是起火便是结冰。所以教育是教人化人，化人者也为人所化。教育总是互相感化的。互相感化，便是互相改造。

原载 1929 年 2 月《地方教育》第 1 期

## 学问之要素
### ——致程仲沂

仲沂先生：

　　……

　　先生所说做学问有三要素：一体健，二天才，三财力。很有见地。

　　知行以为体健是人生的一个最要目的，也是学问的一个最要目的。学生是学习人生之道的人。学以厚生则可；学以伤生是断断乎不可的。天才是做学问的根据。有几分天才做几分学问。大概天才有十分八九之势力，教育的势力只占十分之一二。教育万能之说是教育界自欺欺人的话。但是天才有时很不容易看出来。时机未到，天才隐在里面，专靠主观、武断，以致差之毫厘，失之千里的，是常有的事。

　　第三点恕我不大表同意。我不承认财力是学问的要素。我以为，只要有志学问或是有志于子女的学问，经济的难关是可以打破的。后代的学问是有社会关系的。自己倘若十分困难，就号召社会的力量成全子女入学也是应该的。这是就求学必不可少的经费说的。我还有一点意见，就是：穷苦和学问是好友；富贵和学问是仇敌。那天天轻裘肥马，炫耀于同学之前的，究竟的学问如何？

出自1929年亚东图书馆版《知行书信》

## 谈教学做合一
### ——致朱端琰

端琰先生：

一 什么是做？"做"字在晓庄有个特别定义。这定义便是在劳力上劳心。单纯的劳力，只是蛮干，不能算做；单纯的劳心，只是空想，也不能算做；真正的做只是在劳力上劳心。我们做一件事便要想如何可以把这件事做好，如何运用书本，如何运用别人的经验，如何改造用得着的一切工具，使这件事做得最好。我们还要想到这事和别事的关系，想到这事和别事的相互影响。我们要从具体想到抽象，从我相想到共相，从片段想到系统。这都是在劳力上劳心的功夫。不如此，便不是在劳力上劳心，便不是有意义的做。

做必须用器官。做什么事便用什么器官。耳、目、口、鼻、四肢、百体都是要活用的。所以有的事要用耳做；有的事要用眼做；有的事要用嘴做；有的事要用脚做；有的事要用手做；有的事用它们三个、五个合起来做。中国教育的一个普通的误解是以为：用嘴讲便是教，用耳听便是学，用手干便是做。这样不但是误解了做，也误解了学与教了。我们主张教学做是一件事的三方面：对事说是做，对自己之进步说是学，对别人的影响说是教。做要用手，即学要用手、教要用手；做要用耳，即学要用耳、教要用耳；做要用眼，即学要用眼、教要用眼。做要用什么器官，即学要用什么器官、教要用什么器官。

做不但要用身上的器官，并且要用身外的工具。我们的主张是：做什么事便用什么工具。望远镜、显微镜、锄头、斧头、笔杆、枪杆、书本子都是工具，也都是要活用的。中国教育的第二个普通的误解，便是一提到教育就联想到笔杆和书本，以为教育便是读书、写字，除了读书、写字之外，便不是教育。我们既以做为中心，那么，做要用锄头，即学要用锄头、教要用锄头；做要用斧头，即学要用斧头、教要用斧头；做要用书本，即学要用书本、教要用书本。吃面要用筷子，喝汤要用匙子，这是谁也知道的。倘使有人用筷子喝汤，用匙子吃面，大家必定要说他是个大呆子。我们现在的教育，何尝不是普遍地犯了这个错用工具的毛病。中国的教员、学生，实在太迷信书本了。他们以为书本可以耕田、织布、治国、平天下；他们以为要想耕田、织布、治国、平天下，只要读读书就会了。书本是个重要的工具，但书本以外的工具还多着呢。因为学校专重书本，所以讲书便成为教，读书便成为学，而那用锄头、斧头的便算为做了。这是教学做分家。他们忘记了书本也是"做"事所用的工具，与锄头、斧头是一类的东西。做一件事要想做得好，须用锄头便用锄头，须用斧头便用斧头，须用书本便用书本，须合用数样、数十样工具，便合用数样、数十样工具。我们不排斥书本，但决不许书本做狄克维多，更不许他与"做"脱离关系，而成为所谓"教学"之神秘物。

有了上面补充的总说明，再去解答先生的疑问，似乎容易得多。我现在就顺着先生质问的次序逐一答复，然后再归纳起来，答复先生总结的三问题。

二 以实际生活为中心的教育是否能够顾到人生的全部？教学做有一个公共的中心，这"中心"就是事，就是实际生活。实际生活，说得明白些便是日常生活。积日为年，积年为终身，实际生活便是人生的一切。分析开来，战胜实际的困难，解决实际的问题，生实际的利，格实际的物，爱实际的人，求实际的衣、食、住、行，回溯实际的既往，改造实际的现在，探测实际的未来：这些事总结起来，虽不敢概括全部人生，但人生除了这些事还有什么？在做这些事上去学、去教，虽不敢说有十分收成，但是教成的与学得的必是真本领。实行这种教育的社会，虽不敢必其进步一日千里，但是脚踏实地地帮助人类天演历程向上向前运行而无一步落空，那是可以断言的。

三 教学做合一是否能够传递全社会的经验？"教育是传递社会的经验"，这句话不能概括一切教育。倘若教育是仅仅把社会的经验传递下去，那就缺少进步的动力。所以与其说"教育是社会经验之传递"，不如说"教育是社会经验之改造"。教育上之所谓经验，原有两种意思：一种是个人的；一种是人类全体的。但是经验无论属于个人或人类全体，决无超时间空间的可能。我们最多只可说，有些社会经验是不限于一时代一地域的。经验又有直接间接的区分，这当然是不可否认的。我在《"伪知识"阶级》里面曾经说明"接知如接枝"的道理。我们必须有从自己经验里发生出来的知识做根，然后别人的相类的经验才能接得上去。倘使自己对于某事毫无经验，我们决不能了解或运用别人关于此事之经验。人类全体的经验虽和个人经验有些分别，但是我们必须有个人经验做基础，然后才能了解或运用人类全体的经验。

我们必须以个人的经验来吸收人类全体的经验。孔子说："举一隅，不以三隅反，则不复也。"荀子说："以一知万。"无论他是一隅三反，或是以一知万，那个"一"必定是安根在自己的经验里。自己经验里的"一"是一切知识的起点。有了这个"一"，才能收"三反""知万"之效。《墨辩》分知识为闻、说、亲三种。"说曰：'知：传受之，闻也；方不㢓，说也；身观焉，亲也。'"闻知是别人传授进来的，说知是自己推想出来的；亲知是自己经验出来的。依教学做合一的理论说来，亲知是一切知识的基础。没有亲知做基础，闻知和说知皆为不可能。

陶知行

原载 1929 年 3 月《教育汇刊》第 1 期

## 教学做合一下之教科书

教学做合一是生活教育之方法之理论。这理论同时叙述生活教育之现象与过程。所以要想讨论这个理论对于教科书之要求，先须说明什么是生活教育，什么是教学做合一。

**什么是生活教育** 生活教育是以生活为中心之教育。它不是要求教育与生活联络。一提到联络，便含有彼此相外的意思。倘使我们主张教育与生活联络，便不啻承认教育与生活是两个个体，好像一个是张三，一个是李四，平日不相识，现在要互递名片结为朋友。联络的本意原想使教育与生活发生更密切的关系，不知道一把他们看作两个个体，便使他们格外疏远了。生活与教育是一个东西，不是两个东西。在生活教育的观点看来，他们是一个现象的两个名称，好比一个人的小名与学名。先生用学名喊他，妈妈用小名喊他，毕竟他是他，不是她。生活即教育。是生活便是教育，不是生活便不是教育。分开来说，过什么生活便是受什么教育：过康健的生活便是受康健的教育；过科学的生活便是受科学的教育；过劳动的生活便是受劳动的教育；过艺术的生活便是受艺术的教育；过社会革命的生活便是受社会革命的教育。从此类推，我们可以说：好生活是好教育；坏生活是坏教育；高尚的生活是高尚的教育；下流的生活是下流的教育；合理的生活是合理的教育；不合理的生活是不合理的教育；有目的的生活是有目的的教育；无目的的生活是无目的的教育。反过来说，平日过的是少爷小姐的生活，便念尽了汗牛充栋的劳动书，也不算是劳动教育；平日过的是奴隶牛马的生活，便把《民权初步》念得透熟，熟得倒过来背，也算不了民权教育。没有生活做中心的教育是死教育。没有生活做中心的学校是死学校。没有生活做中心的书本是死书本。在死教育、死学校、死书本里鬼混的人是死人——先生是先死，学生是学死！先死与学死所造成的国是死国，所造成的世界是死世界。

**什么是教学做合一**　教学做合一是生活现象之说明，即是教育现象之说明。在生活里，对事说是做，对己之长进说是学，对人之影响说是教。教学做只是一种生活之三方面，而不是三个各不相谋的过程。同时，教学做合一是生活法，也就是教育法。它的涵义是：教的方法根据学的方法；学的方法根据做的方法。事怎样做便怎样学，怎样学便怎样教。教与学都以做为中心。在做上教的是先生，在做上学的是学生。在这个定义下，先生与学生失去了通常的严格的区别，在做上相教相学倒成了人生普遍的现象。做既成了教学之中心，便有特殊说明之必要。我们怕人用"做"当招牌而安于盲行盲动，所以下了一个定义："做"是在劳力上劳心。因此，"做"含有下列三种特征：

（一）行动；

（二）思想；

（三）新价值之产生。

原载 1931 年 8 月《中华教育界》第 19 卷第 4 期

## 谈生活教育
### ——致一位朋友

××吾友：

接读十二月十二日手书，知道我们在重庆相左，不能见面谈一谈，那是很可惜的一件事。承你对于生活教育和生活教育者提出一些意见，我们很感谢。你所勉励我们的话，多半是对的，我们是朝着你所指示的路向不断地努力。但是你批评生活教育是有一些不正确。这不能怪你，因为如你所说，你不能把全部生活教育研究之后再提出意见。为着要答复你的好意，我想把我认为不正确的地方提出来和你谈谈。

第一，你说："生活教育者好像不懂得'真正生活教育的实现，只有在没有人剥削人的制度里存在'。"你仔细想过之后，便知道这样的看法，是机械的看法而不是发展的看法，是静态的看法而不是动态的看法，是等待的看法而不是追求的看法。你心里的理想的社会，不是从天上落下来的，而是人类依着历史发展的趋势努力创造出来的。真正的生活教育，自古以来一直存在到今天，即发展到今天，而且还要一直存在下去、发展下去而达到最高的生活即最高的教育。为着最高的目的而忘了发展的过程和为了发展的过程而忘了最高的目的，都是错误。

第二，你说："生活教育者企图不经过突变而欲达到质变。"我们没有这样的企图。除非你所遇到的是没有常识的"生活教育者"。水热到一百摄氏度，突变而为水蒸气。我们不能幻想着水蒸气而忽视了砍柴、挑水、烧锅的工作。

第三，你说："生活教育者之努力……即使能完成任务，那也只限于一部分被……提拔的'天才者'，群众是没有份的。"这"天才者"大概是指我们所选之具有特殊才能之儿童吧？他们是从难童中选来，不能说他们与民众无关。我们当然不应该为"天才"而办"天才"教育，但是，为着增加抗战建国的力量而培养特殊才能的幼苗，使他们不致枯萎夭折，也是值得做的工作。我们当然不应该教他们做人上人。但是，为着社会进步，让他们依据各人的才能志愿，学做一群人中人，而且把他们的贡献发挥出来以为民众服务，也是值得干的工作。若只注重"天才"教育而忽略一般教育，那是不可以；但是，生活教育者自始就发动普及教育运动，到近来，才感觉到具有特殊才能之儿童之被忽视而开始唤起社会之注意。我们所希望的是："从民众那里来"的"回到民众那里去"。

第四，你说："生活教育者没有把革命与教育联系起来。"这要看你心中的革命是一件什么事？你心中的联系是如何联系法？在我们看来，现在的民族解放斗争是革命的行动！我们以一个民众学术团体，对于团结、抗战建国，是用了全副精神参加，不敢有丝毫之懈怠。至于你所说，一个教育者同时应该是一个革命者，我很同意。但我希望补充一句：一个真正革命者，必然是一个真正生活教育者。即使他不承认他是一个生活教育者，按着生活教育的理论说来，他也是一个道地的生活教育者。

第五，你说你的很多朋友，大都不知道生活教育是什么？并且说生活教育的受人忽视的主要原因是，因为缺少革命的联系。生活教育之被一部分人忽视，那的确是事实，但完全归咎于缺少革命的联系，从上面说明看来，也不见得完全对。我想除我们自己力量有限外，生活教育之被人忽视，还有下述之原因：一、过生活而忽视教育的人，必然忽视生活教育。二、受教育或施教育而忽视生活的人，亦必然忽视生活教育。三、忽视民众生活而又忽视民众教育的人，固然不要生活教育而高谈革命理论，再无革命实践的象牙塔里的"革命家"，也无由知道生活教育之宝贵。

从定义上说，生活教育是给生活以教育，用生活来教育，为生活向前向上的需要而教育。从生活与教育的关系上说，是生活决定教育。从效力上说，教育要通过生活才能发出力量而成为真正的教育。"教学做命一"，是生活法亦即教育法。为要避去瞎做、瞎学、瞎教，所以提出"在劳力上劳心"，以期理论与实践之统一。"社会即学校"这一原则，要把教育从鸟笼里解放出来。"即知即传"这一原则，要把学问从私人的荷包里解放出来。"行是知之始，知是行之成"，是教人从源头上去追求真理。工学团或集体主义之自我教育，是在团体生活里争取自觉之进步。"教育是民族解放、大众解放、人类解放之武器。"这种教育观，是把教育从游戏场、陈列室解放出来，输送到战场上去。时间不许我细说，总之，生活教育理论，是半殖民地半封建的中国争取自由平等的教育理论。我希望你把研究之门大开起来。如果有机会，我想和你谈谈。千万不要因为一时之倒霉，少数人之不忠实，就误断一个运动的命运。

行　知

原载 1940 年 1 月 10 日《战时教育》第 5 卷第 4 期

## 教育研究法

本会既定名教育研究会，则国家何以必有教育？教育何以必须研究？研究何必待集会？诸君顾名思义，不可不知也。鄙意共和国有要素二：一、正当之领袖也。盖先知先觉，楷则烝黎，导斯民于轨范之中，进社会于缉熙之域，悉其责焉。然英才俊质，虽恃先天之禀赋，亦赖经验之陶冶。故必有完美之人才教育，始能产正当之国民领袖。非然者，不胎求子，庸有济乎？二、健全之公民也。盖社会日进，庶业纷繁，国事良窳，断非少数之国民领袖所克左右。苟无多数健全之公民，利害洞彻，时势明了，取鉴先觉，各尽其职，则有倡无和，事卒不举。故人才教育以外，又当以普通教育为根本，以造成健全之公民。然则领袖也，公民也，实共和之长城也。而产此长城者何乎？舍教育吾奚属哉！

故方今教育家之天职，在考察吾国共和之长城造乎未造，所造者完乎不完；何者应改弦更张，何所应补苴修正。如欧美之职业教育，吾国曩未之行，此则急宜酌采者也。国人受教育者，百分应有九十，而今仅居其一，此则急宜完足者也。实业学校办法弗良，学生应用其所学者，十仅一二；改营他业者，十且八九，致演成农不农、工不工、商不商之险状，此则急宜改革者也。醉心西化，动辄效颦，而不知宜于彼者，未必皆宜于我；宜于中学者，未必宜于小学。如代数一科，中学校莫不肄习。以鄙人所见，未必皆受益，此则急宜修正者也。教育家之在今日，殆所谓仔肩重任者乎！

夫教育之关系既如彼，教育家之天职又如此，则吾人之不能昧于斯道也，明矣。盖教育之举措，悉当根据于学理。学理幽深，研究始明。教育学术，吾人所宜研究，庶南辕无北辙之虞，奏刀有理解之效也。

虽然，独学寡闻，千虑一失，集会琢磨，厥利有三：一、可以交换知识也。盖集众人之才力经验，共研所学，则切磋观摩，互资考鉴，学理因辩难而大明，知识以互易而愈广矣。二、彼此可以鼓励也。学理深邃，则玄眇难明；事业恢宏，则困阻恒多。畏难者见而步却，虑失者当之心灰。苟集会攻研，则彼此激励，中阻无碍矣。三、可以互益兴趣也。盖治学以兴趣为主。兴趣愈多，则从事弥力；从事弥力，则成效愈著。然离群独立，索然寡欢，困难偶及，兴阻中途。苟集会研究，则彼此激励，兴味时增，无此弊矣。

然则研究之道，果何在乎？今仅就管见所及，约略言之，以资考证。一、疑难须发乎中，标题须择其要。发于中，则蕴蓄有素，心得恒多；择其要，则真实不虚，言皆切中。譬一人焉，始则多数问题，蕴蓄于中，继乃举其无关教育、涉及专门、繁杂难理鲜趣乏资料者，依次汰除，则所存者，莫非普通应用、平易切实、兴味饶足、研资丰厚者已。二、问题既拟，则必征求知识以解决之。征求知识之法，就主观言之，约有三端。一曰虚心，虚心则成见消除，不为物蔽，休休相容，惟真理之是求；二曰留心，留心则社会环象随在考察，不仅恃载籍以资考证；三曰专心，专心则精敛神萃，致力一途，不扰于物，易底于成。若就客观言之，则亦有三：一曰明辨，盖资料杂陈于前，苟不明辨剖析，以别其用途，则取舍不当，必有留珠遗瓦之憾；二曰比校，比校则古今中外之异同，因果是非之轨迹，同时并观，了如指掌；三曰统列，统列则纪录之资料，进化之事实，群分类聚，条理井然矣。

且征求知识之方法，亦随知识之性质而异。知识有新有旧，有已有者，有本无者。征求已有之旧知识，有二法。一曰交谈问答，盖交谈学理，彼此之意见融通，问答辩难，事物之真理阐发，其助学识，诚非浅鲜；二曰读书，读书多，则积理富，积理富，则随时应用，绰有余裕矣。但专事征求旧知识，则世界无进化；欲求世界进化，非探觅新知识不为功。探觅新知识之法亦有二：一曰观察，观察愈力，则物感愈众，天文等学之发明，俱赖于是；二曰试验，试验者，自设景况，产生结果，以为学理之左证也。一须统束各种情况，使之纯一不杂；二宜活动其一，使为主因。非然者，主因之外又杂他因，则结果难确矣。故教育家欲比较两教授法之优劣，则课堂之设备同，课本之教材同，时间教师同，其他教法同，以及学生之年龄、男女、程度、家境同，然后施各异之教法，而后可知其结果之究孰优孰劣也。然则欲教育之进步，须先有正当之试验家，施行精密之试验术也，明矣。此外，复将一事之结果内容，条分缕析，开会逐一讨论，决不可模糊影响，混合而言。盖拓都为幺匿之结体，幺匿明，则拓都易知矣。讨论时最忌者有数事：一曰闲谈，盖泛滥无节，难中肯綮，隔靴搔痒，徒作捕光掠影之谈，最足以眩惑是非也；二曰盲从，胸无定见，人云亦云，实不足以言讨论；三曰成见，盲从固陋，拘执亦非，盖有成见在胸，则自是其是，不能容纳真理；四曰武断，不先论事理之果何如，而遽下判断，非特抑他人之思想，亦且失研究之真诠。忘己忘人，俱为要道。忘己则大公无我，真理是徇；忘人则独抒己见，不畏诽谤。讨论既毕，则其结果非特牢记于心，又宜举行试办，然后将其良者竭力推广，导人效则。现三十二法身，掉广长圣舌，实分内事也。再鄙人不才，忝居本会指导员之职，间尝思教员二字，殊属不妥。盖人师之责，不在教学生，而在教学生学。故本会之精神，亦当在学而不在教。尝观世界大教育家，如白斯达罗齐、福禄伯等之伟功盛业，无不在试验，无不在发明。故鄙人深愿本会为试验之先河，为发明之鼻祖。吾尤愿诸君为白斯达罗齐，为福禄伯，为条魏，为曹朗达。大家努力，共建此共和之长城。

原载 1918 年 6 月《金陵光》第 9 卷第 6 期

## 新教育

**新教育的方法** 要考究这个方法，下列的几条，应该注意的：

（甲）**符合目的** 杀鸡用鸡刀，杀牛用牛刀，这就是适合的道理；

教育也要对着目的设法。现在学校里有兵操一门，是为了养成国民有保护国家的能力而设的。但是照这样"立正""开步"的练习，经过几年之后，能否达到应战之目的，却须要研究的。

（乙）**依据经验**　怎样做的事，应当怎样教。譬如游水的事，应当到池沼里去学习，不应当在课堂上教授。倘若只管课堂的教授，不去实习，即使学了好几年，恐怕一到池里，仍不免要沉下去的。各种知识有可以从书上求的，不妨从书上去得来；有不可以从书上求的，那应该从别处去得他了。

（丙）**共同生活**　在学校中不能共同做事，一到社会也是不能的。所以要国民有共和的精神，先要学生有共和的精神；要学生有共和的精神，先要使他有共同的生活，有互助的力量。

（丁）**积极设施**　教人勿赌博，勿饮酒，这都是消极的禁止。至于积极的办法，要使他们时常去做好的事情，没有机会去做那坏的事情。在学校之中，常常有正当的游戏运动，兴味很好，自然没有工夫去做别的坏事了。

（戊）**注重启发**　在学校里并非一面教人，一面受教，就算了事。要使学生的精神意志和能力，渐渐地发育成长。孔子说"不愤不启，不悱不发"。我更要进一步说，使他不得不愤，使他不得不悱。杜威先生也说，教学生的法子，先要使他发生疑问；查出他疑难的地方，使他想种种方法，去解决这个问题；从这些方法之中，选出顶有成效的法子，去试试看对不对；如其不对，就换法子，如其对了，再去研究一下。照这方法来解释同类的问题和一切的问题。所以现在的时候，那海尔巴脱的五段教授法等，觉着不大适用了。

（己）**鼓励自治**　这便是教学生对于学问方面或道德方面，都要使他能够自治自修。

（庚）**全部发育**　身体和精神，要全体顾到，不可偏于一面。譬如在体育上，耳目口鼻手足，统要使他健全；在智育上，既要使他自知，又要使他能够利用天然界的事物；在德育上，公德和私德，都不可欠缺的。

**（辛）唤起兴味**　学生有了兴味，就肯用全副精神去做事体，所以"学"和"乐"是不可分离的。学校里面先生都有笑容，学生也有笑容。有些学校，先生板了脸孔，学生都畏惧他，那是难免有逃学的事了。所以设法引起学生的兴味，是很要紧的。

**（壬）责成效率**　凡做一事，要用最简便、最省力、最省钱、最省时的法子，去收最大的效果。做这件事，用这个方法，在一小时所收的效果是这样，用别个方法止须十分钟或五分钟，就有这样的效果，那后法就比前法为胜了。照此把时间、精力、金钱和效果的比较选择，可以得出一个最好的法子。

以上所讲，都是新教育上普通的说明。至于新教育对于学校课程等的设施和教员学生应当怎样的情形，休息几分钟再讲。

**新学校**　学校是小的社会，社会是大的学校。所以要使学校成为一个小共和国，须把社会上一切的事，拣选他主要的，一件一件地举行起来。不要使学生在校内是一个人，在校外又是一个人。要使他造成共和国民的根基，须在此练习。对于身体方面、道德方面、政治方面，凡国民所不可不晓得的，都要使他晓得，那学校便成为具体而微的社会了。我国学校的弊病，不但在与社会相隔绝，而且学校里面，全以教员做主，并不使学生参与。要晓得一社会里的事务，该使大家知道的，就该大家参与；该使少数领袖管理的，就该少数领袖参与。这样不靠一人，也不靠少数人，使每个学生、每个教员晓得这个学校是我的学校，肯与学校同甘苦，那才是共和国社会里的真学校。

**新学生**　"学"字的意义，是要自己去学，不是坐而受教。先生说什么，学生也说什么，那便如学戏，又如同留声机器一般了。"生"字的意义，是生活或是生存。学生所学的是人生之道。人生之道，有高尚的，有卑下的；有片面的，有全部的；有永久的，有一时的；有精神的，有形式的。我们所求的学，要他天天加增的，是高尚的生活，完全的生活，精神上的生活，永久继续的生活。进一步说，不可学是学，生是生，要学就是生，生就是学。求学的事，是为预备后来的生存呢？还是现在的生存，就是全体生活的一部分呢？既然晓得教育是继续经验的改造，那么对于天然界和群界，自然受他的影响；天天变动，就是天天受教育，差不多从出世到老，与人生为始终的样子。你哪一天生存不是学？你哪一天学不是生存呢？孔子到了七十岁，方才从心所欲不逾矩，他是一步一步上进的。凡改变我们的，都是先生；就是我们自己都是学生。以前只有在学校里的是学生，一到家里就不是学生；现在都做社会的学生，是从根本上讲，来得着实，不至空虚。虽出校门，仍为学生，就是不出于教育的范围。所以每天的一举一动，都要引他到最高尚、最完备、最能永久、最有精神的地位，那方才是好学生。

**新教员**　新教员不重在教，重在引导学生怎么样去学。对于教育，第一，要有信仰心。认定教育是大有可为的事，而且不是一时的，是永久有益于世的。不但大学校高等学校如此，即使小学校也是大有可为的。夫勒培尔研究小学教育，得称为大教育家。做小学教师的，人人有夫氏的地位，也有他的能力；止须承认，去干就能成功。又如伯斯塔罗齐、蒙铁梭利都从研究小学教育得名，即如杜威先生，也是研究小学教育的。这都是实在的事，并非虚为赞扬。我从前看见一个土地庙面前对联上，有一句叫"庙小乾坤大"，很可以来比。况我们学校虽小，里头却是包罗万有。做小学教员的，万勿失此机会，正当做一番事业。而且这里头还有一种快乐——照我们自己想想，小学校里学生小，房子小，薪水少，功课多，辛苦得很，哪有快乐？其实，看小学生天天生长大来，从没有知识，变为有知识，如同一颗种子的由萌芽而生枝叶，而看他开花，看他成熟，这里有极大的快乐。照以上两层——做大事业得大快乐——是为一己的，而况乎要造新国家、新国民、新社会，更非此不行嘛！那不信仰这事的，可以不必在这儿做小学教员。一国之中,并非个个人要做这事的,有的做兵,有的做工,有的做官吏,……各人依了他的信仰,去做他的事。一定要看教育是大事业,有大快乐,那无论做小学教员,做中学教员,或做大学教员,都是一样的。第二,要有责任心。不但是自己家中的小孩和课堂中的小孩,我应当负责任;无论这里那里的小孩,要是国中有一个人不受教育,他就不能算为共和国民。在美国一百个人之中,有九十几个受教育。中国一百个人之中,只有一个人受教育。而且二十四个学生中,只有一个女学生。我们要从这少数的人,成为多数的人,要用多少年的工夫?非得终身从事不行。况且我们除了二十岁以前、六十岁以后,正当有为之时没有多少,即使我们自己一生不成,应当代代做去。切不可当教育事业是住旅馆的样子,住了一夜或几夜之后,不管怎么样,就听他去了。那教育事业,还有发达的希望吗?第三,做新教员的要有共和精神。就是不可摆出做官的态度,事事要和学生同甘苦,要和学生表同情,参与到学生里面去,指导他们。第四,要有开辟精神。时候到了现在,不可专在有教育的地方办教育。要有膨胀的力量,跑到外边去,到乡下地方,或是到蒙古、新疆这些边界的地方,要使中国无地无学生。一定要有单骑匹马勇往无前的气概,有如外国人传教的精神,无论什么都不怕,只怕道理不传出去。要晓得现在中国,门户边界的危险,使那个地方的人,晓得共和国的样子,用文化去灌输他,使他耳目熟习,改换他从来的方向,是很要紧的。第五,要有试验的精神。有些人肯求进步,有些人只晓得自划地,除了几本教科书外,没有别的书籍。——诸君已经毕业之后,还在这儿讨论教育,那是最好的。——他人叫我怎样办,我便怎样办,专听上头的命令。要晓得上头的命令,只不过举其大端,其中详细的情形,必定要我们去试验。用了种种方法,有了结果,再去批评他的好坏,照此屡试屡验,分析综合,方才可下断语。倘使专靠外国,或专靠心中所有,那么,或是以不了了之,或是但凭空想,或是依照古老的法子,或是照外国的法子,统是危险的。从前人说"温故而知新",但是新的法子从外国传到中国,又传到杭州,我们以为新的时候,他们已经旧了。所以,望大家注意,不可不由自己试验,得出真理,方不至于落人之后哩!

原载 1919 年 9 月《教育潮》第 1 卷第 4 期

## 教育改进

吾人不但需教育,而且需好教育。改进之意即在使坏者变好,好者变为更好。社会是动的,教育亦要动。吾人须使之继续不断地改,继续不断地进。

教育改进包含两方面:有关于教育方针之改进,亦有关于教育方法之改进。教育方针随思潮为转移:有因个人兴致而偶然变更者,亦有因社会大势所趋而不得不变更者。教育方法受方针之指挥约束,必须与方针联为一气。方针未定得准,方法不与方针一致,均与吾人以改进之机会。比如航海,必须先定准方向。方向不定准,无论方法如何敏捷,如何洽意,只是行错路,究不能达目的地。但空悬一方针,船身能否抵制风浪,水手是否干练勇敢,食料与燃料敷用几时,均未打算清楚,则虽有方针,亦难达到目的地。故方针不准,应当改进;方法不与方针一致,亦应改进。航海如此,办学亦应如此。

论到中国教育方针,自办新学以来已经改变五六次。最初要吸收科学而又不忍置所谓国粹者于不顾,所以有"中学为体,西学为用"之主张,此种主张即是当时一种教育方针。光绪二十七年明定教育宗旨为忠君、尊孔、尚公、尚实、尚武。此种教育宗旨即表明其时之教育方针。民国元年,国体变更,教育方针因改为重在道德,而以实利教育、军国民教育辅之,更以美感教育完成其道德。民国四年,申明教育宗旨,又改进为"注重道德,实利,尚武,并运之以实用"。民国八年,教育部组织教育调查会,该会建议"以养成健全人格,发展共和精神为教育宗旨"。所谓健全人格须包含："一、私德为立身之本，公德为服务社会国家之本。二、人生所必需之知识技能。三、强健活泼之体格。四、优美和乐之感情。"共和精神包含："一、发挥平民主义，俾人人知民治为立国之根本。二、养成公民自治习惯，俾人人能负国家社会之责任。"民国十一年第八届全国教育会联合会建议学制系统标准，即是关于教育方针之修正。嗣经教育部公布标准七条："一、适应社会进化之需要。二、发挥平民教育精神。三、谋个性之发展。四、注意国民经济力。五、注意生活教育。六、使教育易于普及。七、多留地方伸缩余地。"此二十余年中吾国教育方针，每隔四五年即修改一次，颇不稳定，论者辄讥为无方针之教育。其实中国方在过渡时代，又当各种思潮同时交流而至，方针不易固定。即以现在而论，吾人尚在歧路上考虑。吾意不出数年，中国教育方针必须再经一次变更，此次变更后或可较为稳定。中国教育方针已经走过几层歧路，以吾观之，尚有两层最为重要之歧路：第一层，国家主义与国际主义；第二层，物质文明、精神文明与吸收物质文明而保存精神自由，并免去机械的人生观。改革固须改革，究竟如何改革方能进步，实属根本问题。

至于教育方法之改进，所包括之方面更多。学制、组织、行政、教师之训练，教材之选择与编辑，教学法之研究，校舍教具之设备，经费之筹措等种种问题，悉包括在内。如须一一详述其近年改进之途径，非本文篇幅所许。就教育方法论，却有极显著之进步。如由主观的逐渐移至客观的，由盲从的移至批评的，由少数人参与的移至多数人参与的，由一时兴会所致的移至慎重考虑的，由普通人议论出来的移至专门家屡试屡验的，不由人要喜形于色。但此种趋势只属起点而已。盖今日中国之教育方法亦有两个缺点：一是方法不与方针一致，造就一人不能得一人之用；二是从外国贩来整套之理想与制度不能适合国情，不能消化，不能在人民生活上发现健全之效力。此均为吾人应绞脑筋、运身手、谋改进之急务。

以上论教育方针与方法均须改进，兹进论如何改进之道。

一、办教育者必须承认所办教育尚未尽善尽美，确有改进之可能。彼应持虚心的态度，彼应破一切成见、武断、知足。脑中积有痞块，决无改进希望。彼又应承认有问题必有解决，有困难必可胜过，只须自己努力，无一不可以改进。若听天由命、不了了之之人，决不能望其改进。彼或是被人改进，但如无人乐意为之改进，则彼之存在只属幸运而已。

二、改进教育者必须明白自己之问题，又必须明白他人解决同类问题之方法。于是调查，参观，实为改进教育之入手办法。国内调查参观之发生效力者可以择要述之，民国三年黄炎培之本国教育考察，民国十年孟禄等六人之实际教育调查，民国十二年中华教育改进社之全国教育统计调查，均为多区域、多问题之调查，影响亦甚普遍。又地方教育之调查，如民国七年南京高等师范学校之南京教育调查，民国十二年中华教育改进社之北京学校调查，只是地方教育调查之初步工作。一级教育之调查，如民国十二年中华教育改进社之小学教育调查，十四年俞子夷之调查儿童对于各科好恶，于小学教育均有相当贡献。一门教育之调查，如民国八年九年中华职业教育社调查甲乙种实业学校之得失，十一年至十三年中华教育改进社之调查十省科学教育及十四年之中国图书馆调查，十三年江苏义务教育期成会及改进社之乡村小学考察，十五年江苏教育厅之乡村小学视察，均于教育改进影响甚大。国外教育考察，最早者为光绪二十八年吴汝纶之日本教育考察。其《东游丛录》呈上管学大臣后，对于《钦定学堂章程》自有相当影响。嗣后派遣提学使赴日考察教育，使我国教育之日本化更进一步。美国教育考察，始于民国三年。是时黄炎培为江苏教育司司长，派郭秉文、陈容、俞子夷三人考察欧美教育，归国后乃有南京高等师范之产生。四年黄炎培游美，其所带之感想，可于彼所著《东西两大陆教育不同之根本谈》中见其大略。六年考察菲律宾教育，南北各三人，直接即产生中国之职业教育。其后袁希涛组织欧美教育考察团。回国后，极力介绍欧美教育方法与理想。新学制之成立直接间接受此种调查参观之影响不少。调查、参观确已表现"改"之能力，但究竟属改进属改退，则一时颇不易定。

三、教育界共同之问题应同心协力共谋解决与改进。故教育会议乃必不可少之事。吾人要求精神之一致、经验之沟通，非有会议不可。前清之中央教育会，民国元年之临时教育会议，民国四年以来之全国省教育联合会以及中华职业教育社、中华教育改进社、中华平民教育促进会等之年会，以及去年大学院之全国教育会议，均与形成全国教育思潮、方针及进行方案有密切之关系。现在国内省有省教育会，县有县教育会，市乡之组织完备者有市教育会及乡区教育会。学校与学校合组之各会议，影响较大者有中等教育协会，附属小学联合会。彼等于各自范围内，所经营之事业各有善良之效验。一门教育之会议，如民国十三年五月之乡村小学组织及课程讨论会，颇能引起乡村教育之兴味。一校之中，各科教员倘有讨论之组织，亦于改进各该科教学有所裨益。不但国内教育同志应有讨论之机会，国际教育同志亦应有交换意见之机会。十二年世界教育会议在旧金山举行，我国派代表出席，即思运用教育方法，以培养国际之谅解，增进国际之同情，并提倡国际之公道。吾人相信如依此慎重作去，此种会议于改进全世界之教育当有裨益。

四、调查参观仅为取别人之所知以益己之所不知，会议仅为会合各人之所知以成公众之所共知，吾人决不能藉此种方法以发现新理。不能发现新知，决不是在源头上谋改进。改进教育之原动力及发现新理之泉源，乃属试验学校之功能。我国现在足以当试验学校之名者甚少。以前东南大学附属小学及附属中学曾作道尔顿制及设计教学法之试验工作。最近北京艺文中学亦正在试验道尔顿制，鼓楼幼稚园之设乃欲试验幼稚教育者。中华教育改进社以试验学校为一切教育改进之大本，特于十四年十二月定一进行方针："本社今后对于教育之努力，应向适合本国国情及生活需要之方向进行。其入手方法为选择宗旨相同，并著有成绩之中学、小学、幼稚园，与之特约试验。合研究者之学术与实行者之经验为一体，务使用费少而收效宏；并将试验结果，随时介绍全国，俾多数学校，可以共向此途进展。"依此方针进行，该社已与燕子矶小学、尧化门小学、鼓楼幼稚园、南京安徽公学、北京艺文中学特约进行试验。该社于特约学校外尚须特设一试验乡村幼稚园及一试验乡村师范，不久可以实现。改进教育最有效力之方法无过于以学校化学校。

五、调查必须有工具，方能明白问题之所在；试验亦必须有工具，方能考核方法为实效。此种工具名曰测验。比如医病，教育心理测验仿佛是听肺机、寒暑表、爱克斯光线，较之通常之听闻为可靠。民国十一年至十二年中华教育改进社聘麦柯博士来华，偕同北京师大、东南大学教育科及其他大学教授二十余人编造测验二十余种，可算是第一次之尝试。此种测验当然未能谓为已十分完备，十分可靠。但吾人亦不能因此谓为无用。吾人应精益求精，使之渐达尽善尽美之境地。而教育事业之改进，亦可以由此而获得相当之助力。

六、教育之学术，非可独立存在。彼立于哲学、心理学、生物学、生理学、社会学、经济学、各种学术之基础之上。故谋此种种学术之进步即所以谋教育学术之改进。教育之事业亦非可独立存在者。彼与一国政制、风俗、职业以及天然环境均有息息相关之道。故谋政制、风俗、农、工、商、交通、水利等等之进步亦即所以谋教育之改进。吾人不能专在教育上谋改进，即以为可以完全达到吾人之目的。吾人当改进教育之时，务须注意教育以外尚有许多别种事情须同时改进也。

出自 1930 年 7 月上海商务印书馆版《教育大辞书》

## 教育与科学方法

今天所要讲的不是教育研究法,是"教育与科学方法",就是科学方法在教育上的应用。人生到处都遇见困难,到处都充满了问题。有的是天然界给我们出题目,有的是社会上给我们出题目,有的是空气、光线、花草给我们出题目。既然题目有这么多,我们应付这些问题的方法也分好几种。有的人见古人怎样解决,我们也怎样解决,这种解决是不对的,是没进步的。因为古时现象不是与今日现象一样,所以以古进今的办法往往是错的。有的人依外国的方法来解决问题:日本怎样办教育,我们也怎样办教育;德国怎样办,我们也怎样办;美国怎样办,我们也怎样办。这种解决也是不对。因为从人家发明之后,未必公开,或不愿公开。从不愿公开到公开,已经若干时间,再从公开到中国,我们刚以为新,不知人家早已为旧了。还有的人是闭门空想,自以为得意得了不得,其实仅自空想也是没用的。因四面八方的问题,不给他磨练也是不行。此外还有一种人,也不依古,也不依外,是以不了了之。像以上种种方法,都不能解决我们的问题。能解决我们的问题的,惟有科学的方法。

什么是科学方法呢?科学方法是有步骤的,是有线索的。第一步要觉得有困难。如牛顿看见苹果落地,别人不知看了几千百次,都没觉得有困难,惟有牛顿觉着有困难,所以他发现地球的吸力。教育方面也是如此。有的人上课看不出有什么问题,学风之坏也不注意,所以就不会有问题。第二步得要晓得困难的所在,就是要找出困难之点来。如一个人坐在那里发脾汗是觉着有困难了。用什么方法来解决这个困难,这就跳到第三步,从此想出种种方法来解决。有的画符放在辫子里,有的请巫婆,有的到庙里烧香祷告,有的请医生,有的吃金鸡纳霜。有了这些法子然后再去选择,这就到了第四步。如:以为老太婆的法子好,就去试一试;不能解决之后,再用其他法子,最后惟有吃金鸡纳霜渐渐地好了。但此刻还不能骤下"金鸡纳霜能治脾汗"的断语，因为焉知不是吃饭时吃了别的东西吃好的呢？所以必须实验一番，这就到第五步了。如在同一情形之下，无论中外、男女、老幼吃了都是灵的，那么，金鸡纳霜能治脾汗就不会错的。

经过这五步功夫，然后才可解决一个问题。这五步方法是科学的方法。无论是化学，是物理，是生物学，都用这个方法以解决困难。但科学方法也有几个要素：

（一）**客观的** 凡事应用客观的考查。有诸内必形诸外。在教育上的观察，就是看你的学说于学生的反应怎样？教员与学生的关系怎样？要考查一校的行政，应看他的建筑、设备怎样？如以秤称桌子，我虽不知此桌的重量，但我晓得所放的秤码是多少。

（二）**数目的观念** 凡有性质的东西都有些数量。如光（light）有性质，一般人都如此说，物理学家也说可以量的。又如灵魂是有质量的，将来也须用数量去量——如果不能，则灵魂是没有的。数量中又有两个观念：（a）量的观念。有数量就可去量，如布、米、油等。（b）要量得正确。量不正确，也是无用。就是反对量的，他也在那里量，但他们用的法子很粗浅，专用一己的主观。如中国教员看卷子，有时喜怒哀乐都影响到他们定的分数。高下在心，毫不正确，这是中国人的毛病。我想，不但学理化的人对于数目要正确，就是学教育的人也要正确。"差不多"三字是我国人的大毛病。与人约定时间总是迟到（但上火车总是早到）。所以孟禄调查教育时说："中国人对于数目不正确。如要改良中国的教育，非从数目入手不可。"

以上说的是科学步骤与观念，要用这步骤、观念，应用到教育上去。

现在教育问题很多。从前人对于教育问题都是囫囵吞枣，犯了一种浮泛的毛病。各个人都会办教育，各个人都可作教育总长，都是教育专家。究竟教育问题是不是如此简单？还是无人不会呢？我们要知道教育在先进国里是一种专门科学，非专门人才不能去办。中国就不是如此。不过这几年还算进得快就是了。五年前南高师教育和心理都是一人担任。自我到了之后，才将教育与心理分开。一年之后，授教育学者是一人，教育行政者又是一人。这是近五六年来教育的趋势。如各人担任一个活的问题，或一人一个，或数人一个，延长研究下去，这问题总有解决的时候。若真多少年下去还不能解决，那恐非人力所能解决的了。

现时要研究的问题，有教育行政、儿童、工具、课程种种。又如，把科学应用到教育行政上去，课堂上教授是不是好的办法？教员、学生都太劳苦是不是有益的事情？

现在教育有两种：（一）如一个新学生坐在洋车上，叫车夫拉着拼命地跑几十里，结果自然是学生逸，车夫苦。但让学生自己再回来恐怕还是不能。（二）如一去不坐车，不识路就问警察，自然是辛苦一点，但走到回来时，包管包还能回来的。兹将教育重要部分略说一说。

（一）**组织**　此时课堂组织最好的有达尔顿实验室的方法（Dalton Laboratory Plan）。室中有种杂志、图画，还有导师，任学生自由翻阅，与导师共同讨论，还要每礼拜聚会一次。这种法子到底好不好？可去试验试验。把各个学生试验了，测量了，假设其情形相同，是不是可得同一的结果，然后就知究为班级制好呢，还是达尔顿的方法好？又如，研究习惯究为遗传的力量大呢，还是社会环境的力量大？把一对双生的儿童授以同样教育，看他们的差别究竟是哪个大。同时以同胞生的儿童授以不同的教育，再看他们的差异怎样。

（二）**教材**　以上法子也可应用教材上去。如我们所教的字是不是学生需要的，究竟何者为最需要？何者为次要？何者为不需要？我们应来解决。现在有些需要的未有放到教科书里，有些不需要的反倒放入了。我们可以拿几百万字的书来测验，看哪一个字发现次数最多？其最多者为需要，其次多数发现者乃是次要。将发现多的给学生，而次多的暂不授予。还有一点要注意的，就是学生有一年、二年离校的，我们就得将最需要的教他。可是其中有个困难，或者最需要的字比较着难读难写些，但我们可以想法给他避免。有人说中国字难认，所以不识字的人很多，外国人也说将来怕不能与各国的文化竞争。其实不然，试看长沙青年会所编的《千字课》教授男女学生就知道了。他那里边有男生一千二百人，女生六百人，四个月将一千字授毕，每日仅费一点半钟。学生多半是商家学徒，而学生年龄以十二、三、四、五、六岁的居多。我觉着这一种办法，给我们一个好大的希望，今天拿来不过举个例罢了。

（三）**工具** 无斧不能砍木，无剪不能裁衣，无刀不能作厨子，无工具不能作教育的事业。教育工具可以从外国运的，可以从中国找的。从外国运来的第一是统计法。有了统计法我们可以比较，可以把偶然的找出个根本原理来，如同望远镜可帮助我们眼睛看得清楚，在材料中可找出一定的线索。所以统计是不可看轻的。第二就是测验。近来教育改进社要作二十四种测验，因为此种工具是不能从外国运的（就是运来也不适用）。测验是看学生先天的聪明智慧怎样？使学校有个好的标准，由此可晓得某级学生有什么成绩，如治病的听肺器一样，可以看出病来。欲知病之所在，非测量不可。测验也是如此，得要细细地看结果怎样。如办学的成绩都可测验的。但没有统计，也测不出来；没有测验，也统计不出来：二者是互相为用。如甲校一个学生花四十九元，乙校学生仅花四元半，我们就可测量他谁是谁不是。如测验得花四元半的能达到平常的标准，那花四十九元就太费了。反转过来，如花四十九元的刚好，那花四元半的未免太省了。这就是统计与测量互相为用的地方。总之，每人都存用科学方法去办教育的决心，每人都去研究或解决一个小的问题，我敢说，不出三十年中国教育准有好的成效。

原载 1923 年 1 月 15 日《民国日报·觉悟》

## 教学合一

先生的责任不在教,而在教学,而在教学生学;教的法子必须根据于学的法子;先生不但要拿他教的法子和学生学的法子联络,并须和他自己的学问联络起来。

原载1919年2月24日《时报·教育周刊·<br>世界教育新思潮》第1号

## 实施民主教育的提纲

民主的教育方法,要使学生自动,而且要启发学生使能自觉,要客观,要科学,不限于一种,要多种多样,因材施教,要生活与教育联系起来。并且在中国要会用穷办法,没钱买教科书,用尽种种办法来找代用品,招牌可以作课本、树枝可以作笔、桌面可以当纸张。

学生不能来上课的可以送去教,"来者不拒,不能来者送上门去",看牛的送到牛背上去,这样"教育为公"才有办法。最后,我们必须重提要着重创造。让学生自动的时候,不是让他们乱动,而是要他们走上创造之路,手脑并用,劳力上劳心。这需要六大解放:(一)解放眼睛——不要戴上封建的有色眼镜,使眼睛能看事实。(二)解放双手。(三)解放头脑——使头脑从迷信、成见、命定、法西斯细菌中解放出来。(四)解放嘴——儿童应当有言论自由,有话直接和先生说,并且高兴心甘情愿和先生说,首先让先生知道儿童们一切的痛苦。(五)解放空间——不要把学生关在笼中,在民主教育中的学校应当大得多,要把大自然、大社会作他们的世界;空间放大了,才能各学所需;扩大了空间,才能各教所知;扩大了空间,才能各尽所能。(六)解放时间——育才是以此标榜,然而并未完全做到;师生工友都应当有一点空闲的时间,可以从容消化所学、从容思考所学,并且干较有意义的工作。

民主的教师，必须要有：（一）虚心；（二）宽容；（三）与学生共甘苦；（四）跟民众学习；（五）跟小孩子学习——这听来是很奇怪的，其实先生必须跟小孩子共甘苦，并不是说完全跟小孩子学，而是说只有跟小孩子学，才能完成做民主教师的资格，否则即是专制教师；现在民主国家的领袖，都是跟老百姓学，否则即成专制魔王；（六）消极方面，肃清形式、教条、先生架子、师生的严格界限。

原载1945年5月《战时教育》第9卷第2期

## 教学做合一

教学做合一是本校的校训，我们学校的基础就是立在这五个字上，再也没有一件事比明了这五个字还重要了。说来倒很奇怪，我在本校从来没有演讲过这个题目，同志们也从没有一个人对这五个字发生过疑问。大家都好像觉得这是我们晓庄的家常便饭，用不着多嘴饶舌了。可是我近来遇了两件事，使我觉得同志中实在还有不明了校训的意义的。一是看见一位指导员的教学做草案里面把活动分成三方面，叫做教的方面、学的方面、做的方面。这是教学做分家，不是教学做合一。二是看见一位同学在《乡教丛讯》上发表一篇关于晓庄小学的文章。在这篇文章里，他说："晓庄小学的课外作业就是农事教学做。"在教学做合一的学校的辞典里并没有"课外作业"。课外作业是生活与课程离婚的宣言，也就是教学做离婚的直言。今年春天洪深先生创办电影演员养成所，招生广告上有采用"教""学""做"办法字样。当时我一见这张广告，就觉得洪先生没有十分了解教学做合一。倘使他真正了解，他必定要写"教学做"办法，决不会写作"教""学""做"办法。他的误解和我上述的两个误解是相类的。我接连受了这两次刺激，觉得非彻底的、原原本本地和大家讨论明白，怕要闹出绝大的误解。思想上发生误解则实际上必定要引起矛盾。所以把这个题目来演讲一次是万不可少的。我自回国以后，看见国内学校里先生只管教，学生只管受教的情形，就认定有改革之必要。这种情形以大学为最坏。导师叫做教授，大家以被称教授为荣。他的方法叫做教授法，他好像拿知识来赈济人的。我当时主张以教学法来代替教授法，在南京高等师范学校校务会议席上辩论二小时，不能通过，我也因此不接受教育专修科主任名义。八年，应《时报·教育新思潮》（主干蒋梦麟先生）之征，撰《教学合一》一文，主张教的方法要根据学的方法。此时苏州师范学校首先赞成采用教学法。继而"五四"事起，南京高等师范同事无暇坚持，我就把全部课程中之教授法一律改为教学法。这是实现教学合一的起源。后来新学制颁布，我进一步主张：事怎样做就怎样学，怎样学就怎样教；教的法子要根据学的法子，学的法子要根据做的法子。这是民国十一年的事。教学做合一的理论已经成立了，但是教学做合一之名尚未出现。可前年在南开大学演讲时，我仍用教学合一之题，张伯苓先生拟改为学做合一，我于是豁然贯通，直称为教学做合一。去年撰《中国师范教育建设论》时，即将教学做合一之原理作有系统之叙述。我现在要把最近的思想组织起来作进一步之叙述。教学做是一件事，不是三件事。我们要在做上教，在做上学。在做上教的是先生；在做上学的是学生。从先生对学生的关系说：做便是教；从学生对先生的关系说：做便是学。先生拿做来教，乃是真教；学生拿做来学，方是实学。不在做上用功夫，教固不成教，学也不成学。就广义的教育观点看，先生与学生并没有严格的分别。实际上，如果破除成见，六十岁的老翁可以跟六岁的儿童学好些事情。会的教人，不会的跟人学，是我们不知不觉中天天有的现象。因此教学做是合一的。因为一个活动对事说是做，对己说是学，对人说是教。比如种田这件事是要在田里做的，便须在田里学，在田里教。游水也是如此，游水是在水里做的事，便须在水里学，在水里教。再进一步说，关于种稻的讲解，不是为讲解而讲解，乃是为种稻而讲解；关于种稻而看书，不是为看书而看书，乃是为种稻而看书；想把种稻教得好，要讲什么话就讲什么话，要看什么书就看什么书。我们不能说种稻是做，看书是学，讲解是教。为种稻而讲解，讲解也是做；为种稻而看书，看书也是做。这是种稻的教学做合一。一切生活的教学做都要如此，方为一贯。否则教自教，学自学，连做也不是真做了。所以做是学的中心，也就是教的中心。"做"既占如此重要的位置，宝山县立师范学校竟把教学做合一改为做学教合一。这是格外有意思的。

原载 1928 年 1 月 15 日《乡教丛讯》第 2 卷第 1 期

## 儿童科学教育

每个教师都变成小孩子，加入小孩子队里玩把戏。所谓把戏，并不是上海"大世界"游艺场所玩的把戏。像教师这样的尊严，说加入孩子队中玩把戏，似乎不妥当。然而科学把戏，和别的把戏不同。把戏上面加着科学二字，冠冕得多。教师应当和小孩子一起玩，而且应当引导小孩子一同玩。大世界的把戏是秘密的，科学的把戏是公开的。知道的就告诉学生，能做的就做给学生看，总须热忱地去干。

出自杭州师范学校编《师范教育学术讲座（第一辑）》，<br>1932 年 6 月 20 日版（自刊）

## 怎样做小先生
## ——小先生指导法

一、为什么要做小先生

为什么要做小先生？做小先生有什么意义？这是每一个小学生或识字小孩都应该问的问题。我们为什么得了知识就应该传给别人？

我要问你：你怎么可以进学校？因为有你的父母为你出学费，并且给你饭吃。

你的父母都识字吗？他们都得了你所得到的知识吗？如果他们没有接受现代教育的机会，你也应该尽你的责任分点给他们吗？有些学生受了父母的栽培，连一封信也不写回去。等到放假回家，不是嫌父母无知便是嫌家里不卫生。他从不耐烦把他所得的知识去向父母说明。假使你有几个兄弟姊妹，你可知道为什么只有你一个人上学？钱不够。你的兄弟姊妹就不想长进吗？你既进了学校，若不引导他们共同长进，你觉得心安吗？

再进一步说：你的学堂是谁办的？假如说是政府办的，政府的钱又从哪里来的呢？不消说得，关税哪，盐税哪，田税哪，……出口货的关税是每一个生产者都出了钱。进口货的关税是每一个消费者都出了钱。盐是人人都要吃，即是人人都出了钱。田税是地主从地租中划出一部分所纳，地租是出于每一个农人之劳动力。现在开办学校之钱是人人所出，而教育只有很少数的人享受。多数的人只是"出钱给人读死书，自己一个大字也不识"。劳苦大众既然出了钱使你上学的学堂可以开办成功，你就应当负起责任，把你所学得的知识提取精华，教给劳苦大众和他们的小孩。这是每一个小先生所要明白的根本意义。死读书而不肯教人的学生，显然是一个忘恩负义的守知奴。

## 二、找学生

小先生的第一件工作就是找学生。"找学生"便是上第一课。这是你和你的学生初次见面，连说话都不可以随便。因为第一个行动是有力量决定以后的行动的方向。你对于每一句想说的话都应该预先想一想："这句话应该说吗？我为什么要这样说？"我知道你是很心急的，要赶快地找到学生。有时你想用种种方法把你所要找的人说服。但是心急的时候，很容易说错话。当你遇着一群失学的孩子的时候，你会把古时候苦孩子读书的故事讲给他们听。临了，你会引一两句成语劝他说:"吃得苦中苦,方为人上人。"你可曾把这两句话的意思想过没有?我是听得太多了。不懂事的大先生老是用这种话来勉励小先生,不用头脑的小先生也是照样画葫芦地拿这种话哄骗别的孩子。我们吃苦的目的,就是要做"人上人"吗?我们用功的目的就是要求个人升官发财吗?为什么要读书?读了书就应该把自己的脚站在别人的头上吗?我有一位朋友,把这两句话改成:"吃得苦中苦,不为人上人。"我觉得这位朋友所改的语气有些消极,又把他改成:"吃得苦上苦,方为人中人。"公平的世界里只有人中人,不该有"人上人"和"人下人"。无论怎样改法,你都觉得不便拿他来做那劝学的招牌了。其实,你是用不着这种哄人的糖果。如果你所教的是有趣而又有用的书,倘使没有人阻止,谁都愿意学。你可以说:"这本书有趣得很,也有用。你若愿意读,我可以教你,试试看吧。""读了书,可以看报、写信、明白事理。"这种平常的话,是比花言巧语好得多。只要你的心是热的,总有一天能感动人。倘若你不择手段,拿虚荣来鼓励人求学,将见他学成之日,便是你的教育完全失败之日,那真是白费心血了。你若嫌我说的那几句话太平凡,而愿意想出更有力的话来代替,我当然高兴。但是,我希望你必须想一想:"这句话应该说吗?我为什么要这样说?没有更好的话可说吗?"

### 三、课本要不要

普及初步教育离不开文字。文字是什么?该怎样教?我们必须弄明白,才不致走入歧路。

文字是生活的符号。它必须与民众的生活打成一片,才能发生效力。我们要想鼓起民众读书的兴趣,必须拿他们生活所需要的文字来教。但这种生活需要有经常的,也有临时的;有共同的,也有个别的。经常共同需要的文字,可以编成课本;个别需要的文字,可以编成补充材料,以适应一地方、一职业或任何之特殊生活;临时需要的文字是要靠教者之灵敏,抓住当前的机会指导民众。

普及文字教育，最好是要采用一种最为适合民众经常共同需要之课本，以便每天求进，否则怕要间断。实际上，失学民众是欢迎课本。没有课本是不易维持继续求进的兴趣。这是当然的啰，你请客吃饭是必须用碗盛呀，课本便是用碗端来的饭，吃起来很便当。否则，一粒粒地散在桌上，是多么地难吃呵。

课本虽是需要，但教人的人不可死靠课本。他必定要运用补充材料及临时材料，以适应特殊及当前生活之需要。

四、识字呢，读文呢

识字运动每每引起人的误解。字是应当识的，但不是为识字而识字，而且字也不是单靠一个个地分开去认识。例如《老少通千字课》内的第二课：

起得早，
睡得早，
省油省灯草。

一共有"起，得，早，睡，省，油，灯，草"八个字。如果只拿这八个字一个个地分开来教，谁也不高兴学。即使认得了，也是不大会用。所以单单教人识字，一定要令人望而生畏，引不起民众自动读书的兴趣。倘若换个法子，先教民众学生把课文读一遍，他耳朵听懂了整课的意义，觉得有趣，你再把一个个生字分开来教他，他就高兴学了。最后再把课文教他读几遍，是文也会读了，字也会认了，那是多么有趣啊。你再教他写，教他用，等到会用这些字，才算真的认识这些字。一课的生字很少，固然不容易教人运用，但是几课、几十课的生字就能千变万化地运用起来。有时一课教了之后，就拿课内有限的字来运用。例如，教他把本课里的字随便凑成一句话。如果他把"早起早睡"四个字联了起来，就是很会运用了。我们必须教他用字写文，才算是真正达到识字的目的。

## 五、活动材料

小先生起初教人识字读书，必须借重课本，才能引人继续不断地上进。这个道理我在前面已经说了一个大概。但是课本有固定的、有活动的，我们不能把它看呆了。除了固定的课本之外，小先生必须抓住眼前的机会，运用活动的材料教人。什么是活动的材料呢？比如，一个人拿了一张钞票付你妈妈的工钱。这时，你妈妈的心里所急于要知道的有几件事：这钞票当真是五元呢，还是一元；是本地通用的呢，还是本地不通用的；发钞票的银行是有信用的呢，还是将要倒闭的？好，这张钞票便是一张顶好的活动材料，一位灵敏的小先生，决不把这个机会放过。他必定要把钞票上的数目字、地名、银行名指给妈妈看。这样指点一回、两回、三回……妈妈不久就会认识了。这种活动的材料多着咧：发票、收条、门牌号数、来往的信都是顶自然的活动课本。又比如，你的婆婆要到一个陌生的地方去，你给她开一个详细的路线，那路线乃是最能令人注意的活动材料。有时不识字的人自己说了几句很有精彩的话，你把它写出来教他读，他是顶有兴趣了。一次，丁光生小先生教妹妹画画，他的不识字的父亲，也要了一张纸去画了一只菱角和一只乌龟。丁光生问爸爸为什么把这两样东西画在一块儿。他的爸爸说："菱角怕乌龟，乌龟欢喜吃菱角。"这两句话是多么有趣味啊。后来丁光生把这件事告诉我，我向他提议，把这两句话写出来，教他的父亲读，读会了再教他写，写在画上。这张画现在是在我的小小陈列所里，这是小先生抓住当前机会教人的一个好例子。

## 六、留声机与无线电

小先生还有几个机会要抓住。当你在乡下开留声机的时候，你总是看见一群一群的人跑到你的面前，把个留声机紧紧地包围住。是的，蜜蜂见了蜜园，哪有不拥来的道理？中国的民众是欢喜听曲，不懂也高兴听，如果懂得里面的意思，那就更加高兴听了。你晓得现在的唱片都附有一张美丽的歌词。聪明的小先生必定是抓住这个机会,不肯放手。他要把这张歌词,写在黑板上,或用复写纸写几张,或用油印印起来,或叫各人分头预先传抄,教大家读,读会了再开唱片。这样一来,听众不但是增加了听曲的兴趣,而且多识一些字,并感觉识字之需要了。无线电播音也要同样地把报纸上发表的词曲拿来教人。比如,我们每逢星期三就要换一首歌接连广播一星期,歌词在星期二的《新夜报》上发表,就是希望小先生预先把歌词教人。等到次日播音的时候,听者便能一面温习歌词,一面格外听得高兴,不久就可以把这首歌学会了。这样小先生和留声机或无线电是联合起来做了民众的一位音乐和国语教师了。

### 七、图画书之功用

民众欢喜看图画,你只要走到街头巷角的书摊旁边看看就知道了。那些连环图画把民众的心灵都吸收去了,连小学生都把这些书租去看,每一个小先生都应当想法子多找一些图画书去指导学生。你要想多得学生,并且教你的学生高兴看书,把书看上瘾,必须借重图画。

一天晚上,我到北孙宅去参观农人开会。我想,应该送点什么礼物去呢?匆匆忙忙地我就把《良友画报》《大众画报》《时代画报》《现代画报》每样买了一本,带去送他们,希望第二天教师指导他们看。哪里晓得几十位农友当晚就要看,一直看到十二点钟也不觉疲倦。可见得图画书吸引力量之伟大。

你必定要用图画来抓住你的学生。假使没有钱买图画书,可以向朋友借。若无处可借,还有一个经济的办法,可以自做图画书。你预备一本白报纸装订的簿子,把每天日报上的好图画剪下来,贴在簿上。有标题的连标题一起剪贴。无标题的可以补写上去。一个月干下来,你就知道这本图画簿是多么得力的一个助手。你若将图画簿照西洋信纸簿一样订,订的一端在上,活页垂下,图画直贴,你可以将订的一端挂在壁上,把图画一张一张地翻给学生看,更觉便利。不久,你可以教你的学生也干起来。每人得到不同的报,便可造成各种的图画书,那是多么丰富的收获啊!老太太们想把旧报换钱,你请她先让你剪下图画再卖。只这一办法,我们每年就可以得到许许多多民众图画书。

**八、知道什么教什么**

小先生教的什么?你能教什么就教什么,你知道什么就教什么。有的人以为小先生只会教人识字,这是一个错误。有的小先生虽然也会拿别的重要东西教人,也是单单教人识字,更是可惜。你要明白除了教人认字之外,你还有别的本领。你虽然不会干孙悟空的七十二变,但是七变八变,你是干得来的。

中国人害冤枉病的多着咧。每年死于痨病、天花、霍乱、伤寒、疟疾的总有几百万。小先生能帮助人避免这些病痛。你一学会了预防的方法,就可以告诉别人照样去干。要想避免肺病,必须享有新鲜空气、充分阳光、适当休息、滋养食物,并且不与有肺病者之咳嗽喷嚏接近。已经得了肺病的人,除了上面几点应该注意之外,还要火化痰涕,并不向人咳嗽喷嚏。小学生知道了这些办法之后,不但自己要实行,并且要逢人说明。种了牛痘,三年之内便不至于出天花。打了霍乱伤寒混合防疫针,一年之内便不至于害霍乱伤寒。组织灭蚊队导去死水,肃清痰盂、水缸、阴沟及一切死水里的孑孓和蚊卵,并在池塘里养育专吃孑孓之鱼类,则疟蚊便不能发生。小学生知道了这些道理之后,一方面要自己实行,一方面要向人宣传,一方面应当群策群力的,还要联合大家共同进行。你如果这样做,便成了卫生小先生了。

学过科学的小朋友该晓得月亮自己不会发光,要太阳光照在月亮上才看得见月亮。"月食"是地球走到月亮与太阳中间,把太阳光挡住,因此月亮就好像被一个无形的东西吞了下去。等到地球渐渐移开,月亮才渐渐出现,又好像被那个东西吐了出来。无知识的人就说是天狗吃月亮。中国人迷信月亮是保佑他们的。月亮今天遇难,他们必须救月亮;将来他们遇难,月亮也会救他们。所以大家放爆竹,把天狗吓跑。等到月亮重新出来，他们欢喜得了不得，以为是他们放爆竹的功劳。依我的估计，每次"月食"，全国至少是要花费二百万块钱。小朋友听了"月食"的演讲，还得做一个小实验。你用一支蜡烛当做太阳放在左边，叫一个人站在中间，把他的头当作地球，另叫一个人站在右边，把他的头当作月亮。这两个人的头要摆得一样高低，站在中间的头把烛光遮住，右边的人的头上照不着光，这便代表了"月食"的现象。只要中间的人移动，右边的人的头上就有了光。所有食前、初食、食后种种现象都可以一一表演。你这样做给别人看，讲给别人听，便成了一位科学小先生。如果全国的小先生会玩这套把戏，每次月食，中国可省去二百万元。

小先生能够干的事多着咧。上面所写的不过是举了几个例子。你能教什么就教什么。你知道什么就教什么。不知道的和不能教的，当然是不应该教。

### 九、教人的时间

小学生一面求学一面教人，时间够他分配吗？时间若不敷分配，身体不要受害吗？有些人是在怀疑小学生没有工夫做小先生。最可惜的是他们不想法解决问题，笼统地抱了一个时间不够的成见，便把小先生运动耽误了。

这也难怪。有些热心普及教育的人是太热心了，做得过火了。他们恨不得要把不识字的民众一口气教好。他们每天让小先生一连教两三个钟头。这样一来，小先生不但是耽误了自己的功课，而且把身体也弄得精疲力倦。别人看见这种现象，以为做小先生非如此不可，便不敢轻于提倡。甚至于以这种事实为凭，随嘴反对小先生。

其实，做小先生并不要花这么多的时间。我从起初一直到现在，只希望学生们每天费半小时教人。只要天天不间断，连十分钟、二十分钟也是好的。我诚恳地劝告小先生，每天教人不要超过半小时。若费时太多，恐怕难以持久。每天教人半小时，是于人有益无损，于自己也有益无损。这样才能活到老，学到老，教到老，不致半途而废。

### 十、不要摆架子

你找到了学生，就得把他留住。如果今天找着，明天失掉，那不是白费心血吗？是啊，你得想一想：有什么事情得罪了你的学生？

我知道有些小先生欢喜摆架子，摆成一个先生的架子。这种臭架子会把学生赶跑了。我记得有一个小先生找到了两个学生：一个是他的表姐，另一个是他的父亲。他在头一天上课的时候，就摆起架子来。他对他的父亲说："我叫您念一课的时候，您应该站起来。因为这是学堂里上课的规矩。"

他的父亲居然就站起来念。这是一幕有趣的滑稽把戏，幸而这位父亲脾气好，照着儿子先生的话行。若是遇着第二三个，这位小先生就要讨没趣。还有一位小先生，起初找到了四个学生。他一上课就摆起威风来。他要学生们向他鞠躬。他要学生们服从他的命令。他弄了一根棍子做教鞭，耀武扬威地在学生们头上巡礼。架子十足！结果呢？他的学生都跟了别的小先生跑了，把自己变成一只没人理睬的孤鸦。

其实，我们不能瞎怪这些小先生。他们是有来历。这些臭架子没有一样不是从大先生那里学来的。所以与其怪小先生，还不如怪大先生。

前进的大先生，是没有这些架子了。他们把学生当作朋友看待。在新兴的学校里，我们到处可以听见"小朋友"的称呼。运用朋友的关系，彼此自由交换学识，是比摆架子好得多。你要了解学生的问题，体谅学生的困难，处处都显出你愿意帮助学生求学而没有一丝一毫的不耐烦，这样才够得上做朋友，才够得上做小先生。

### 十一、虚心求学

小先生必须用功求学，才能教人。自己不长进，决不能做小先生。我所写的《小先生歌》里有一首是注重这个教学相长的关系。

我是小先生，
　　这样指导学生：
　　学会赶快去教人，
　　教了又来做学生。

　　我们要继续不断地学，才能继续不断地教。孔子说的"学而不厌，诲人不倦"是要连起来看，不可分作两句读。我们要"学而不厌"，才能"诲人不倦"。

　　其次，因为要教人，就不得不把所教的知识弄明白。一个负责任的小先生是"以教人者教己"。他所学的比一个普通的学生要正确得多。他不但是要明白这一课的意义，并且是要想法把他所明白的也叫别人明白。一个有准备的小先生对于所教的功课是有双层的了解，即对于学得的益处是有双倍的深刻。

　　最后，你还要跟你的学生学。你要知道你的学生需要什么，才教他什么。这个，你必得虚心请教你的学生，才能知道。你决不可凭着你的主观去教人。你还得明白你所找到的成人学生，白米比你多吃几担，必定有许多东西可以教你。你既虚心地请教他，他也会虚心地请教你。最好的教育是有来有往。老是靠你一方面讲话，你不变成了一个话匣子吗？你不但要忘记他是你的学生，并且要叫他忘记你是他的先生，这样，你才能做到一个进步的小先生。

### 十二、教你的学生也做小先生

　　小学生不但要自己做小先生，并且要教别的小孩做小先生，最要紧的是要教自己的学生做小先生。

　　我们的目的不是要得一个小先生的头衔，乃是要运用"即知即传"的原则，把知识公开给没有机会受教育的人。你既尽了义务教导别的人，如果他没有得着你的"即知即传"的精神，并且把这种精神实行出去，还是空的。他或者是为着升官发财来向你求学。这种自私自利的人是不配受教育。假使小先生所教的学生都是自私自利的人，而不肯再把知识传出去，那么，做小先生又有什么意义呢？古时候，苦读书的人多着咧。车胤把萤火虫装在纱囊里照着读书；孙康把书映在雪上读；朱买臣一面挑柴一面读书；李密把书挂在牛角上，有空便读。这些都是苦读书的例子。但是问他们为什么要这样苦读，就很少不是自私自利的。特别是朱买臣，他苦读书只是想做官，想做人上人。如此小先生所教的学生，都像朱买臣那样自私自利，不是白费心血吗？

因此，小先生上了几天的课之后就得说明白：我尽义务教你们，你们也要尽义务教别人，不肯尽义务教别人的人，是不配受教育。你不久就得开始教你的学生去找学生，还要教他如何克服他所碰着的钉子。总而言之，小先生的责任不单是教学生，而且是教学生做小先生和传递先生。

### 十三、小先生团

个人的力量小，团体的力量大。一个个的小先生要组织成"小先生团"，才能发挥充分的力量。小先生团是要拿团体的力量来制裁个人的行动，它是要把每一个人的力量集合起来，使这力量向着共同的目标发挥出去。每一个地方有了二个以上的小先生，就应该成立小先生团，每一个小先生都应该加入小先生团。如果没有现成的小先生团，小先生们就该动手组织一个，以负起你们共同的使命。

每团要立下一个公约，人人必须遵守。全团要公举团长一人，大家都要服从他的指挥。这位团长是一团共戴的领袖，他应该依据公约，分配职务，指挥进行。他若违反公约，大家可以推倒他。但当他执行公约时候，谁都应该服从，不可吊儿郎当，各干各的。团长之外，要有书记员专司记录，监察员专司个人行动之纠正。每团须隔几天开团务会议一次，商议进行计划，解决困难问题，批判本身错误。

这种团体是必要的。一来，我们最缺少的是集团生活。小先生为前进的小孩，必须过一过集团的生活，才能依据即知即传的原则，引导别人去过同样的生活。二来，小先生在社会上活动的时候，必定是会遇着许多问题，碰着许多钉子，有的要共同讨论才能了解，有的要共同行动才会解决。三来，普及教育的工作，根本就不是散漫的个人所能干得好，必须有千千万万的即知即传的集团，才能冲锋陷阵，攻破那愚昧顽固的阵线。因此小先生不要专靠个人的力量干，要联合大家的力量干。小先生必须组织小先生团。

俗语说："一个和尚挑水吃；两个和尚抬水吃；三个和尚没得水吃。"和尚多了一个，水儿反少一桶，这都是个人自由捣的鬼。若有组织，把个人自由镇压下去，人越多力量越大。小先生必得把个人自由献给团体。你必定把领袖欲连根拔掉。你必不可以借团体来出风头。你不可以假公济私，揩公家的油。你若发现人家有错误，当面劝告他，或彼此来他一个自我批判，不可背后说人坏话。抱着大目的前进。闹意气是不长进。这些是每人都得努力修养。否则，小先生团是可以今天成立，明天破裂。那不是一桩最可惜的事吗？我新近写了一首歌谣，愿献给小先生团做参考。

你说他不好。
他说你不好。
地上长茅草。
不打而自倒。

## 十四、一变二

小先生团结了起来，便可以攻进"愚蠢"的王国，解除"迷信"的武装，发出"真理"的光辉。

但是跑进一个人地生疏的村庄里去干普及教育工作，也不是一桩容易的事。你们虽然说得天花乱坠，若是人家不睬你们这些素不相识的小孩，你们也要觉得没趣吧？你们不可以仗着"团的力量"蛮干。

小先生团必得有新武器才能百战百胜，你们若是跑到一个陌生的地方去工作，下面所提的几件东西可以带去试一试：

（一）手提留声机一架与几张民众爱听的唱片；

（二）小药库一个与几种民众急需的药品；

（三）图画书数十册；

（四）小皮球几个。

这些东西可以说是普及教育的"四大法宝"。拿着这四大法宝，小先生团如果认真地干，那么，每到一个地方，必是势如破竹。倘使小先生团里有人会唱歌，会讲故事，留声机就可以不带。如果把这四大法宝运用得好，只须两三天，你们在当地就可以得着许许多多朋友。进一步，再教他们自己组织起来，依着即知即传人的道理教导自己。你们还要运用访问、通信、总集合、巡回辅导、流通图书、互相参观等等方式与他们发生不断的关系。这样一来，小先生团就可以一变二、二变四、四变八地繁殖出去，对于普及教育，自有很大的贡献。

**十五、钉住你的学生也让你的学生钉住你**

最后，做小先生，要有恒心，虎头蛇尾是没有出息。"即知即传"是一个终身的工作。你不能把你的学生教了几天或几个月就把他丢掉。

比如，你在小学里求学的时候找到了两位学生：一位是你的妈妈，另一位是邻居的守牛小孩。天天把小学里学得的重要知识传给他们，他们就好像是和你一起进了小学。你虽然每天只能教他们半小时，但继续学了四年、六年，他们对于文字方面，最少是能看信了，等到你进了中学，你就可以用通信的方法，把你在中学里所学的知识，随时提取精华教给他们。寒假暑假回家，你还可以当面教导他们。他们对于不懂的事情，也可以随时写信问你。这样，他们就好比是进了中学。当你进了大学，如果继续地和他们通信。那么，他们也就可以算是进了大学。只要你不会忘记他们，他们是和你一同长进。这种终身共同长进的关系，是人类的一种宝贵的关系。在这种宝贵的关系里，我们可以看出小先生应该努力的方针。给人一点儿知识之后就把他丢掉，是一种轻薄的行为。五分钟热心是可耻的。

你要钉住你的学生，也让你的学生钉住你。

出自 1935 年 11 月上海生活书店版<br>《怎样做小先生》

## 育才三方针

（一）迷　根据孩子们不断地迷在某种特殊活动的天性，透过特殊的环境、设备和方法，我们培养并引导他们成长，踏进未知之门。

（二）悟　根据孩子们一般的智力，透过启发性的普通教育，我们培养和指导他们对特殊活动取得更深的了解，对人生各方面的关系和宇宙人类的历史的发展取得更广的认识。

（三）爱　根据孩子们愿意帮助别人的倾向，透过集体生活，我们培养和引导他们对民族人类发生更高的自觉的爱。

〉向着创造生活前进

出自 1944 年 1 月时代印刷出版社版《育才学校手册》

## 如何引导学生努力求学
### ——给正之先生的信

正之先生：

……大凡生而好学为上，薰染而学次之，督促而学又次之，最下者虽督促不学。生而好学与督促不学的人究属少数，大多数得到相当薰染、督促就肯学了。现今青年人所以不肯努力求学的缘故，实由于学校里缺少学问上薰染和督促的力量。薰染和督促两种力量比较起来，尤以薰染为更重要。好学是传染的，一人好学，可以染起许多人好学。

就地位论，好学的教师最为重要。想有好学的学生，须有好学的先生。换句话说，要想学生好学，必须先生好学。惟有学而不厌的先生，才能教出学而不厌的学生。同学也互相感化。好学的同学能引别的同学好学。有时，教员尸位素餐，还要靠着这些好学的同学们为学问暂延气息。所以，在学校里提倡学问的根本方法就是要多找好学的教员，鼓励好学的学生，使不好学的教员、学生逐渐受自然的薰染或归于淘汰。好学的教员与好学的学生是学校里的活势力。至于校外的学者，如能使教员、学生常有接触的机会，也是很有益处的。人的问题解决了，就须改善扩充学问的工具。要做哪种学问，就需用哪种学问必需的工具。单靠纲目式的讲义和展览用的标本，决不能引起维持学生的兴味。图书仪器及其他设备，必须应有尽有，应用尽用。这些条件都达到了，然后加以督促。定期及无定期的考试，如果办法相当，确能辅助大多数学生上进、前进。倘不谋根本解决而单在考试上做功夫，那就没有意思了。总起来说：一、好学的教师、同学；二、可学的工具；三、必学的督促，是我认为引导学生努力求学的要件。三者具备，多数学生当不致骛外了……

陶知行

原载1926年2月《新教育评论》第1卷第12期

第二编

**为人的大先生**

育才学校时期的陶行知(1939年7月20日,陶行知在重庆创办了育才学校,育才学校的培养目标是引导学生团结起来"做追求真理的小学生""做自觉觉人的小先生""做手脑双挥的小工人""做反侵略的小战士")

陶行知与育才学校学生在一起

陶行知创办的"儿童科学通讯学校"旧址

陶行知起草的儿童科学通讯学校招生广告

美国援华联合会赠送大批儿童读物给育才学校,陶行知与美国友人一起把图书分发给孩子们

全国乡村教师讨论会与会代表在"犁宫"前合影,前排正中是陶行知(1930年初,在晓庄举行了全国乡村教师讨论会。陶行知在会上阐述了"生活教育"原理,他指出"生活即教育是要解放人类的,也是要解放儿童的"。他宣布生活教育者要与传统旧教育、外来买办教育进行斗争)

1928年3月,陶行知在晓庄师范周年纪念会上讲话(陶行知说:"教学做合一是我们的根本主张。""乡村教育之能否改造,最要紧的是要问我们肯不肯把整个的心献给乡村儿童。")

1930年3月,晓庄师范三周年纪念会(陶行知说:晓庄是从爱里产生的,没有爱便没有晓庄。"晓庄可毁,爱不可灭!")

## 第三章　经师易遇 人师难逢

### 第一节　明大德

#### 共和精义

　　共和譬之金，国家譬之金矿。专制横威，民气雌伏。共和之道不昌明，犹金在矿，瓦石蔽之，榛莽障之。天府虽富，不可得而见也。及民智日开，意志无由宣泄，则必思所以解脱其捆缚，犹之财用不足，则思辟地利以足生计也。故当民穷力敝之秋，有人告以某处有金矿，则闻之者莫不争先恐后以趋之。亦犹苦于虐政之民，一闻共和之三大信条，即视为全智全能之神，狂冲纷驰，不惜杀身流血以殉之。然而金矿深埋，或丈而见焉，或十丈而见焉，或百丈而见焉。即得金矣，或参以土，或参以石。为矿工者，或死于毒气，或死于塌泻，或死于过劳。恒人见丈而金未见也，见金未得而损失已大也，则莫不嗒然丧胆，悼然懊悔。昔日之讴歌金矿者，今日乃反唇相讥矣。共和为进化之结果，有必经之阶级，必施之培植，必运之心力。时机未到，共和不得成熟也。吾国民主告成以迄于今，生民之涂炭，产业之凋敝，干戈之连结，经济之衰颓，外患之频临，不特无术防御，抑且视昔加甚。共和既不能作人民水深火热之救主，则其转讴歌而为吐弃，易希望而为失望者，亦物极必反之恒情耳！然金固犹是金也，共和固犹是共和也。金未获而捐弃者，非金之咎，而矿工之愚昧惰怯耳！共和未建而灰心者，非共和之罪，而人民之愚昧惰怯耳！民为邦本，本固邦宁。国本曷以固？曰：惟共则固，共而能和则固。故共和也者，国民全体同心同德，勠力以襄国事，以固国本，以宁国情，使进化于无穷之主义也。国本不固，国情不宁，有退化而无进化，患在共猜、共忌、共争而不能共和耳！共和岂有弊哉？今执途之人而问曰："子愿夫妻子女之与共乎？"吾知非抱极端来世主义者，必皆愿。又问之曰："子愿夫妻子女之能和乎？"吾知人非至丧心病狂，必皆愿。家如是，国何独不然？世安有对于恃以治内防外之国，而不愿其共且和乎？吾于以知今之厌恶共和，吐弃共和者，必非对于国体之本心，不过如受创之矿工，征于一时之劫难，遂并其理想之财源而亦弃之耳！吾恐其中道灰心，徒碍进步，故本革丁、百吞二氏之旨，揭示共和之真相，以与国人共商榷也。

### 共和之三大信条

自由、平等、民胞，共和之三大信条也。共和之精神在是，共和之根本在是。谬解自由、平等、民胞三大信条，即为谬解共和之真相。不徒精神射入歧途，抑且动摇共和所与立之根本。危乎险哉！非正名何以挽狂澜于既倒？

（一）**自由**　法律之内有自由，道德之内有自由。逾越法律，侵犯道德，此自由之贼，而罗兰夫人所以有"自由，自由，古今几多罪恶假汝之名以行"之言也。自由有正负，曰：不自由毋宁死；曰：不有代议士，不出租税；曰：非依法律，不得侵及人民之生命财产，此负面之自由也。此种自由，人民久已不惜蹈汤赴火以争之，其成绩已大有可观。然人民脱离强暴之羁绊，未必即能自由也。盖天下之至不可超脱者，有自奴焉！故真自由贵自克。天下之至不可侵越者，有他人焉！故真自由贵自制。天下之至不可忽略者，有公福焉！故真自由贵个人鞠躬尽瘁，以谋社会之进化。

（二）**平等**　天之生人，智愚、贤不肖不齐，实为无可题之事实。平等主义亦不截长补短，以强其齐。在政治上、生计上、教育上，立平等之机会，俾各人得以自然发展其能力而为群用，平等主义所主张者此耳。况人虽万有不齐，然亦有其同焉！试问谁不欲衣食住之满意乎？谁不欲父母夫妻子女之安适乎？谁不欲发展其机能乎？谁在患难不欲人之拯救乎？谁逢恐怖而不欲人之解脱之乎？平等主义欲人一举一止，当思他人思安之心，固不减于我也。自由平等不过达目的之手续，非可以目的视之也。人民争自由平等，冀得各尽其能以为社会耳！为自由平等而争自由平等，则大谬也。自由平等所在即责任所在，天下无无责任之自由平等也。人欲求自由平等之乐，而不肯受责任之苦，多见其愈求愈远耳。

（三）**民胞** 胡越相处，尔猜我虞，行动能自由而机会能平等乎？故平等自由虽美名，必畛域铲除，博爱心生，国人以兄弟相视，始能得其实际。故自由平等，虽为共和三大信条之二，然共和之大本则在民胞焉！民胞之义昌，而后有共同目的、共同责任、共同义务；而后贵贱可除，平等可现；而后苛暴可蠲，自由可出。苟无民胞主义以植共和之基，则希望共和，犹之水中捞月耳！

## 共和主义对于个人之观念

（一）**共和主义重视个人之价值** 众人意志结合，以成社会邦国。共和主义曰个人者，社会邦国之主人翁也。主人翁可不自重乎？阳明子人皆可以为圣贤之义，实隐符近世共和对于个人之希望。夫人皆可以为圣贤，则人安可不勉为圣贤乎？天生烝民，有智愚强弱之不同；其见诸事也，复有成败利钝之不同：共和主义亦不能否认之。然分金，金也；两金，金也；即至亿金、万金，亦金也。轻重不同，其为金则一。人虽贵贱贫富不同，其柔能强，愚能明之，价值则一。共和主义则重视个人此种可能之主义也。西谚曰："蹄钉失，马鞋废；骅骝蹶，骑将亡。"夫蹄钉与骑将，其贵贱何啻霄壤别？然以失钉故，将也不能保其首领。则以各自有其价值，而不可相蒙也。贾子曰："一夫不耕，或受其饥；一女不织，或受其寒。"此个人在经济界各具之价值，共和主义则充其类耳！

（二）**共和主义唤醒个人之责任** 顾子曰："天下兴亡，匹夫有责。"共和主义即以此责任付之各分子。盖个人之有价值，以其对于社会有天职之当尽耳。其在帝制之下，仅君主与诸臣负之。共和主义则责之全体国民，群策群力，群运群智，群负群责，以求群之进化福利，此共和之目的也。且各人因担负此责之故，渐知成德以福人群，奉天命为归宿，而不敢止于独善。况工欲善其事，必先利其器。人民身负重担，自不得不修德养力以为之备。故共和主义之大利，即藉责任以养成完善之国民。

**（三）共和主义予个人以平等机会** 共和主义既承认个人有尽天职之价值，复责个人担负进化之大任矣。然或阂于阶级，或压于强暴，不克尽其天职，负其责任。共和主义于此则削其阶级，铲其强暴，无贫富贵贱，俱予以自由发展智仁勇之机会，俾得各尽其能，为全群谋福利进化；机会愈平衡，能力愈发展，斯进化愈沛然莫之能御。拿破仑尝以"登庸众才"自诩，此英主之言，实惟共和能实行之也。

### 共和主义对于社会之观念

共和主义，视人民为社会之主权。群之良窳，惟民是视。民苟愚劣，社会绝对不能兴盛。社会欲求兴盛，必负改良个人之责。故在共和主义之下，社会之大任即为济弱扶倾，而教其愚不肖，社会一而已矣。强忽弱，则强者亦弱；强扶弱，则强者愈强。因社会集众人而成，多一分病子，即病一分。其健者苟不思所以治之，则蔓延之祸，可立而待，强者亦不能高枕卧矣！故共和主义以博爱为社会组织之大本，而以兄弟视其分子。既昆弟矣，斯平等。富贵者不特不许以财势骄人，且当用以扶其贫贱之兄弟。故灾害相恤，疾病相扶持，爱敬相交待，以日趋于进化，系社会惟一之天职，绝不容稍有放弃。个人为社会而生，社会为个人而立，实共和主义之两元也。

### 共和主义对于政治之观念

政府者，人民之政府。人民自治以谋人民之福利，此林肯氏之概念，实共和政治之圭臬焉。

**（一）共和政治图谋国民全体之福利** 共和政治，观察施行舆论之政治也。舆论代表各界意志需求。共和政治予人民以言论、著述、集会之自由，俾各界意志需求，得以发为舆论，民隐得以上达，政府乃从而折衷之，开导之，择良而要者施行之。于是各界意志需求，多得圆满之效果。即各界对于政治俱有迫切之希望，浓厚之趣味。欲人民之不爱国，不可得已。

**（二）共和政治重视共和目的、共同责任**　有理想而无实习理想之机会，则理想不得达。一国之中不乏法家拂士，然在专制政体之下，贤智者对于社会改良，虽有伟谋硕画，苦不得施之矣；而负责人少，鲜能达其目的。然在共和国，苟有良策，人民共持其目的，共负其责任。朝发理想，夕生事实，阻碍既少，功效自富，秕政易除，善政易兴。国人见其然也，则其伟谋硕望之心亦愈切。故共和政治不特有透达既往目的之能力，且有发生将来目的为进步之母。故苟采取共和政治，则进化无穷期。

**（三）共和政治能得最良之领袖**　治国不能无首领，治共和国更不能无首领。共和主义承认人民为主权，非主张无首领，乃主张良首领也。君主嗣统，只问血胤，鲜问才德。共和首领由民举，必其人能亲民，新民，恤民，然后民乃推戴之。即有大奸巨猾，以媚民手段，占窃神器，然朝违民意夕可弹劾也。

### 共和之险象

**（一）国民程度不足**　共和国政府既由人民治理，则人民能力之厚薄，其政府之良窳，即于焉定之。然国民程度之高下，不徒在识字读书已也。有读万卷书，卒业大学校，而不能为一圆满之国民者。故有政治智识、社会阅历，足当国民之名而无愧者，其为数盖少。况此少数良国民，或阻于人事之纷扰，或夺于来生之修证，或视官司为藏污之所而引身自洁；或惮案牍为劳神之魔而躲闲避事。有此诸因，于是良国民愈如凤毛麟角而不可多见。噫！贤能不出，则共同责任何人担负，共同目的何人筹画乎？

**（二）伪领袖**　法家拂士不出，国事竟无人问乎？动物不能无脑腑，即人群不能无领袖。君子不出，小人斯出矣！人民之性，能导于正，亦能导于邪。尧舜率天下以仁，而民从之；桀纣率天下以暴，而民从之。欲小人之不暴其民，舍"乱亦进治亦进"之君子出，其道末由。诗曰："彼其之子，不称其服。"君子不出，则非其人而有居其位者矣。诗曰："彼君子兮，不素食兮。"君子不出，则有居其位而不忠其职者矣。诗曰："受爵不让，至于已斯亡。"君子不出，则有贪禄不止者矣。诗曰："谁秉国成，不自为政，卒劳百姓。"君子不出，则有惮责重而不肯负荷者矣。诗曰："彼月而微，此日而微，今此下民，亦孔之哀。"君子不出，则有居高明之位而有以流俗自况者矣。为政重领袖，为共和政尤重领袖。故谓共和政治为愚民政治者，大谬也。人民不以其愚治国，而以其所付托之领袖治国。领袖愚劣，斯政治愚劣；领袖仁智，斯政治仁智。此革丁氏所以谓共和国之成败利钝，在于领袖之智愚仁暴也。共和政治之伪领袖有二：一为媚民政客。此辈不问国情，不顾进化，只施其和顺温柔之手段，取媚选举机关，以窃权势。二为选举理事。此辈乘国民无暇问政之隙，运其机械，约束选举，与媚民政客暗结，左右政局，以图安富。共和国有此二种伪领袖，则秕政难除，善政难兴；公共福利不能谋，公共进化不可期。虽然此亦程度不足，贤能独善，阶之厉也。

（三）**党祸**　国民对于政治有自觉心，则必发生政治问题。而各人对于此种问题之决判，有主急进者，有主保守者，议论纷纷，其同者必各合于一。故政党之为物，实共和国必然之现象。且国大民众，共同之意志易于发表而力于施行，欲维持公安，必恃此强有力之政党。故在共和政体之下，政党实为必要之团体。然弊缘利生，政党之为祸于共和政体，盖亦未可忽也。

（甲）政党仅国家之一部分，而非其全体。党人往往以一党自画，而忘全体之福利。

（乙）缘此党见，实生偏忠。忠于一党，遂谓忠于全国，愈忠愈不忠。然急烈派热忱，本无限制，安能望其明此。

（丙）既具党见，复尽偏忠，则妒嫉倾轧之事，必然发现。一党当权，则反对党必尽其能以障碍其政策之施行，使失民心，而为将来夺权之地步。

（丁）党之意志，视同神圣，党人有违无赦，斯个人失自主之精神。

**（四）多数之横暴**　自服从多数之说行，而少数人失良心志愿之自由。多数之横暴，有视君主为加甚；多数之主张，可以定个人之命运。然多数人之主张，非可以尽合天理也。文底裴利比曰："国家对于强且众之部分，而不能护翼其至寡且弱之部分，是不啻为大盗之群。"盖人数之多寡，不能定理由之曲直，多数既占优胜，其大责任即为谋全体之福利。少数为全体之一部分，多数人苟不能均润其福利于少数，则多数政治已耳。共和云乎哉？多数横暴之最凶险者，是为乌合之众。伪领袖攘臂一呼，和者万人，其结合以脑感而不本于公理。征之历史，则法国恐怖时代。杀人如麻，流血成川，其彰明较著者也。

### 共和与教育

吾于共和之险象，既已详言之矣。然戒险防险，思所以避之，则可；因畏险而灰心，则大不可也。避之之道惟何？曰：人民贫，非教育莫与富之；人民愚，非教育莫与智之；党见，非教育不除；精忠，非教育不出。教育良，则伪领袖不期消而消，真领袖不期出而出。而多数之横暴，亦消于无形。况自由平等，恃民胞而立，恃正名而明。同心同德，必养成于教育；真义微言，必昌大于教育。爱尔吴曰："共和之要素有二：一曰教育；二曰生计。"然教育苟良，则人民生计必能渐臻满意。可见教育实建设共和最要之手续，舍教育则共和之险不可避，共和之国不可建，即建亦必终归于劣败。罗比尔曰："吾英人第一责任，即教育为国家主人翁之众庶是已。"故今日当局者第一要务，即视众庶程度，实有不足。但其为可教，施以相当之教育，而养成其为国家主人翁之资格焉。

## 共和与交通

吾国国大民众,种庞族杂,方言不一,习惯不齐,情势暌隔,博爱难生。欲沟通声气,养成共和大本,非便利交通,则肤功不克奏也。

## 共和与人文之进化

共和者,人文进化必然之产物也。使宇宙万物无进化,则共和可以无现;使进化论放诸邦国社会而不准,则共和犹可以无现,无如进化非人力所能御也。进化非人力所能御,即共和非人力所能避。

(一)民智日进,自觉心生。于是觉苦思甘,觉劳思逸,觉捆缚思解脱。人不能甘之、逸之、解脱之,则亦惟思所以自助自为而已。不自由无宁死,实感情必至之现象。人而至于不惜杀身以赴其目的,则何事不可成?况此种现象最易瘴染,一夫作难和者万人。不徒理想,诚事实也。强有力者,亦未尝不欲施愚民政策,以塞人之自觉、自治之源。无如万国交通,必群策群力,群运群智,然后方可以制胜。若恃一二人之智力,则鲜不受天然之淘汰。故不教育其群者,必受外侮,而臻于亡。况世多慈善之家,苟有不教育人民之国,则又安能阻受教人民之发生自觉心也?自觉心不可逃避,即共和不可逃避。

(二)人民相处日久,互爱心生。他人痛痒,视同切肤。民胞主义,渐以昌明。宗教家、伦理家复从而提倡之,躬行之,以为民表。耶教"天父以下皆兄弟",孔教"四海之内皆兄弟"之义,不独深印人心,凡奉其教义者,抑且不惜披发缨冠,以趋人之急难也。故民胞主义愈膨胀,则专制荼毒愈衰微,共和主义益不能不应时而遍布于全球矣。此共和为人文进化不可逃避之结果者二。知共和之不可避,则吾人亦无容施其抵抗共和之拙计,以生建设共和之阻力,而耗国家之元气也。

## 共和与秩序

专制人民,不能一跃而至共和。其间有一定之顺序,不可强求,不可速长。否则，妄解自由，谬倡平等，秩序紊，伦常乱，公理昧，权利争，祸患所中，烈于洪水猛兽。吾国共和初建，人民莫不以为成功之速，超越全球。不及三载，福利未享，而纲纪瓦裂殆尽，民生日趋艰窘。非共和之不足救国，发动太过之咎耳！此太过之发动力，至今已成陈迹，而无讨论之价值。然因发动太过，故有今日之反动力。此反动力虽为必然之现象，然不谨之又谨，亦易太过，而起反动之反动。故吾国当发动太过之后，不能不利用开明专制，只可当作航海之舵。易言之，则开明专制，为当今护持纲纪之要具。然只可当作透达共和之一种手续，断不可视为政体之目的。盖恐其过度而邀成反动之反动也。痴虬氏曰："为政不难，为政于共和之时难。"为政于共和之时，而不得不厉行专制为尤难。厉行专制，而实欲养成共和，则难之尤难。民知其难，而遵循法纪，乃可以为民；官知其难，而视民如伤，乃可以为官。能如是，则秩序能维，进化可期。非然者，民思革官命，官思革民命，官民多一度消长，则国步多一度艰难，即民主多一度憔悴，其结果不过产出一个贫与弱。多见其共争而沦胥以亡也。共和云乎哉？国人其审诸！

原载 1914 年 10 月《金陵光》第 6 卷第 5 期
及 1914 年 11 月《金陵光》第 6 卷第 6 期

## 国民与瞎民

人和鸟兽的大分别，就是人会想，鸟兽不会想。所以要做个真正的人，第一就要有思想。好国民与愚民的大分别，也就是国民会替国家想，愚民不会替国家想。所以要做个真正的国民，第一就要有国家的思想。没有思想的行动，叫做盲动；没有思想只管闷起头来跟人跑，叫做盲从。盲就是眼瞎了的意思。瞎子随便动，怎会不断送？瞎人跟人跑，怎会不跌倒？现在中国充满了主义：这里一个主义，那里一个主义，真是五花八门。我们不做国民则已，既要做国民，对于这些主义，得要问个明白，想个透彻。这些主义比如生人一样。生人到我们家里来投宿的时候，我们总得要问问他们的尊姓大名，要看看他们的相貌，要听听他们的言语，留意他们的行动性情，还要盘查他们的来踪去迹，最后就要考虑这位生客在家里住宿究竟相宜不相宜？有什么好的影响，有什么坏的影响？好的影响比坏的多，就算相宜，就应当留他暂住；坏的影响比好的多，就是不相宜，就应当请他出去。相宜的生客，只留他暂住，也是慎重的意思。虽然暂时留他住下，却要试试看，要观察我们理想上以为相宜的客人，实际上究竟相宜不相宜。这样试验之后，觉得他真是个好人了，就和他做终身的朋友；觉得他面是心非，那就要敬而远之了。我们做个今日中国的国民，对于一切主义，都应当以生客看待他们。我们对于生客应当尽主人之谊，但不能不把这位客人的性情、来历、影响弄个清楚。倘若闭起眼睛来一概招待欢迎，这叫做瞎民，不叫做国民。

原载 1925 年 1 月 17 日《申报·平民周刊》

## 追求真理做真人
### ——致陶晓光

晓光：

最近听说马肖生寄了一张证明书给你。他擅自作主，没有经我看过，我不放心。故即于当晚电你将该件寄回，以便审核有无错误，深信你已经遵电照办。现恐你急需文件证明，特由我亲自写了一张，附于信内寄你。你可根据这样证明，找尚达弟力保。我们必须坚持"宁为真白丁，不作假秀才"之主张进行。倘使这样真实的证明不合用，宁可自己出钱，不拿薪水，帮助国家工作，同时从尚达弟及各位学术专家学习。万一竟因证明不合传统，而连这样的工作学习亦被取消，那么，你还是回到重庆。这里有金大电机工程，也许可去，或与陈景唐兄商量，径考成都金大。总之，"追求真理做真人"，不可丝毫妥协。万一金大也不能进，我愿筹集专款，帮助你建立实验室，决不向虚伪的社会学习与妥协。你记得这七个字，终身受用无穷，望你必须努力朝这方面修养，方是真学问。

我近来为学校经费困难所逼，驻渝筹款，而重庆天易令人咳，这两天才愈，因此不能早日写信给你，至为歉然。

育才有戏剧、绘画两组驻渝见习，进步甚快。今吾十七日动身，日内可望抵渝，大致担任指导部主任。来信寄重庆村十七号。

衙
一月二十五日
原件存陶晓光处
出自 1929 年亚东图书馆版《行知书信》

## 预备钢头碰铁钉
### ——给吴立邦小朋友的信

立邦小朋友：

国家是大家的。爱国是个个人的本分。顾亭林先生说得好："天下兴亡，匹夫有责。"我觉得凡是脚站中国土地，嘴吃中国五谷，身穿中国衣服的，无论男女老少，都应当爱中国。不论各人所处地位不同，爱国的方法也不能尽同。小孩们用心读书，用力体操，学做好人，就是爱国。今天多做一分学问，多养一分元气，将来就能为国家多做一分事业，多尽一分责任。你说等到年纪长大点也要服务社会，这是很好的志尚。社会的范围很不一定，大而言之就是天下；小一点就是国家；再小就是一省，一县，一村；再小就是我们自己的家庭。大凡服务社会，要"远处着眼，近处着手"。学生在学习服务社会的时候，就可以从自己的家里学起，做起。一面学，一面做；一面做，一面学。

知　行
十三、一、五，在联和船上写的
出自1929年亚东图书馆版《知行书信》

## 小孩子要知道三件事
### ——致陶城

蜜桃：

现在做一个小孩子，要知道三件事。第一，做人的大道理要看得明白。第二，遇患难要帮助人。肚子饿让人先吃。没饭吃时，要想法子找出饭来大家吃。第三，勇敢。勇敢的活才算是美的活。

爸　爸
十一月廿九日
出自1981年安徽人民出版社版《行知书信集》

## 第二节　讲公德

## 学做一个人

要做一个整个的人，别做一个不完全、命分式的人。中国虽然有四万万人，试问有几个是整个的人？诸君，试想一想："我自己是不是一个整个的人？"

我希望诸君至少要做一个人；至多也只做一个人，一个整个的人。做一个整个的人，有三种要素：

（一）要有健康的身体——身体好，我们可以在物质的环境里站个稳固。诸君，要做一个八十岁的青年，可以担负很重的责任，别做一个十八岁的老翁。

（二）要有独立的思想——要能虚心，要思想透彻，有判断是非的能力。

（三）要有独立的职业——要有独立的职业，为的是要生利。生利的人，自然可以得到社会的报酬。

原载 1926 年 2 月 28 日《生活周刊》第 1 卷第 19 期

## 育才十二要

一、要诚实无欺。

二、要谦和有礼。

三、要自觉纪律。

四、要手脑并用。

五、要整洁卫生。

六、要正确敏捷。

七、要力求进步。

八、要负责做事。

九、要自助助人。

十、要勇于为公。

十一、要坚韧沉着。

十二、要有始有终。

出自 1944 年 1 月时代印刷出版社版《育才学校手册》

## 第三节　严私德

### 为考试事敬告全国学子

师不及察，给以优分，是师见欺矣。

败德之人，不得志害身家，得志害天下。

德也者，所以使吾人身体揆于中道，智识不致偏倚者也。身体揆于正道，而后乃能行其学识，以造人我之幸福；学识不致偏倚，而后乃能指挥身体，以负天降之大任。道德不立，智勇乃乖。

原载 1913 年 5 月《金陵光》第 4 卷第 4 期

### 伪君子篇

天下之名，莫美于君子，而非分之利，则舍小人之道莫由趋。伪君子非趋利即求名，而趋利求名者，必是伪君子。伪君子之由来，名利为之也。

原载 1913 年 11 月《金陵光》第 5 卷第 6 期及<br>1913 年 12 月《金陵光》第 5 卷第 7 期

# 第四章　严于律己　为人师表

## 第一节　以身作则

### 为农人和儿童谋幸福

若果你要在南方请教师到江北去办学校吗？则每月的薪水，至少至少，没有三十元，人家是不愿意去的！而一个学校，至少也要三个教师才够用！那么，教师的薪水，一年就要花去一千多元！你还有多少经费可以作别的用途呢？这都不说，若果教师是好的，那也不要紧。不过，你倘若请了一个传统的教师去，办一个传统的学校，仍然在那里去培植一般双料少爷和双料小姐，对于地方不惟无益，而且有害！那么，你把这一千多元的租息和房屋来开办学校，本来是件好事，但结果不是反而弄成坏事了吗？我这里的学校，是以培植一般乡村农人和儿童所敬爱的教师为目的。我这里所培植出来的教师，能努力办事，能吃苦耐劳，能和农人和儿童做成好朋友。而且，所办的学校是新学校，不是旧学校。他们是为劳苦大众谋幸福；不是为资产阶级做奴隶。他们是把学生培植成为能够生产的劳动者；不是把学生培植成为只知消费而且加倍消费的双料小姐与双料少爷。他们一定能够把这件事办得合你的意；不会把这件事弄坏了来贻害地方的。我就在我的学校里征求三个人去帮你的忙吧。他们去的时候，对于待遇方面，每月只拿八元钱的伙食费，此外没有什么薪水，你老先生以为如何？

…………

你们此次到淮安去，是一支远征的军队。你们是到那里去创造，不是到那里去享受。你们是去为农人和儿童谋幸福，你们三人要能够和衷共济，凡事都以农人和儿童的利益为前提。这是我所希望于你们的第一点。

我们是树起新教育的旗帜，和旧的传统教育奋斗。我们是要在教育上革命，进而办一种革命的教育。你们若果到那里去仍然办一种传统的学校，那你们就不必多此一举，而晓庄也就不必需要这种远征的军力。你们要抱着我们的主张到那里去开疆拓土，到那里去作一种新教育的试验。将来，我们的主张能够在那荒凉的江北去发芽，抽条，开花，那你们三人便是第一次最荣幸的使者。这是我所希望于你们的第二点。

你们到那里去，是为那里的农人和儿童办学校，这个学校开办起来，马上就是那里的全体农人和儿童的共有物，不要把它看成你们三人或者此外的任何一人的私有品。你们要和当地的农人联合起来，共同设法，以谋学校之进展。你们要训练当地的农人能够起来自己保护自己的学校，又要培植你们的学生能够起来办理他们自己的学校，然后这种新教育的力量才能永远推动，永远产生新的效力。这是我所希望于你们的第三点。

出自孙铭勋《古庙活菩萨》
1934年1月上海儿童书局版

## 师生共生活
——给姚文采弟的信

文采吾弟：

教职员和学生共甘苦，共生活，共造校风，共守校规。我认为，这是改进中学教育和一切学校教育的大关键。所以从学生进校之日起，全校教职员要偕同旧生以身作则，拿全副精神来同化新生。

知 行
民国十三年八月十四日
出自1929年亚东图书馆《知行书信》

## 教育者之机会与责任

今天我讲题是教育者之机会与责任,但是今天到会的,除教育者外,又有受教育的学生,提倡教育的办学者。我这题目,和上面种种人有什么关系呢?我想,学生对于教育发生的影响,自己首当其冲,自然要去看看教育者是否已经利用他的机会,尽了他的责任。办学者是督察教育者的人,更有急需了解教育者的机会与责任的必要。所以我这演讲,实在是以上三种人都应当注意的。

先从机会方面讲。教育者应当知道教育是无名无利且没有尊荣的事。教育者所得的机会,纯系服务的机会,贡献的机会,而无丝毫名利尊荣之可言。他的机会,可分四种:

(一)有可教之人;

(二)可教者而未能完全教;

(三)可教者而未能平均教;

(四)已受教而未能教好。

以上四种,都是予教育者以实施教育的机会。且先就第一种讲:

第一种是因为社会上有许多可教之人,所以教育者才能实行他的教育,倘若无人可教,则教育者就失其机会而无用武之地了。孔子曰:"生而知之者上也。"美国某哲学家,对于他这句话很有怀疑,他反驳孔子说:"生而知之者下也。"可是他的话确乎也有根据,譬如最下等的动物——细胞,彼从母体脱离后,凡彼母亲会做的事,彼都会做。再推到小牛,彼虽然不似细胞那样快,但是不用隔多时,举凡彼母亲的事,彼也会做了。小猴子却又不同,彼有几个月要在彼母亲的怀里,因为彼又是较高于小牛的动物。人又不然了,人在小孩子的时期,最早要候二三年后,始能行动,后来又慢慢由幼稚园至于大学,去学他的技能,以做他父亲会做的事。总之,幼稚时间长,所以可教;教育者的机会,也是因为有可教的小孩子啊!

第二种是说可教的人没有完全受教。如中国有四万万之众，照现在统计表计算，只有五百四十万个学生，换言之，只有一百分之一·五是学生；一百人之中，能受教育的只有一个半人。这一百分之九十八·五的不能受教育者，都打着我们教育者的门，并且告诉我们说："现在是你们的机会到了，有一个人不入学校，就是你们还没有实行你们的机会。"

第三种是就受教的人说的。中国现在受教育有三桩不平均的地方：（一）女子教育；（二）乡村教育；（三）老人教育。

第一桩，女子教育在中国最不注重。中国全国，有一千三百余县没有女子高等小学，又有五百余县没有一个女学生。若照百分法计算起来，男学生占学生中百分之九十五，女子却只占百分之五；以家庭论，一百个家庭，只有五个是男女同受教育——好家庭了。所以为家庭幸福计，男女都应受同等的教育。女子教育的重要有三：

甲、女子同为人类，自应有知识技能，去谋独立生活。譬如四万万根柱子擎着大厦，设若有二万万根是腐朽不能用的木材，则此大厦必将倾倒，这是很明显的例子。所以女子必须受教育，去共同担负社会的责任。

乙、女子富于感化性，能将坏的男子变好，并且可以溶化男子的性情与人格。诸位不信，请看看你们的亲友，定可得着个很显著的证明。所以欲使男子不致堕落，非从女子教育着手不可。

丙、女子受教育，必定十分顾及他子女的教育，不似男子的敷衍疏忽。所以普及女子教育，不但可以收到家庭教育的好果，并且可以巩固子孙的教育啦！

第二桩，不平均是城乡学校的相差，城里学校林立，乡下一个学校都没有。以赋税论，乡下人出钱，比城里人多些；他们的代价，至少也应当和城里平均，才是公允的办法。故乡村教育，应为教育者所注意。

第三桩，是小孩子可以受教育，而老年人则无受教育之机会。一般教育者，也只顾及小孩子的教育，对于老年人很少加以注意，这也是件不平均的事。中国现在内外交梦，社会多故，如若候着那班小孩子去改造，非待二三十年后不能奏效。所以欲免除目前的危险，必须兼顾着老幼的教育。

许多女子、乡村人、老年人，都打着我们教育者的门，如求雨一般的哀求我们放他们进来。这也是我们的机会到了！

第四种机会，是因为小孩子虽然受教，但是没有教好。如已教好，我们教育者又无机会了。没有教好者，可以分四层讲：

甲、人为物质环境中的人，好教育必定可以给学生以能力，使他为物质环境中的主宰，去号召环境。如玻璃窗就是我们对于物质环境发展的使命之一。我们要想拒绝风，欢迎日光，所以就造一个玻璃窗子去施行我们拒风迎光的使命，教讨厌的风出去，可爱的日光进来。又如我们喜欢日光和风，但是想拒绝蚊蝇，所以又造了一种纱窗去行我们的使命。这种使命，并非空谈，因为我们有能力，确可使这些自然的环境，听我们调度。故学校应给学生使命环境的能力，去作环境的主宰。以上不过是表明人对付环境的两个例子。

水也是自然环境之一，但是不能对付彼，常常为彼所戕杀。如去年门罗博士到苏州参观教育，同行有四位女学士。过桥的时候，女学士的车子忽然翻落桥底；当时船家和兵士都束手无策，等到想法捞起，已经死了一个。我们从这件事，得着一个教训，就是"学生、船夫、兵士都不会下水"，以致人为自然环境的"水"所杀。

人在青年时发育最快。身体的发育，犹如商人获利一样。可是商人获利是最危险的事，偶一不慎，当悖出如其所入。我们青年生长时，亦有危险，学校讲求体育，应问此种体育是否增加学生的体健，使他们不致有种种不测之事发生？

这种学生的父兄，也带了他瘦且弱的子弟，打我们教育者的门，厉声问我们教的是什么教育？

乙、人不但是物质环境中之一人，也是人中之一人。人有团体，有个人，在这团体和个人中，便发生相对的关系。此种关系，应互相联络，以发展人性之美感。在此阶级制度破产时，我们绝不承认社会上还有什么"人上人""人下人"，但是"人中人"我们是逃不掉的。我们既然都是人中之一人，那么，人与人自然会有相互的关系了。这种关系，能否高尚优美，尚属疑问。且就现在的选举说吧，被选人手里执着些洋钱，选举人手里执着一张票，他们所发生的关系，是洋钱的关系、选举的关系罢了！这种关系，能合乎高尚的条件吗？

再看留学生的选举如何？记得从前中央学会选举时，自称为博士、硕士的留学生，不也是一样地舞弊吗？其他如大学毕业生、中学毕业生以及未毕业的中学生，他们又是怎样？他们为什么拿着清高的人格，去结交金钱？去结交政客？作金钱的奴隶？作政客的走狗？这样的学生，对得起国家社会吗？对得起父母吗？对得起自己的人格吗？

国家、社会、父母，都带着他的子孙，打我们教育者的门，骂我们为何太不认真，以致教出这种子弟！

丙、好教育应当给学生一种技能，使他可以贡献社会。换言之，好教育是养成学生技能的教育，使学生可以独立生活。譬如社会上的农夫、裁缝、商人、工人、教员……他们都有贡献社会的技能，他们各人贡献他们所做的事，可以使社会得着许多便利。倘若有一个人没有能力，则此人必分大家的利，而造成社会的恐慌了！所以教育的成绩，就是"技能"：教育就是"技能教育"。且拿现在的师范生做个譬喻，现在师范毕业学生只有十分之八可以服务，十分之一可以升学，其余的十分之一，却做了高等游民了。再看中学毕业生，也只有三分之一可以服务，三分之一可以升学，其余三分之一，也就做了游民了！但是他们虽然不能服务，倒不惯受着清闲的日子，反做出许多不正当的事业，实在危险啊！

这种游民式学生的父兄，也打着我们教育者的门，问我们何以教出这种不会做正当事的子弟？并且教我们重新改过课程，使毕业的学生皆可独立。

丁、人不能没有休息，但休息是人最险之时。人无论怎样忙，都没有损害，倘若休息，则魔鬼立至。我们可以看出社会上许多恶事，都是在休息时候做的。所以学校里有音乐，便是给学生以正当的娱乐，使学生不致在休息时间做出恶事。可是学生回到家里，既无教员同学和他盘桓，又没有经济设置音乐去助他的娱乐，难免不发生其他的事来。所以学校应当使学生在休息时有正当的愉快。

这又是我们教育者的机会了！

总之，以上皆是我们教育者的机会。平常人对于机会怎样对待呢？大约可以看出四种情形来：

（A）候机会　有一班教育者天天骂机会不来，好像穷妇人想发财一样，但是机会不是观望的，所以等着机会是极愚拙的事，可以料定永远不会收着成效的。

（B）失机会　又有一班教育者，他明明看见机会来了，等到用手去捉彼，彼又跑掉了。如此一次，二次，三次，……仍旧不能得着机会。因为机会生在转得极快的圆盘子上，倘如没有极敏捷的手去捉彼，总会失败的。

（C）看不见机会　机会是极微细的东西，有时且要用显微镜和望远镜去找彼。一班近视眼的教育者，若不利用那两种镜子，是很难看见机会的。

（D）空想机会　还有些教育者，机会没有来，到处自炫，就像得着机会一样。犹如两个近视眼比看匾，在匾没挂起来的时候，都去用手摸了匾。后来共请一位公证人去批评，他们各人述了自己的心得，公证人忍不住笑了，因为这匾还没有挂上，他们都是"未见空言"咧！

这类"未见空言"的教育者，他们一味地空想，结果总没有机会去枉顾他一次。

现在再谈谈好的教育者。我以为好教育者，应当具有灵敏的手去抓机会，并且要带千里镜去找机会，机会找着了，就用手去抓住彼——不断地抓住彼，还要尽力地发展彼。

再说一说教育者的责任。简单一句话，教育者的责任就是"不辜负机会；利用机会；能用千里镜去找机会；会拿灵敏的手去抓机会。"

办学者和学生都应当看看教育者是否利用他的机会；如果没有利用他的机会，便是他没有尽责。尽责的教育者，可以使学生发生"快乐"与"不快乐"两种感想；但是不尽责的教育者，也可以得着这两种情形，这是什么缘故？

因为教育者尽责，可以使学生在物质环境中做好人，教他学习一种技能去主宰环境。这种教育者，学生对于他有合意的，有不合意的。合意者不生问题，不合意的学生只请他认定教育者是否教我们做一个好人。如是，那我们就应当忍耐着成全这教育者的机会。设若教育者不负责，辜负了机会，不使学生求学，我们这时候，应当知道学生有好有坏，教育者也有尽责与不尽责，不尽责的教育者常为坏学生所欢迎，同时也被好学生唾弃。做好学生，好教育者，更应当对于坏教育者、坏学生，加以严厉的驱逐，使这学校成为好的学校。

原载 1922 年 7 月 7 日《民国日报·觉悟》

## 儿童节对全国教师谈话

我们做教师的人应当怎样做才能帮助解决国难而不致加重国难？我常以这个问题问人，现在人也常以这个问题问我了。这里是我的答复：

第一，追求真理。小孩是长进得很快，教师必须不断地长进，才能教小孩。一个不长进的人是不配教人，不能教人，也不高兴教人。小孩快赶上你了！你快要落伍了！"后生可畏"不是一句客气话，而是一位教师受了小孩蓬蓬勃勃的长进的压迫之后,对于自己及一切教师所提出来的警告。只有不断地追求真理才能免掉这样的恐怖。也只有免掉这种恐怖才能教小孩,否则便要因为怕小孩而摧残小孩了。如果我把"小孩"调换为"青年",那么,情形是格外地严重了。我得声明,真理离开行动好一比是交际花手上的金钢钻戒指。我们所要追求的是行动的真理,真理的行动(Truth in Action)。这种真理不是坐在沙发上衔着雪茄烟所能喷得出来的。行动的真理必须在真理的行动中才能追求得到。你不钻进老虎洞,怎能捉得小老虎?

第二,讲真话。让真理赤裸裸地出来和小孩子见面。不要给他穿上天使的衣服,也不要给他戴上魔鬼的假面具。你不可以为着饭碗、为着美人、为着生命,而把"真理"监禁起来或者把他枪毙掉。教师只能说真话。说假话便是骗子,怎么能做教师呢?

第三,驳假话。说假话的人太多了。教师要有勇气站起来驳假话。真理是太阳,歪曲的理论是黑云。教师要吹一口气把这些黑云吹掉,那真理的太阳就自然而然地给人看见了。

第四,跟学生学。你要教你的学生教你怎样去教他。如果你不肯向你的学生虚心请教,你便不知道他的环境,不知道他的能力,不知道他的需要;那么,你就有天大的本事也不能教导他。他要吃白米饭,你倒老是弄些面条给他吃,事情是会两不讨好。不但为着学生而且为着你自己,你也得跟你的学生学。你只须承认小孩有教你的能力,你不久就会发现小孩能教你的事情多着咧。只须你甘心情愿跟你的学生做学生,他们便能把你的"思想的青春"留住;他们能为你保险,使你永远不落伍。

第五,教你的学生做先生。你跟学生学,是教学生做你的先生。如果停止在这里,结果怕要弄到师生合做守知奴,于大众毫无关系。你必得进一步教你的学生去教别人。你必须教你的学生把真理公开给大众。你得教你的学生拿着真理的火把指点大众前进。

第六,和学生、大众站在一条战线上。教师不和学生站在一条战线上便不成为教师。这是怎样说呢？因为他要到西方去，你却教他往东走；反过来，他要到东方去，你却教他往西走。这种牛头不对马嘴的教育怎能行得通呢？有些教师不恤使用强迫手段要学生朝着教师指定的路线走，结果是造成师生对垒，变成势不两立。在势不两立的局面下还能叫学生接受他的指导吗？不但如此，先生学生虽是打成一片，如果他们联合行动的目标与大众所希望的不符，还只是小众的勾结，将为时代所不容。因此做教师的人必须和学生、大众站在一条战线上为真理作战，才算是前进的教育。现在中国第一件大事是保障中华民国领土主权之完整，与争取中华民族劳苦大众之自由平等。教师和学生、大众都要针对着这个大目标，才能站在一条战线上来。教师和学生、大众站在这一条战线上来奋斗，才算是实行着真正解决国难的教育。你若把你的生命放在学生的生命里，把你和你的学生的生命放在大众的生命里，这才算是尽了教师的天职。

我们如果能把上面这六点做到，便不愧为现代的教师了。这样的教师，我相信，对于民族解放、大众解放、人类解放是有贡献了。

原载 1936 年 4 月 1 日《生活教育》第 3 卷第 3 期

## 第二节　涵养人格

### 因循篇

披阅英儒培根所著之《因循论》(Essay on Delays)，兴起无穷感触。盖以生乎今之世，列强既具有进取之特性，其学术工商复高出吾人之上，以强佐强，进步一日千里。吾人欲与并驾齐驱，其进取当有列强十百倍之猛勇。即欲在世界求一生存，犹当夙兴夜寐，不容稍事蹉跎。苟仍委靡不振，习于因循，则保守已无余地，大局何堪设想？爰引申培氏之说，撰著因循之篇，究因循之原因，揭因循之结果，俾国人晓然于因循之害，不独妨一己之发展，实足以障人群之进化焉！

（一）**释名** 赵趄其行，应前不前，是为因循。因循之人，除退化无收效，除敷衍无方法。对于事言，是为放弛责任；对于己言，是为自暴自弃。阳膺职守，其实滥竽也。

（二）**辟因循者之图说** 因循者，每自饰其说曰："'欲速则不达'，'其进锐者其退速'。与其不达何如迟？与其退速何如藏其锋？"曰：孔孟之为此言，盖以警夫世之暴躁者，深恐有如宋人之揠苗，非徒无益，而又害之。然揠苗诚过矣，而圃人迁就其培植，延迟其灌溉，以致禾苗日即于枯槁，则又何说耶？不及犹过也！因循与欲速，皆背中庸之正道。则彼因循者之图说欺人，适以彰其偏耳！

（三）**因循之原因**

（甲）**原于畏** 处此物竞之世界，与器间有竞争，与物诱有竞争，即下至饮食起居之细，亦莫不含有竞争之义。于是筹备竞争也，宜任劳；实行竞争也，宜耐苦。竞争而不能胜，则难生矣！竞争而败北，则痛生矣！彼畏怯者，心既懦弱，气安能壮？于是见劳而畏焉，见苦而畏焉，见难而畏焉，见痛而畏焉。畏则虽知其应进而不敢进，虽知其应行而不敢行。不敢进，不敢行，而因循之念萌矣。

（乙）**原于惰** 存诸念者，谓之惰；惰之见于事实者，谓之因循。"今日不学，曰有明日；今年不学，曰有明年。"因循自误，实惰为之原动力也。

（丙）**原于自满** 自满则目空一切。凡事举不足介其意，以为即稍自暇逸，先鞭亦莫我着。于是朝夕因循，放心不求。推求其故，则皆自满一念有以致之耳！（泰西寓言有所谓龟兔竞走者。一日，兔与龟订竞走之约。兔见龟行笨滞，以为莫能为，偷息中途，卒以延时太久，龟得先登。斯兔之所以失败，由于因循；而所以致兔之因循者，则自满耳！此言虽小，可以喻大。）

（丁）**原于自私** 人自私之念大过，则所为莫非扩张一己之利益。

有益于我，则求之惟恐不力；利益少杀，则泄沓从之。甚或今日慕其利，明日见利之更大于此者，复移其爱慕之心于彼。既得所欲，而向昔之职守，或得于势而未能遽卸；或尚有利益可渔，则其结果必为因循敷衍无疑。今日官僚界、社会界中，以一人而兼数差者，不可更仆数，而所事皆鲜有成效可睹。问其何以致此？曰：惟因循故。问其何以因循？曰：惟自私而不量力故。

（戊）**原于宴安**　管子曰："宴安鸩毒，不可怀也。"吕东莱又从而说明之，谓为隳心丧志之所由来。盖形为物役，形已不克自主；心志又为形役，而复由形而役于物。则心安得不丧？志安得不隳？心丧志隳，而能不因循者几何哉？是故国事虽艰，先之以妻妾之奉，耳目之乐。宴安既不可须臾离，则敷衍国事，以循情欲，势所必然也。

以上五者，乃因循之大原。间有因大事牵连，势不得不迁延小事者，其情可原，故不列论。

（四）**因循之结果**　因循之原既明，则吾人所急当研究者，即因循于个人果具何等之结果，于社会果有何等之影响。

（甲）**失机宜**　培根氏对于此点，论之最详。其言曰："机会之去，如射弹空中，霎时即没。"培氏又以为，机会既难得而易失，则乘迎必期敏捷，断不容稍事徘徊。故其章末曰："吾人处事，当察之以阿耳嘎斯（Argus）之百目，行之以白流辽斯（Briareus）之百臂。"若舍此不务，专事狐疑，则由狐疑而观望，由观望而因循，忍此大好机会，偷逝于无声无臭之间。迨至四十五十，始嗟一事无成，悔之无及矣，岂不悲哉！

（乙）**长惰**　人能习于勤，亦能习于惰。人之有惰念，不难芟除之；所可惧者，既由惰而因循，复由因循而长惰。习与性成，斯惰之根牢不可拔矣。

（丙）**伤名誉**　因循者，鲜不陨职。迨至事无成，或成而不良，人必訾议之曰："此某责任之不尽也，此某因循之贻误也。"人相诽，家相谤，名誉隳落矣。吾雅不欲以名誉勉人为善，然此实因循必然之结果，无可讳者也。

（丁）**妨他人之进步** 人非皆鲁滨孙，谁能处世而可离其群者哉？不能离群，则我与群有相互之关系。故名誉不独我伤，全体受其玷辱；机宜不独我失，全群滞其进步。我既因循，群亦难于有为，理势然也。儒弱如余，宁随勇为者之疾趋，虽力竭声嘶，犹觉愉快；一与因循者遇，则如逢逆风，如拉千钧。吾心焦，吾首疾，吾额蹙，吾不可以一朝居，吾无可如何。况彼忧时如焚之士，吾知其与因循者同群，其苦楚当有更甚于余者矣。

（戊）**引他人之因循** 因循之人，不独妨他人之进步，且足以引他人之因循。盖勇行之士，固可努力前进，曾不因人之因循而稍存退步。而儒弱之徒，其始亦未尝不以因循为非是，然浸假而灰心矣，浸假而效尤矣，浸假而随浪浮沉矣。观乎吾国在野各会之委蛇不进，参议院、政府之敷衍溺职，何一非由于一二人之因循，而牵及全局之因循者哉？

（五）结论 由上论观之，则因循之害，既足以自误，复足以误人，更足以误国。吾人果自爱，则不当因循；吾人果爱人爱国，尤不当因循。然世人之因循，相习既久，脑印已深，一旦除之，自非易事。于此则吾人所当垂择者，有二事焉：（一）不问他人因循与否，吾惟努力前进，勇行其是；（二）因循既由畏、惰、自满、自私、宴安诸念所致，则欲远离因循，自非排去畏、惰、自满、自私、宴安五念不可。自警警人，务期易怯为勇，易惰为勤，易自满为不足，易自私为利人，易宴安为忧劳，使国人共跻于勇为之士，则吾辈所不可放释之责任也。由（一）说，则己不致陷于因循；由（二）说，则可勉人力行。果能如是，则吾国虽弱且贫，其前途必有光荣之希望。不然，社会因循而民气不张，政府因循而国魂不振。吾国行将由贫弱而渐臻于沦丧，岂不甚可畏乎？勉哉国人！

原载1913年4月《金陵光》第4卷第3期

## 每天四问

现在我提出四个问题，叫做"每天四问"：

第一问：我的身体有没有进步？

第二问：我的学问有没有进步？

第三问：我的工作有没有进步？

第四问：我的道德有没有进步？

**第一问："我的身体有没有进步？"**

首先，我们每天应该要问的，是"自己的身体有没有进步？有，进步了多少？"。为什么要这样问？因为"健康第一"。没有了身体，一切都完了！不禁使我想到了去年二周纪念前九日邹秉权同学之死！与今年三周纪念前九日魏国光同学之死！二人之死的日子是恰恰一周年，不过时间上相差八九个钟点罢了。因这两位同学的死，使我联想到，我们必须继续建立"健康堡垒"。要建立健康堡垒，必须注意几点：

（一）"科学的观察与诊断"。科学是教我们仔细观察与分析，譬如邹秉权、魏国光两同学之死，尤其是魏国光同学这一次的死，不能不说是我们先生、同学的科学的观察力不够。魏国光同学患的是"蛔虫"症候，他在学校寝室内吐过蛔虫，有同房的同学见到没有报告，先生也没有仔细查看，到了医院又在痰盂中吐过蛔虫，又没有留心注意到，这就是科学重证据的"敏感"，而成为一种不科学的"钝感"了！医生又复大意，则在这种钝感之下据之而误断为"盲肠炎"。虽然他腹痛的部位是盲肠炎的部位，但既称为"炎"，就必得发"热"；今既无热，就可以断定不是盲肠炎了。何以需要开刀割治？！其实魏国光同学的病症是蛔虫积结在肠胃内作怪，不能下达，而向上冲，吐了出来！如果，把这吐过蛔虫的证据提出来，医生一定不致遽断为盲肠炎，而开刀，而发炎，而致命！因为魏国光同学之死，我们必须提高"科学的警觉性"。以后遇病，必要拿出科学上铁一般的证据来，才不致有错误的诊断，而损害了身体。否则，都有追踪邹秉权、魏国光两同学之死的危险！所以提高科学的警觉性，是保卫生命的起码条件。最重要还是要用科学的卫生方法，好好地调节自己的身体，不使生病！科学能教我们好好地生活，生存！我们今后应该多提高科学的知能，向着科学努力，努力建立科学的健康堡垒，以保证我们大家的健康和生命。

（二）"饮食的调节与改进"。我这次去重庆，因事到南岸，会到杨耿光（杰）先生，杨先生是我们这一年来，经济助力最多最出力的一位热心赞助者。顺便谈到儿童和青年的营养问题，杨先生提到德国对于儿童和青年的营养问题，是无微不至的。德国有一位大学教授，对于自己儿子的营养，说过这样一段话："我为什么有这样好的身体，可以担任这样繁重的事情？就是我的父母把我从小起的营养就调节配备得好，所以身体建筑得像钢骨水泥做的一样。身体建筑最好的材料是牛肉，所以我决定每天要给我的儿子吃半斤牛肉，一直到二十五岁，就能够把他的身体建筑成为钢骨水泥做成的一样，可以和我一样担任繁重的大事了。"纳粹德国政府，对于全国儿童及青年身体健康的营养，是无微不至，我们今天关于营养的问题提到德国，并不是要像纳粹德国一样，把儿童和青年的身体培养得坚实强健，然后逼送他们到前线上去当侵略者的炮灰！但是这种注重新生一代的儿童和青年营养问题的办法，是值得注意的。苏联是社会主义的国家，对于儿童和青年的营养问题，也是无微不至的，所以它在一切建设上，在抵抗侵略上，到处都表现着活跃的民族青春的活力。其他许多国家政令中亦多注意到儿童和青年的营养问题。我们在今天提出营养问题来，就是为着现在和将来人人能够出任艰巨。悬此为的，以备改进我们的膳食，为国家民族而珍重着每一个人的身体的健康。

（三）"预防疲劳的休息"。"饱食终日，无所用心"，固然不对，但是过分地用功，过分地紧张劳苦工作，也于一个人身体的健康有妨害。妨害着脑力的贫弱，妨害着体力的匮乏，甚至于大病，不但耽误了学习和工作,而且减损及于全生命的期限!所以我在去年早已提出"预防疲劳的休息"问题,今天重新提出,希望大家时时提示警觉,预防疲劳,不致使身体过分疲劳。天天能在兴致勃勃中工作学习,健康必然在愉快中进步了。至于已经有人过分疲劳了,要快快作"恢复疲劳的休息"。适当的休息,是健身的主要秘诀之一,万不可忽略。忽略健康的人,就是等于在与自己的生命开玩笑。

(四)"用卫生教育代替医生"。卫生的首要在预防疾病。卫生教育就在于教人预防疾病,减少疾病。卫生教育做得好,虽不能说可以做到百分之百不生病的效果,但至少是可以减少百分之九十的病痛。其余在预防意料之外而发生的只有百分之十的病痛,可是已经是占着很少成分,足以见出卫生教育效力之大了。以现在学校的经济状况说来,是难以支出两三千块钱来请一个医生。我们的学校是穷学校,中国的村庄是穷村庄。我们学校是二百人,若以五口之家计算,是等于一个四十户人家的村庄。若以这个比例来计算,全中国约有一百万个村庄,每村需要请一个医生,便需要有一百万个医生。现在中国的人力和经济力都不允许这样做,不能够这样做,所以我们学校也就决定不这样做,决定不请医生。我们要以决心推进卫生教育的效力来代替医生,以保证健康的胜利,以卫生教育代替医生。在两月前,我已有信来学校,提出十几条具体事实来,希望照行,现在想来,还是不够,需要补充。待补充之后提交校务会议商决进行。但是,今天在此先提出来告诉大家,希望大家多多准备意见,贡献意见。在建立"科学的健康堡垒"上多尽一份功量,便是在卫生教育施行上多一份力量,卫生教育胜利上多一份保证。大家都成为建立"科学的健康堡垒"的主要的成员之一、健将之一,共同来保证"健康第一"的胜利。

**第二问:"我的学问有没有进步?"**

其次,我们每天应该问的,是"自己的学问有没有进步?有,进步了多少?"。为什么要这样问?因为"学问是一切前进的活力的源泉"。学问怎样能够进步？重要在有方法研究。现在我想到有五个字，可以帮助我们学问易于进步。哪五个字呢？

第一个，是"一"字。一是"专一"的一。荀子说："好一则博。"这句话是很有精义的。因为有了一个专一的问题做中心，从事研究，便可旁搜广引，自然而然地广博起来了。我看世界名人学者对于治学的解释，尚少如此精约的。治学必须"专一"的"一"，这是天经地义的了。"专一"在英文为Concentrated，我们对于一件事物能够专心一意地研究下去，必然能够有一旦豁然贯通之时。所以我希望有能力研究的先生和同学，必须择定一个题目从事研究，即使是一个很小的问题，也可以研究出很深刻很渊博的大道理来。于人于己都可得到切实的益处，而且可能有大的贡献。

第二个，是"集"字。集是"搜集"的集。集字在英文为Collection，我们有了丰富的材料，便可以原原本本地彻头彻尾地来研究它一个明明白白，才能够真正理解这个问题的症结所在，才能够"迎刃而解"，才能够收得"水到渠成"的效力。所以我希望大家对于每一个问题，都必须多多搜集材料，以便精深地精益求精地研究。在研究上发生力量，在研究上加强创造力量，集体创造，共同创造，在创造上建立起我们事业的新生命，树立起我们事业的新生机，稳定我们事业的新基础。

第三个，是"钻"字。钻是"钻进去"的钻，就是深入的意思。钻是要费很大的力量，才能够钻得进去，深入到里面去，看得清清楚楚，取得了最宝贵的宝贝。做学问虽不能像钻东西那么钻，但是能够用最好的方法，也可以很快钻进去。我在×国，参观一个金矿，他们开采的机器，是运用大气的压力来发生动力的。我见到他们开采的速度，是比现代所称的"电化"的电力，还不知要增加若干倍咧。我们做学问也是一样，如果我们能够在学术气氛中的大气压力下，发生动力去钻，一定能够深入到里面去，探获学问的根源奥妙与诀窍，而必有很好的收获。"钻"字在英文为 Penetration，所以我希望大家对于一个问题拿定了，便要尽力向里面钻，钻出一大套道理来，使我们学术气氛有着飞跃的进步。

第四个，是"剖"字。剖是"解剖"的剖，就是"分析"的意思。有些材料钻进去还不够，必须解剖出来看它的真伪，是有用的还是有毒素的？以便取舍，清化运用。"剖"字在英文为 Analyzation，所以我希望大家对于每一个问题搜集得来的材料，除了钻进、深入之外，必须更加着意做一番解剖的功夫，分析入微，如同在解剖刀下，在显微镜下，看得明明白白，分析得清清楚楚，真的有用的没有毒素的就拿来运用，如果是假的有毒素的就舍去抛掉不用。如此，鉴别材料，慎选材料，自然因应适宜了。

第五个，是"韧"字。韧是坚韧，即是鲁迅先生所主张的"韧性战斗"的韧。做学问是一种长期的战斗工作，所以必须有韧性战斗的精神，才能够在长期战斗中，战胜许许多多困难，化除种种障碍，开辟出一条新的道路，走入新的境界。"韧"字在英文中尚难找得一个适当的字来翻译，勉强可以译为 Toughness，所以我希望大家在做学问上，要用韧性战斗的精神，历久不衰地、始终不懈地坚持下去，终可达到"柳暗花明又一村"的境界。

我想我们每一个人，能把"一""集""钻""剖""韧"五个字做到了，在做学问上一定有豁然贯通之日，于己于人于社会都有贡献。

第三问："我的工作有没有进步？"

再次，我们每天要问，"自己担任的工作有没有进步？有，进步了多少？"。为什么要这样问？因为工作的好坏影响我们的生活、学习都是很大的。我对于工作也提出几点意见，以供大家参考。

第一点最要紧的，是要"站岗位"。各人所负的责任不同，各人有各人的岗位，各人应该站在各人自己的岗位上，守牢自己的岗位，在本岗位上努力，把本岗位的职务做得好，这是尽责任的第一步。我最近在想，人人应该有"站岗位"的教育。站牢在自己的工作岗位上，教育自己知责任、明责任、负责任——教育着自己进步。

第二点最要紧的，是要"敏捷正确"。人常说，做事要"敏捷"，这是对的。但我觉得做事只是做到敏捷还不够，敏捷是敏捷了，因敏捷而做错了怎么办？所以敏捷之下必须加上"正确"二字，工作敏捷而正确才有效力。一件工作在别人做起来需要四小时，你只要二小时或三小时就做好了，而且做得很正确，这才算是工作的效力。工作怎样能够做得敏捷正确呢？这就要靠熟练与精细。粗心大意，是最易弄错弄坏事情的。做事要像做算术的演算草一样，要演得快演得正确。

第三点最要紧的，是要"做好为止"。有些人做事，有起头无煞尾，做东丢西，做西丢东，忙过不了，不是一事无成，就是半途而废。我们做事要按照计划，依限完成，就必须毅力坚持，一直到做好为止。

第四问："我的道德有没有进步？"

最后，我们每天要问的，是"自己的道德有没有进步？有，进步了多少？"。为什么要这样问？因为道德是做人的根本。根本一坏，纵然使你有一些学问和本领，也无甚用处。并且，没有道德的人，学问和本领愈大，就能为非作恶愈大。所以我在不久以前，就提出"人格防"来，要我们大家"建筑人格长城"。建筑人格长城的基础，就是道德。现在分"公德"和"私德"两方面来说。

先说"公德"。一个集体能不能稳固，是否可以兴盛起来？就要看每一个集体的组成分子能不能顾到公德、卫护公德，来衡量它。如果一个集体的组成分子，人人以公德为前提，注意着每一个行动，则这一个集体，必然是日益稳固，日益兴盛起来。否则，多数人只顾个人私利、不顾集体利益，则这个集体的基础必然动摇，并且一定是要衰败下去！要不然，就只有把这些不顾公德的分子清除出这个集体，这个集体才有转向新生机的希望。所以我们在每一个行动上，都要问一问是否妨碍了公德？是否有助于公德？妨碍公德的，没有做的即打定决心不做，已经开始做的，立刻停止不做。若是有助于公德的，大家齐心全力来助他成功。

再说"私德"。私德不讲究的人，每每就是成为妨害公德的人，所以一个人私德更是要紧，私德更是公德的根体。私德最重要的是"廉洁"，一切坏心术坏行为，都由不廉洁而起，所以我在讲"建筑人格长城"的时候，提到了杨震的"四知"、甘地的漏夜"还金"、华盛顿的勇敢承认错误和冯焕章先生所讲的平老静"还金镯"的故事。这些，都是我们大家私德上的好榜样。我们每一个人都可以效法这些榜样，把自己的私德建立起来，建筑起"人格长城"来。由私德的健全而扩大公德的效用，来为集体谋利益，则我们的学校必然地到了四周年，是有一种高贵的品德成绩表现出来。

我今天所讲的"每天四问"，提供大家作为进德修业的参考。如果灵活运用地行到做到，明年今日四周纪念的时候，必然可以见出每一个人身体健康上有着大的进步、学问进修上有着大的进步、工作效能上有着大的进步、道德品格上有着大的进步，显出"水到渠成"的进步，而有着大大的进步。

原载 1951 年 8 月新北京出版社版《大众教育丛书·每日四问》

## 领导者再教育

平常人对于教育有一种不够正确的了解，以为只有成人教育小孩，上司教育下属，老板教育徒弟，知识分子教育文盲。其实，反过来的教育的行动影响作用，不但是可能，而且是普遍习见的现象，不过很少的人承认它罢了；至于承认它而又能运用它来互相教育，使学问交流起来，以丰富彼此之经验，纠正彼此之看法，推动彼此之进步，那是更少了。但是一个民主的国家，实在是要看重这种互相教育之现象，并扩大学问交流的效果，加速度地走向共同创造之大道。

中国人受了二千年之专制政治之压迫，几乎每个人一当了权便会仗权凌人。好像受了婆婆压迫的媳妇，一旦自己做了婆婆便会更加压迫她的媳妇。在中国，几乎每一个有权的人是一个独裁，有大权的是大独裁，有小权的是小独裁。自主席以至于保甲长都免不了有独裁的作风。就是我这个区区的校长，也不是例外，常常不知不觉地独断独行，违反了民主的精神。一经别人提醒，才豁然大悟。在一个民主国家里面，做一个独裁校长，是千不该万不该的事情。但江山易改，本性难移，过不了多少时候，病又复发了。那只有再接再厉地多方想法，以克服这与民主精神不相容的作风。

民主的时代已经来到。民主是一种新的生活方式。我们对于民主的生活还不习惯。但春天已来，我们必须脱去棉衣，穿上春装。我们必须在民主的新生活中学习民主，不但老百姓要学习民主，大大小小的领袖们都得学习民主。领袖们是已经毕过业了，还要学习吗？不错，还要学习，只有进了棺材才不要学习。他们虽然有些学问，但是他们从来没有学过民主，所以还要学习，还要学习民主。他们虽然受过教育，但是没有受过民主教育，所以还要再受教育，再受民主教育，把受过不合民主的教育从生活中肃清掉。

这种再教育应该怎样进行呢？

第一，自己觉得需要再教育。自己觉得既往的习惯不足以应付民主的要求。自己承认在民主的社会里做领袖和在专制的社会里做领袖是有了根本之不同，那么在本人的生活上也必须起根本的变化，才能适应客观之变化。从前，白健生先生有一次和我闲谈"以不变应万变"的道理。我提议在不字下面加一横，意思是"以丕变应万变"，丕变即是大变，我们要在生活上起大的变化，才能应付民主政治所起的大变化。民主政治所起的变化是很大的。例如承认个人之尊严，便不能随便侵犯别人的基本自由；采用协商批评之方法，便须放弃"我即是""朕即真理"；要使人了解你，同时又要使你了解人，便须放弃"民可使由之，不可使知之"，又必须虚心下问，集思广益；实行共同创造，便须放弃少数人包办之倾向。我们若深刻地感觉到旧习惯不足以应付这种大变化，而又不愿被淘汰，那就一定觉得有再受教育之必要了。

第二，多方学习。自己既已感觉到有再受教育之必要，那就好办了。地位无论大小，只要对于民主的生活感觉到如饥似渴之需要，那不啻是走了一半的路程了。学习方法虽多，总靠自己虚心。随时随地愿听逆耳之言，和颜悦色地欢迎干部和别人的批评，有事先商量而后行，都很重要。民主先贤的传记著作如林肯、哲斐孙、汤佩恩的都能给我们有力的指示。国外民主国之游历，国内民主政治比较进步的地方的参观，都能帮助我们进步。但是，最重要的是在"做"上学，在实行民主上，在发挥民主作风上，学习民主。

第三，我们最伟大的老师。我们最伟大的老师是老百姓。我们最要紧的是跟老百姓学习。我们要叫老百姓教导我们如何为他们服务。我们要钻进老百姓的队伍里去和老百姓共患难，彻底知道老百姓所要除的是什么痛苦，所要造的是什么幸福。

我前些日子写的一首小诗，可供领导人自我再教育之参考：

民之所好好之，
民之所恶恶之；
为人民领导者，
拜人民为老师。

领导者再教育之三部曲是：第一部跟老百姓学习；第二部教老百姓进步；第三部引导老百姓共同创造。也只有肯跟老百姓学习的人，才能做老百姓的真正领导者。

原载1946年3月《民主星期刊》第24期

# 第五章　爱满天下　乐育英才

## 第一节　尊重学子

### 导引新生之倡议

入校不苦，初入校则苦；初入校不苦，初入校而无人导引斯真苦。王君湘山曰："今吾在校中，不过起居饮食，稍有不便，乃思亲之念切耳。惟初进学校之苦，则难以言语形容也。"此过来人阅历之语，闻者疑其言乎？请得毕论初进校之苦。

游人入意大利圣彼得教堂，莫不怵然自愧。本校墙宇华丽虽不足，而雄壮则有余。初进，罕不一望气夺（多人之言如此）。既入校，四觅始得缴费处。券既购，诣监学室派书。监学室中，学生如云。自日升至于中昃，书有不得派者。问之，则新生耳。何则？彼新生心存畏怯，行用趑趄，不敢趋前，斯为捷足所先登矣。俟见监学，则未惯见外人者，望其颜貌，益增悚惶。口将言而嗫嚅，甚至言语不通，则愈觉其困难矣。课派毕，购书上所派班，时刻已过，而未觅得上班处者，恒事也。且忽而鸣大钟，忽而鸣小钟（本校有大小二钟各有所司），其义未解，罔知所适。他若饮食起居诸事，未娴规则，动蹈愆咎。彼善于交游者，固不难于每事问，而颜薄之徒，唇未启而面已赧，无惑乎其摸索不已也。甚有恶少，专以欺侮戏弄新生为事。问之或不答，答则指鹿为马；与彼同室，则颐指气使，如主人之待奴仆。其黠者，固能暂受胯下之辱；而弱者，不吞声饮泣而愈形抑郁乎？及夜登榻，历溯日间种种之苦境，追思家中种种之乐趣，苦时忆乐，益觉凄凉，辗转不寐，泪由耳堕。学子初入校之苦，盖难堪矣！

吾之为此言，非故为骇人听闻之论。实欲吾先进诸同学，痛定思痛，推己及人,群膺引导之责,力图照料之方,务使后来者视入校如归乐境焉。李敏甫先生演说美国学生精神,曾云及先生赴美之年,未到校而该校青年会即派招待员,为之照料起居饮食,莫不周密尽致。夫美人之于先生,白黄异种,美亚异洲,其相遇且有如是之隆,况吾人之于后来同学,虽新旧有别,而都属同胞,安可坐睹彼辈初入之困苦而不一援手乎?吾青年会对于新来同学,素存爱敬,故每学期开学后,必集茶会,以笃新旧交谊,行已钦佩无似;苟能赞同敝议,出而提倡实行其导引新生之计划,则新生更蒙福靡极,行亦无不乐随诸君子之后,而效其区区之力焉!

原载1913年4月《金陵光》第4卷第3期

## 美国活动教授之一段

柏格罗女士(Miss Biglow)是美国哥伦比亚大学师范院附属小学校的教员,平日担任功课,素来注重顺性利导,所以她班上的学生,比别班的更加活泼,也更守规矩。

某日,二年级学生中有个名叫多玛(Thomas)的恰过生日,他的母亲特为他备了一盘生辰糕送到课堂里来。要柏女士分给多玛的同学吃,以便大家热闹一番。柏女士接过盘来,笑问全班学生说:"谁应分这美丽的糕?"大家回答说:"先生,你来分。"女士以为然,将糕一块一块儿地切好了。又问:"请告诉我,谁应吃第一块糕?"大家欢呼说:"多玛,多玛!"女士依大家的话,先给多玛一块,然后按着座位的次序,分给全班学生。分了后,还余几块,女士又问道:"现在糕尚有余,怎样是好?"一位学生起立说:"先生请自吃一块。"又一个学生说:"多玛的母亲在那边,何不给她一块?"又一个学生指着参观的人说:"何不给那三位客人几块?"这三个学生的话,柏女士以为都不差,故先派一个学生送糕给多玛的母亲,其次再送参观的客人每人一块，然后女士自取一片，大家齐吃一顿。学生、教员、母亲和参观的客人皆大欢喜。最后，一位七岁女孩来向多玛说："多谢你的好糕，我很情愿天天是你的生日。"大家听见，都以为是妙人妙语。过不多时，习字的功课到了，快乐之后，势难静坐。柏女士乃弹琴数下，大家听了那清静的琴声，就不知不觉地静起来了。这是柏格罗女士分糕寓教的一段教授法，作者亲眼看见的。这分糕的方法，很有教育上的价值，所以就将它来介绍于同志。

　　按以教育的目光看来，这段故事有五个要点。第一，小学教育的功效，一部分要靠着学校和家庭的联络。看多玛的母亲送糕到学校里来，可以晓得她母亲与教师的感情深厚。第二，教育的方法首重启发思想。女士所问的事，表面上看起来，似很平常，却是能引起学生独立的思想。第三，课堂里面的精神，一来靠着先生和学生的感情，二来靠着同学彼此的感情。看这一课的终始，不但教员和学生有感情，就是那同学彼此的感情也很融洽。那堂内一段的和气，实非笔墨言语所能形容的。第四，教育儿童，应当严格的地方便须严格；应当放任的地方，便须放任。美国的教育偏重放任，中国的教育偏重严格。太放任了虽是富于自由，不免溢出范围；太严格了，虽是谨守规则，却有些枯干气味：都不是应当有的现象。柏格罗女士的班上，自由中有规则，规则中有自由。学生既有发言的机会，又能中绳准，真是难得的！第五，善教的人随事寓教，不单是教书就算了。同一生辰送糕，如果遇了不好的先生，他便会驳斥说："学校重地，不准吃糕。"遇了平常的教员，也不过一饱口福就罢了。但是到了好先生的手里，就是一段教育的好材料。

原载1919年3月10日《时报·教育周刊·世界<br>教育新思潮》第3号

## 学生自治问题之研究

我们的行为,究竟应该对谁负责?对于少数职教员负责呢?还是要对于全校负责呢?按着旧的方法,学生有过失,都责成少数职员监察纠正,其弊病有两种:第一种是少数职员在的时候,就规规矩矩,不在的时候,就肆行无忌;第二种是大家学生以为既有职员负责,我们何必多事,纵然看见同学为非,也只好严守中立。这是大多数的学生所抱持的态度。所以一人司法,大家避法。我们要想大家守法,就须使各人的行为,对于大家负责。换句话说,就是共同自治。

我们培植儿童的时候,若拘束太过,则儿童形容枯槁;如果让他跑,让他跳,让他玩耍,他就能长得活泼有精神。身体如此,道德上的经验又何尝不然。我们德育上的发展,全靠着遇了困难问题的时候,有自由解决的机会。所以遇了一个问题,自己能够想法解决他,就长进了一层判断的经验。问题自决得越多,则经验越发丰富。若是别人代我解决问题,纵然暂时结束,经验却也被旁人拿去了。所以在保育主义之下,只能产生缺乏经验的学生;若想经验丰富,必须自负解决问题的责任。

天下不学而能的事情很少。共同自治是共和国立国的根本,非是刻苦研究,断断不能深造。我们举行学生自治的时候,也要把他当作一个学问研究。既要当作一个学问研究,那就有两点要注意:一、同学的切磋;二、教员的指导。有人说,现在中国的职教员对于学生自治问题,素未研究,恐怕未必能指导。这句话诚然,但是还有些意思要注意:一、学校里所有功课,都有教员指导,独于立国根本的学生自治一门,却没有指导,似乎把他太看轻了。二、若校内没有相当的人,办学的就应当赶紧物色那富于共和思想自治精神的教员,来担任此事。三、师生本无一定的高下,教学也无十分的界限;人只知教师教授,学生学习,不晓得有的时候,教师倒从学生那里得好多的教训。所以万一找不到相当的人才，就请职教员和学生共同研究也好。

在这共和的学校当中，无论何人都不应该取那武断的、强迫的、命令的、独行的态度。我们叫人做事的时候，不但要和他说"你做这件事，你应该这样做"，并且要使得他明白"为何做这件事，为何这样做"。彼此明白事之当然，和事之所以然，才能同心同德，透达那共同的目的。

原载 1919 年 10 月《新教育》第 2 卷第 2 期

## 第二节　面向全体

### 为反对中学男女同学的进言

近年因教育机会均等潮流来势甚猛，男女同学问题就应时发生。小学男女同学早已得到社会的许可。现在理论家、实行家和一般人民都是一致赞成的。就是反对男女同学最烈的江苏省议员，对于高初小学男女同学也表示退让（参看《江苏省议会汇刊》第四十九号第二张），所以小学男女同学在中国已到不成问题的地步了。大学初办男女同学的时候，很有许多人反对。国立的北京大学、南京高师相约试行男女同学的时候，一般保守的人直指为洪水猛兽，预言一两年之内必定要闹出大乱子来。但是我们留心观察，三年以来，并未发生什么危险。其实大学男女同学，在中国早已试行。岭南大学、大同学院当国立大学未行男女同学之先，早已办过了，结果都很圆满。继北京大学、南京高师而起的试验，也很顺利。最可喜的是看见当初反对大学男女同学的父母，现在也渐渐地送他们的女孩儿到这些学校里去上学了。不过绝对反对大学男女同学的人还是有的。教育学者的意见虽是一致地主张大学男女同学，舆论上还没有十分一致。但是反对的势力，是已经很薄弱了。初级学校和高级学校的男女同学虽已经到了这个程度，中学男女同学的阻碍还是不易胜过的。中学男女同学还是我们社会吞不下去的一根鱼刺。教育学者的意见也很不一致，一般的人更不必说了。我们看江苏第一中学试行高三（高级中学三年级）男女同学所受的攻击就晓得了。第一中学对省议会的说明和教育部的批文，都是穿着大学预科同等程度的衣服来与反对派相见，对于中学男女同学并没有直截了当的承认。我并不是主张中学男女同学的人。我对于中学男女同学的疑问上所得到的答复，还不能叫我十分满意。但是在这个时候要反对中学男女同学，我有些不忍。

人饿了要吃饭，没有饭吃的时候，树皮草根都是好的，什么糟糠当然是欢迎的了。看见人家逼于饥荒而我只管储蓄米粮，不加救济，心肠似乎太硬了。精神上对于学问的饥荒是一样的难忍。现在小学女毕业生一天多一天，一部分是一定要升学的。若不许男女同桌吃饭，就须另外为女子开一桌饭。既不为女子另外开饭，又不许男女同桌吃饭，是不是要看她们饿死呢？我以为与其反对中学男女同学，不如积极地去提倡多设女子中学，方为真正负责之人。

就我所观察，做父母的对于这件事有三种态度：一是赞成男女同学；二是不赞成男女同学；三是不赞成男女同校，但因为没有相当的女子中学，不得已送女儿到男女同学的学校去求学。我们如果设立女子中学，可以应济第二第三两种需要，我觉得这的确是一个推广女子教育机会的办法。我相信中学男女同学是教育界不得已的办法，决不能单靠他来解决女子中等教育问题。但是女子中学没有充分成立之先，我对于这种不得已的办法是表同情的。

一般人对于男女同学不免有过分的害怕。他们不晓得学校是个团体的生活。一个团体有一个团体的道德观念和权威。个人行动时时刻刻不知不觉地要受他的制裁，一出范围，同群的精神刑罚立至。在学校里不但有教职员，并且有同学相互间的制裁，除非是低能儿，谁愿尝试呢？从前南京高等师范学校试行男女同学的时候，有一位实业家的子弟大加反对。我告诉他说:"试一看府上所办的纱厂,男女工人的道德程度比我们的学生如何?工头的道德程度比我们的教职员又如何?男女同学之纵有危险,总比男女同工要轻得多。如果男女同学有阻止之必要,请先停止你们纱厂里的男女同工。"我这段话语,没有发表过。现在提出来,为的是要请大家对于中学男女同学不要过于害怕。我深信学校里教职员和同学相互的制裁,可以把诸君所顾虑的一万个危险无形中消灭去九千九百九十九个了;况且学校不是别的地方,男女在求学和合作上能发生之高尚关系何止几十几百,诸君所怕的,未必发现;万一发现,纵使不男女同学也是会发现的。诸君如果对于我所说的还有怀疑,就请赶快地提倡多设女子中学;空空地反对,是难达到目的的。

原载 1923 年 1 月《新教育》第 6 卷第 1 期

## 《平民千字课》编辑大意

一、这部书的宗旨是什么?

1. 培养人生与共和国国民必不可少之精神态度;
2. 训练处理家常信札、账目和别的应用文件的能力;
3. 培养继续读书看报领受优良教育之志愿和基本能力。

二、这部书是怎样编的呢?

甲、拟定目标

我们为求比较的正确起见,特为请了几位哲学家、教育家、科学家、政治学家、历史学家把人生和共和国民应有之精神态度分析出来,再由我们选了数十条列为全书的具体目标。这种目标大概不外两类:一是发扬国民性的优点;二是补充国民性的缺点。因为本书篇幅有限,只能顾到精神一方面,至于那无数的常识技能势不能充分包含,只好等到编辑《平民丛书》时再行分别注意。

乙、选定常用字

东南大学教育科和中华教育改进社近年请了陈鹤琴先生主持编辑字汇。陈鹤琴先生用了一年半的功夫做了一本"字汇"，在一百万字当中发现一百零一次以上的字有一千一百六十五个字。我们虽然没有把这一千一百六十五个字完全编入，但是这部书里面常用字之最大的来源就是这些字。

丙、每课之组织

1. 每课生字以十个至十三个为度，间有十四个的，系由于检查之误，发觉时已经难改了。这部书注重在课内运用生字，那在课内没有机会充分运用的字就提出来。依据复习原则，特别复习详细。方法在《教师指南》里说明。我们既是要培养继续读书看报和领受优良教育之基本能力，就不得不特别重视读的一方面，使学生对于领会力能够充分发达。至于写的一方面固然要教，但不是我们主要的目的。我们更要承认"写"也是帮助"读"的一个法子。如果时间充分，固然可以读写并重，无奈时间很短，写字稍有门径，即可自习；读时非充分训练不能达到自学的目的。这是我们偏重"读"的几种理由。这条道理应用在实际上的时候有两点：一是教学法，这点姑且不论；二是支配生字之次第。生字有难写难认的，有易写易认的。我们既定了重视"领会"的方向，我们就可以不照写字的难易分次第了。易写易认的字当然要尽先学习，就是难写易认的字，也不妨叫他早些出现。不过认之难易与写之难易还是凭着主观和自己的经验去判断的。以后修改课本之前，对于认字、写字之难易，定要有一番缜密的试验。

2. 分量依据经验。本书为适应学者之经验起见，做了一个大胆的试验，这试验就是打破国民学校教科书的限制。本书每课的生字和课文比我们平常所想的要丰富得多。我们深信青年虽不识字，但是他们的经验是很丰富，只要书上所写的是他们已经会说的，只管多多地发挥并无妨碍。我们的问题是依据大家讲得出听得懂的，把他写出来，使他会看会写就是了。付印的时候，已经有了三班两星期的试验，尚未发现多大困难。原想多设班次作较长期的试验，无奈南京开课在即，不得不急急付印。至于更加正确的试验，只好等到后来了。

3. 性质依据切身及共同需要。这部书所选的教材，一方面极力顾到一般人民切身的需要，使教育成效可以速现，并使一般人民对于教育之信仰可以坚固；一方面顾到全国共同的需要，偏于一方面的从缺；但虽为一方的情形，而彼此有交换沟通了解之必要的，也是要顾到的。

4. 运用文法的变化。这部书虽不教文法，但是中国国语文法的种种重要变化都包含在里面，使得学生后来遇着这种文法可以了解。

5. 内容采用《平民文学》这部书，注重平民文学。除通常应用之书信、账目、契据、字条、单帖外，还加入平民诗歌、故事，培养他们的欣赏力并陶冶他们的性情。

6. 图画指示全课要义。图画是辅助了解课文和引起学习兴味的工具。我们要尽力使图画符合课文的精神并充分包含课文的情节；我们还希望借图画逐渐地培养些美术观念。

三、这部书是为谁编的？

这部书是特为十二岁以上不识字的人民编的，所以对于这些人最为合用。年龄小些老些的人也可学，但是要觉得困难一点。如果符合这个年龄的标准，就是在私塾里读过书的学生，再读这种课本也是很有益处的。不过头一本要学得快些。

四、这部书要多少时候才教得了？

这部书一共四本，每本二十四课，共计九十六课。每天大约用一点钟就教得了。每天上一课，只要十六个星期就可以把全书学了。

原载 1923 年 10 月 22 日《申报·教育与人生》第 2 期

## 创设乡村幼稚园宣言书

依我看来,现在国内的幼稚园害了三种大病:一是外国病。试参观今日所谓之幼稚园,耳目所接,哪样不是外国货?他们弹的是外国钢琴,唱的是外国歌,讲的是外国故事,玩的是外国玩具,甚至于吃的是外国点心。中国的幼稚园几乎成了外国货的贩卖场,先生做了外国货的贩子,可怜的儿童居然做了外国货的主顾。二是花钱病。国内幼稚园花钱太多,有时超过小学好几倍。这固然难怪,外国货哪有便宜的。既然样样仰给于外国,自然费钱很多;费钱既多,自然不易推广。三是富贵病。幼稚园既是多花钱,就得多弄钱,学费于是不得不高。学费高,只有富贵子弟可以享受他的幸福。所以幼稚园只是富贵人家的专用品,平民是没有份的。

我们现在所要创办的乡村幼稚园,就要改革这三种弊病。我们下了决心,要把外国的幼稚园化成中国的幼稚园;把费钱的幼稚园化成省钱的幼稚园;把富贵的幼稚园化成平民的幼稚园。

原载 1926 年 10 月 29 日《新教育评论》第 2 卷第 22 期

## 第三节　理解包容

### 女师大与女大问题之讨论

教育当局前以政治势力和主观意见将女子师范大学一改而为女子大学,那时教育界曾请收回成命,奈因事已定局,不易挽回,至为可惜。今女子师范大学果以累月奋斗之精神于十一月三十日取女子大学而改之,此可见凭借政治势力及主观意见,在教育界开创之局面是最不稳固的。种如是之因,得如是之果,百无一失。此次女子师范大学之改革只是给大家多加一次教训与警告而已。

国人所望于女子师范大学的，不仅在更换校名而在实事求是。女子师范大学学生除修习基础学科外，应具之要项有四。一、信仰国家教育事业为主要生活。二、愿为中学教员者对于中学生之能力需要应有彻底之了解；那愿为师范学校教员者，于中学生外，还须了解小学生之能力与需要。三、对于将来担任之功课须有充分的准备，这准备包含中小学所需之教材、教法之研究，实习和参观。四、各人一举一动，一言一行，都要修养到不愧为人师的地步。此次改革好比是拿老题目做文章。诸君既已拿了得意的题目，最要紧的就是要做一篇切题的文章，创造一个名实相符的女子师范大学。

但现在石驸马大街十八号里面，不像从前那样单纯。除女子师范大学学生外，还有新招之女子大学学生。她们是为进大学来的，她们不是为进师范大学来的，她们的求学目的也是不应当轻易变动的。她们的题目是女子大学，她们应当有个机会做篇切题的女子大学的文章。当学生的不应当强人从己，也不应当舍己从人。女子大学是应得设法保存的。

原载 1925 年 12 月 11 日《新教育评论》第 1 卷第 2 期

## 法拉第

一位小朋友看了《爱迪生之死》之一篇谈话中提及了法拉第（Michael Faraday）是发电机之发明者，便要我多告诉他一些关于法拉第之事迹。这是我所愿意答复的，比看活动影戏还愿意。

法拉第生于公元一七九一年，死于一八六七年，活了七十六岁。他在四十岁的时候（一八三一年十月十七日）发现了发电机的原理。有了发电机之原理之发现，爱迪生这些人才能运用来创造电灯、电车、电话以及种种电力机械。世界上的人是知道爱迪生的多，知道法拉第的少。法拉第以前，电这样东西只可算是一个科学的把戏。自从法拉第发明发电机以后，这世界的颜色乃为之一变。法拉第无疑的是电化世纪之开山祖师。

法拉第的父亲是一位铁匠，以为上学不上学与打铁无关，始终没有给法拉第进学校。在十三岁的时候，法拉第开始跟着利波（Riebau）做徒弟学订书。这个工作他学了七年。徒弟中要算他奇怪。他是一面订书，一面读书，书订好了，也就读好了。利波是一位有见识的师傅，从来不阻止徒弟看书。这时期里他装订过一部《百科全书》，书里有一篇论文，题目是《电》，他一口就把它吞下肚子。他说这奇怪的电，用不着多少时间去读，因为电的道理不知道的还多着咧。他从此便抱了一个宏愿要向电进攻。他还遇了一本化学的实验，也被他吃了。他把省吃俭用余下来的钱一起买了仪器药品，干那化学的把戏。一天，他听说皇家研究所享盛名的化学家兑斐（Davy）要在伦敦公开演讲。适有一位顾客来，他问这位顾客可否做个东请他到伦敦去听演讲。这位顾客满口允许，买了四张入场券送他。法拉第便进城听讲，一面听，一面记下来。回店后，他写了一封长信给兑斐，将笔记附去给他看，要求一见。兑斐回信请他去谈，他大胆要求兑斐在皇家研究所给他一些工作做，使他可以学科学。这大胆的请求，在一个月后是慷慨地允许了。从此法拉第便以每星期二十五先令之工资做兑斐的助手。这是法拉第一生的大关键，也是世界学术上一个大关键。

法拉第，发电机，电化世界，统统都是从一个手脑双用的订书徒弟那儿来的。

原载 1931 年 10 月 31 日《申报·自由谈》

## 第四节　鼓励引导

### 学生的精神

知行此次因全国教育联合会事来湘，今天得与诸君见面，这是很愉快的。知行是世界的学生，诸君是学校的学生，今天是以学生资格，对诸君谈话。有些议论，也许诸君是不愿听的。但是"忠言逆耳利于行"，诸君或者能够原谅。

我现在要讲的题目，就是《学生的精神》。在我未说这题目之先，有点意思对诸君说一说：现在中国许多学生及一般教员，有一个很大的通病，就是容易"自满"。不论研究何种学科，只有相当的了解，即扬扬自得、心满意足。尤其是在过教员生活的，觉得自己处在教师地位，不必再去用功研究了。中国"四书"上有两句话说："学而不厌，诲人不倦。"这真真千古不灭的格言，并且是两句不能分开的话。因为要"学而不厌"，才能够做到"诲人不倦"。例如我们来教一班小学生，倘若自己全不加以研究，只照着别人编的书本，自己抄的老笔记，依样画葫芦地教去，当学生的，固然不能受多大的益，当教师的，也觉得不胜其烦，没有多大的趣味。如是的粉笔生涯，不能不厌烦了。倘若当教师的，自己天天去研究，有所得的，即随时输之于学生，如此则学生受益较多，即当教师者，也觉得有无穷的乐趣。所以学生求学，固然要"学而不厌"，就是当了教员，还是要继续地"学而不厌"。这可说是我现在要讲的"学生精神"的先决问题。

现在开始来讲《学生的精神》了。学生精神，大约分之为三点：

（一）**学生求学须具有科学的精神**　我们不论研究什么学科，总要看一个明白，想一个透彻，多发些疑问，切不可武断盲从。例如别人要我们信仰国家主义，我们必须明了国家主义的内容是否合于现代社会，才定信仰不信仰的方针。其他，社会主义亦然，无政府主义亦然……尤其我们研究科学之时，碰到一个问题来了，"知之则知之，不知则不知"。因为我们自己知道自己不知的地方，那还有能够知道的一日；倘若不知的而认以为知，那么，不知道的，终究没有知道的日子了；还可说是自己斩断自己求学的机能。所以我们学生求学，第一步就要有科学的精神。

（二）要改造社会必具有委婉的精神　我们在任何环境里面做事，不可过于急进。譬如园丁栽花木，倘只执一镰斧，乱砍荆棘，我相信花木，亦必随之而受伤。务须从旁着想，怎样才能使荆棘去掉，那么，非用委婉的功夫不可。改造社会，也是一样，尤其是我们学生，因为是领导民众的中坚分子，倘用乱刀斩麻的手段，必引起一般民众起畏惧之心，怎样还讲得社会改造？所以我们要社会改造，也需要用委婉的精神，走到民众前头，慢慢地领他们向前走，并且还要告示他们向前走的方法。如此才有社会改造的希望。不然，任你如何轰轰烈烈倡社会改造，社会还是不能改造的。

（三）应付环境必具有坚强人格和百折不回的精神　我们处在任何环境里面，必抱有坚强人格，不可自由摇动，尤其到了利害生死关头之时，必富有"富贵不能淫，贫贱不能移，威武不能屈"的气概。这才算得一个真正的大丈夫，真正的国民。现在中国一班学生——其实不仅是学生——在普通情形的时候，各人的性格，好像没有多大的区别。但到危急存亡利害相冲的关头，就看得清清楚楚，各人露出自己的本来面目。中国民众的不能团结，这就是一个很大的原因。所以我们处在任何的环境里面，坚强不摇的人格及不屈不挠的精神，决不能少的，尤其在我们学生时代。我现在要举一段历史例子给诸君听，就是明朝的方孝孺先生，当燕王棣篡位之时，使他草《即位诏》，他大书"燕王篡位"四字，因此被夷十族。当燕王篡位之时，势力胜过现在的任何军阀，但不能压迫方先生一笔锥。可见方先生的人格及不怕死的精神，真令人钦佩而尊敬，亦可证明读书人不可忘掉气节。

学生的精神，大概分为上列三点。我觉得在今日的学生中，亟宜注意的。因时间仓卒，说得不周到处，请诸君原谅！

原载 1925 年 12 月 1 日《民国日报》

## 评陈著之《家庭教育》（书评）
### ——愿与天下父母共读之

此书为东南大学教育科丛书之一，系近今中国出版教育专书中最有价值之著作。全书分十二章，立家庭教育原则一百零一条。前两章述儿童心理及普通教导法，为提纲挈领之讨论；后十章都是拿具体的事实来解释各项建议之涵义。在这书里，小孩子从醒到睡、从笑到哭、从吃到撒、从健康到生病、从待人到接物的种种问题，都得了很充分的讨论。这些讨论对于负家庭教育责任的，都有很具体的指导。

书中取材的来源不一，但有一个中心：这中心就是陈先生的儿子一鸣。著者在《自序》中曾声明各项材料之来源，但未指明一鸣就是这本书之中心人物。倘使我们把这本书从头到尾读他一遍，就觉得这是无可怀疑的。一百多条举例当中，在一鸣那儿来的，就占了七十三条之多。其余的事实只可算为陪客。陈先生得了这个实验的中心，于是可以把别人的学说在一鸣身上印证，自己的学说在一鸣身上归纳。据他自己所说，我们晓得《佛戴之教育》（*The Education of Karl Witte*）一书对于他研究家庭教育这个问题是很有影响的。佛戴小时通五国方言，九岁进大学，十四岁得哲学博士，十六岁得法律博士并任柏林大学教授：都是他的父亲大佛戴的教育理想之实现。一鸣就是陈先生的佛戴，《家庭教育》一书就当作《一鸣之教育》看也是可以的。

郑宗海氏的《序文》上说："我阅过之后，但觉珠玑满幅，美不胜收。有数处神乎其技，已臻乎艺术的范域。"这种称赞并不过分。我现在要举一两个例来证明陈先生的艺术化的家庭教育。当他讨论游戏式的教育法时，他举了下面一个例：

"今天（十三年四月十八日）下午我手里拿着一只照相机，叫我的妻子把我们的女儿秀霞放在摇椅里。预备要替她拍照的时候，一鸣就捷足先登，爬到椅子里去，也要我替他拍照。我再三劝告他，他总是不肯。后来，我笑嘻嘻地对他说：'一鸣！你听着！我叫一、二、三；我叫'三'的时候，你就爬出来，爬得愈快愈好。'他看见我同他玩，也很高兴地答应我。歇了一歇，我就一、二、三地叫起来，说到'二'的时候，他一只足踏在椅子的坐板上，二只手挨在椅子边上，目光闪闪地朝我看着。等我说到'三'的时候，他就一跃而出，以显出他敏捷的样子。"（《家庭教育》三五面）

一鸣三岁大的时候，陈先生要一鸣把东西玩好以后，整理好放在原处。一鸣不依，他就想了下面说的一个法子：

"后来我对他说：'我帮助你一同弄。'我就'海荷''海荷'地叫着，替他整理起来；他看见我已经替他整理好，也'海荷''海荷'地叫着，把书籍搬到他的书架上去了。"（《家庭教育》七六面）

他讨论小孩子为什么怕，为什么哭的时候举了两个例，也可以显出他神乎其技的教育法：

"我同一鸣（一岁零十个月）在草地上游玩的时候，他看见一只大蟾蜍，就举起手来向着后退，并且喊叫说：'咬！咬！'我走过去，在地上拾了一根棒头轻轻地去刺着那只蟾蜍说：'蟾蜍你好吗？'后来他拿了我的棒头也去刺刺看，但是一触就缩回，仍显出怕的样子，但比当初好得多了。"（《家庭教育》九五面）

"有一天，我带一鸣（一岁零三个月）到东大附小去看小学生做戏。做戏的小学生们共有三百多人，戏做得很好，观戏的人大家都鼓掌。在这个当儿，小孩子应当发生惧怕，但我一抱一鸣进门，就笑嘻嘻地对他说：'你看这里许多小孩子。'后来看到小孩子要鼓掌的时候，我就对他说：'我们也来拍掌。'他一听见小孩子拍掌，也就欢欢喜

喜地鼓起掌来。"(《家庭教育》九五面)

父母不会教养,小孩子不晓得要冤枉哭多少回。在这种家庭里面,小孩子早上醒了要哭,吃乳要哭,穿衣服要哭,换尿布要哭,洗脸要哭,拭鼻涕要哭,看见生人要哭,喊人抱要哭,讨糖吃要哭,跌了要哭,睡时脱衣服要哭,一天平均总得要哭十几回。估计起来全中国六岁以下的小孩子每年流的眼泪该有两万万斤。如果做父母的肯像陈先生这样细心教导儿童或是采用陈先生的教导方法,我敢说,小孩子的眼泪是可以省掉百分之九十九的。

陈先生写这本书有一个一贯的主张。这个主张就是做父母的对于子女的教育应有一致的措施。中国家庭教育素主刚柔并济。父亲往往失之过严,母亲往往失之过宽。父母所用的方法是不一致的。虽然有时相成,但流弊未免太大。因为父母所施方法之宽严不同,子女竟至无所适从,不能了解事理之当然。并且方法过严则易失子女之爱心,过宽则易失子女之敬意。这都是父母主张不一致的弊病。陈先生此书所述各种教育方法,或宽或严,都以事体的性质为根据,不以施教育的人为转移。他和他的夫人对于一鸣的教育,就是往这条路去走的。我们看他教一鸣,觉得他是个母亲化的父亲,姊姊化的父亲,但他从没有失掉父亲的本色。

这本书出来以后,小孩子可以多发些笑声,父母也可以少受些烦恼了。这本书是儿童幸福的源泉,也是父母幸福的源泉。著者既以科学的头脑、母亲的心肠做成此书,我愿读此书者亦务须用科学的头脑和母亲的心肠去领会此书之意义。我深信此书能解决父母许多疑难问题,就说他是中国做父母的必读之书,也不为过。这本书虽有许多贡献,但还是初步试验的成绩。有志儿童幸福者,倘能拿此书来做个基础,再谋进一步的贡献,那就更是我们所希望的了。

原载1925年12月11日《新教育评论》第1卷第2期

## 第五节　珍才惜才

### 小朋友是民族未来的巨子

譬如"朝"字，是"十月十日"，是国庆纪念日，同时又有早晨的意思。早晨鸡叫了，大家起来，起来打倒日本帝国主义！……又如"春"字，代表的是春风奏乐，花儿跳舞。看见春，也就看到了中华民族的希望。将"春"分成三部分来看，便是"三""人"和一个"日"字，也便意味着不分男女老幼，大家联合起来反抗侵略，可以将日本帝国主义打倒！

过去许多人，以为小孩子没用，只供养他们，不给他们教育，或者给他们死书去读，不使他们了解社会生活，这些看法，都是错误的。如果今天拿来教小孩子，那更是有害的。……台儿庄抗战时，小孩子们怎样帮助军队抗战的事情，证明小孩子不单勇敢可爱，而且如果加以教育和训练，他们会在抗战中发生很多战胜敌寇的作用。

小孩子都是将来的主人，战胜敌人的后备军，建国时代的战斗员。目前小孩子所受的教育，应该是工学的教育，应在各地建立难童的工学团。工便是养活自己，学是了解自己，而团便是保护自己。……小朋友们，诸位将在抗战中，在炮火下，成长为中华民国的巨子！

原载1938年11月6、7日重庆《新华日报》

### 争取时间

实行愚民政策的人是不要我们看，不要我们想，不要我们干。他们发明了一个巧妙的毒计。这巧妙的毒计就是叫我们忙、忙、忙，忙得没有功夫去看我们自己要看的事情，忙得没有功夫去想我们自己要想的问题，忙得没有功夫去干我们自己要干的工作。

对于学生，他们挂的招牌是"埋头读书""管理有方""加紧训练""功课认真"。他们用的策略是在老的功课里，挤进所谓之"非常学科"，而所谓之"非常学科"，还是用老的法子教。这样一来，平常每天六小时的功课就变成七小时、八小时，甚而至于九小时、十小时，我们都遇见过。并且是关在学校里，如同关在模范监狱里，要一星期、两星期，甚至一个月才许出校门一次。还有周考、月考、学期考、毕业考、会考、升学考，简直是把学生们忙得连觉也没有功夫睡，还有功夫去做救国的工作吗？还有功夫去唤起大众，一齐来做救国的工作吗？

原载 1936 年 7 月 1 日《生活教育》第 3 卷第 9 期

## 儿童保育问题

这些难管的小孩，有时是被称为劣童或者被称为坏蛋。怎样解决呢？（一）难管的孩子多半不是劣童，也不是真正的坏蛋，这一个态度要立定，否则你主观上咬定他是劣童则一切措施都错，便愈管愈难管了。（二）仔细考虑他所以难管的原因，在源头上予以解决。例如发明电灯的爱迪生，是被先生以坏蛋的罪名不容于学校。但他的母亲知道他不是坏蛋，而是欢喜弄那先生不高兴的毒药而玩化学的把戏。（三）体力充足，无法发泄的，有时捣乱，可多给他一些机会劳动或干体育游戏。（四）先生也得检讨自己的功课教法是否合乎学生的需要程度。（五）即使是真正的坏蛋，我想开除出去，无人指导，更要变坏，倒不如运用团体制裁，以纠正其过失。而且团体若有办法，则有少数捣乱分子，可以培养团体中大多数人之抗毒素。（六）此外还有身心上有了缺陷的小孩，那是要医生及心理专家医治。（七）曾经受过特殊折磨而起了对人之反常态度，则先生及同学之同情照顾为不可少。

原载 1940 年 2 月 10 日《战时教育》第 5 卷第 7 期

第三编

# 为事的大先生

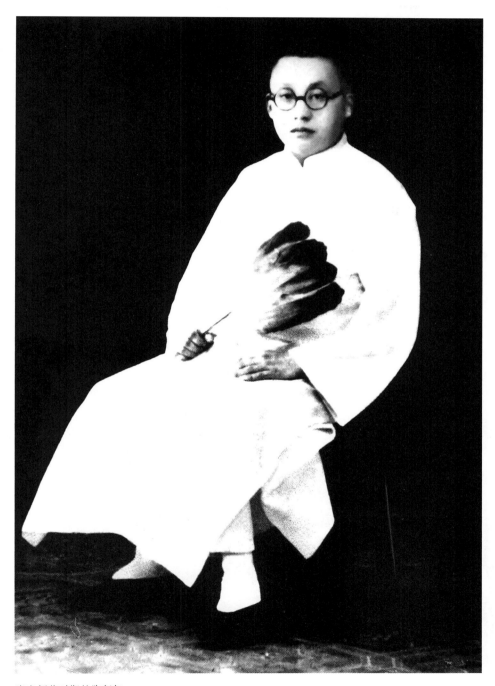

晓庄师范时期的陶行知

李公朴题"社会大学"

小先生教邻居小孩读书

方与严在《普及教育》副刊上发表《社会大学开学》一文（1946年1月初，社会大学在重庆开学。陶行知任校长，李公朴任副校长）

陶行知作《民之所好》诗

陶行知的《普及教育》论文集

小先生走上讲台教课

社会大学部分学生合影

## 第六章　推动师范教育

### 师范生的第一变
#### ——变个孙悟空

教育是什么？教人变！教人变好的是好教育。教人变坏的是坏教育。活教育教人变活。死教育教人变死。不教人变、教人不变的不是教育。

师范教育是什么？教学生变成先生。先生是什么？自己会变而又会教人变的是先生。师范生不是别的，是一个学变先生的学生。

自古到今，从东到西，我找来找去，只找着一位差不多可以比得上这学变先生的学生。你猜是谁？是那保唐僧上西天取经的孙悟空！

你们别瞧不起老孙。他那大闹天宫的天界革命功劳我且不提，只说几桩与你们最有关系的事迹。

第一件，他有目的，有远虑，有理想。他做了美猴王，还是烦恼。众猴对他说："大王好不知足！我等日日欢会，在仙山福地，古洞神洲，不伏麒麟辖，不伏凤凰管，又不伏人王拘束，自由自在，乃无量之福，为何远虑而忧也？"他说："今日虽不归人王法律，不惧禽兽威服，将来年老血衰，暗中有阎王老子管着，一旦身亡，可不枉生世界之中，不得久住天人之内？"所以他存心要"学一个不老长生，躲过阎君之难"。这是他所抱的目的。师范生的目的何在？我想美猴王如果做了师范生，他必定也是烦恼。如有人问他为何烦恼？他一定是这样回答了："今日虽为双料少爷，事事有听差服侍，先生照应，只管教学，可以不做，将来双手无能，误人子弟，暗中有帝国主义老子管着，一旦教人做奴隶的，自己也做了奴隶，可不枉生世界之中，不得久住主人之内！"

第二件，他抱着目的去访师。他所住的水帘洞是在东胜神洲傲来国花果山。为着要"躲过轮回，不生不灭，与天地山川齐寿"，他便飘洋求师，飘到南瞻部洲，又渡西洋大海，才到西牛贺洲，因樵夫指引，找到灵台方寸山中的斜月三星洞，遇着须菩提祖师，算起来已是花了十几年光阴了。无论哪个现代留学生也没有像他这样诚恳了。教师多于过江鲫，谁能教人达目的？如果美猴王做了师范生，他必定要找一位能达他的目的的老师。不能达他的目的的老师，他是不要的。空口说白话，能教不能做的老师，他也是不要的。他又是一位大公无私的好汉。他飘洋求师，不是为着他一个人的长生不老。他所求的是猴类大家的幸福。你看他在生死簿上，把猴属之类但有名者，一概勾之；得了瑶池之玉液琼浆，也是拿回洞来大家吃。他的目的是，老孙、二孙、三孙、细孙、小孙——一家孙、一国孙、一窝孙，一个个长生不老。如果他是师范生，他决不访那教人做奴隶的老师，也决不访那教少数人做主人多数人做奴隶的老师；他所要访的是教一家人、一国人、一世界人，个个做主人的老师。

　　第三件，他抱着目的求学。孙悟空在斜月三星洞住了好久，一日，须菩提祖师登坛讲道，问他说：“你今要从我学些什么道？”悟空道："只要有些道儿气，弟子便就学了。"祖师道："道字门中有三百六十旁门，旁门皆有正果，不知你学那一门哩？……我教你个术字门中之道，如何？"悟空道："术门之道怎么说？"祖师道："术字门中，乃是些请仙扶鸾，问卜揲蓍，能知趋吉避凶之理。"悟空道："似这般可得长生么？"祖师道："不能！不能！"悟空道："不学！不学！"祖师又拿"流字门""静字门""动字门"中之道问他学不学，他总是反问道："似这般可得长生么？"祖师道："不能！不能！"他便说："不学！不学！"祖师闻言，咄的一声，跳下高台，手持戒尺，指定悟空道："你这猢狲，这般不学，那般不学，却待怎么？"走上前，将悟空头上打了三下，倒背着手，走入里面，将中门关了，撇下大众而去。悟空心中明白，这是祖师暗示叫他三更时分从后门进去传道。悟空当夜依着暗示进去，果然得着长生之道，还学了七十二套地煞变和一翻十万八千里的筋斗云。

　　由此可见，孙悟空不是一个糊涂的学生。他抱着一个"长生不老"的目的而来，必定要得到一个"长生不老"的道理才去。凡是不合这个目的的东西，他一概不学。学做先生的道门中有几多旁门，我可不知道，可是现在通行的一个，便是"讲"字门，大家好像都以为这讲字门中有正果可找。假使孙悟空做了师范生，教员问他说："我教你个讲字门中之道，如何？"悟空必定问："讲门之道怎么说？"教员说："讲字门中，乃是些上堂下课，高谈阔论，好比一部留声机器。"悟空必定要追问到底，如果不能达到他的大目的，他的断语也必定是："不学！不学！"

　　我们做学生的当中有多少是像孙悟空这样认真的啊？

　　变吧！变吧！
　　变个孙悟空，
　　飘洋过海访师宗。
　　三百六十旁门都不学，
　　一心要学长生不老翁。
　　七十二般变化般般会，
　　翻个筋斗十万八千里儿路路通。
　　学得本领何处用？
　　揭起革命旗儿闹天宫。
　　失败英雄君莫笑，
　　保个唐僧过难亦威风。
　　降妖伏怪无敌手，
　　不到西天誓不东。
　　请看今日座上战斗佛，
　　岂不是当年人人嘴里的雷公？

　　师范生要变做孙悟空的道理是说明白了。但是既有孙悟空，便有唐三藏。师范生变了孙悟空,那唐僧推谁去做呢?师范生的唐僧是小朋友。师范生应该拜小朋友做师傅,也如同孙行者的本领比唐僧大倒要做唐僧的徒弟。小朋友是我们的总指导。不愿受小朋友指导的人不配指导小朋友。唐僧向西天取经,经过了八十一难,若不是孙悟空保驾,也不知死了几十次,哪能得到正果?小孩子学着做人,一身遇着的病魔、恶父母、坏朋友、假教员,个个都是吃人的妖怪,差不多也好比是唐僧的八十一难。若没有孙悟空的心术和本领的师范生保驾,不死于病,必死于亲;不死于亲,必死于友;不死于友,也必死于老师之手了。还能望他成人为民族人类谋幸福吗?

老孙!老孙!
校长招你来,
当个师范生。
西天保谁去取经?
小朋友是你的唐僧。

原载1931年4月15日《师范生》第1期

## 师范生的第二变
### ——变个小孩子

"小孩子懂得什么?"

在这个态度下,牛顿是被认为笨伯,瓦特是被认为凡庸,爱迪生是被认为坏蛋。

您若想在笨伯中体会出真牛顿,在凡庸中体会出真瓦特,在坏蛋中体会出真的爱迪生,您必得把自己变成一个小孩子。

您若不愿变小孩子,便难免要被下面两首诗说着了:

（一）
你这糊涂的先生！
你的学堂成了害人坑！
你的墨水笔下有冤魂！
你说瓦特庸。
你说牛顿笨。
你说像个鸡蛋坏了的爱迪生。
若信你的话，
哪儿来火轮？
哪儿来电灯？
哪儿来的微积分？
（二）
你这糊涂的先生！
你的教鞭下有瓦特，
你的冷眼里有牛顿，
你的讥笑中有爱迪生。
你别忙着把他们赶跑。
你可要等到，
坐火轮，
点电灯，
学微积分，
才认他们是你当年的小学生？

倘使被这两首诗说中，那是多么可悔恨的一件事啊！
"小孩子懂得什么？"
小孩子是再大无比的一个发明家。生下地一团漆黑，过不了几年，如果没有受过母亲、先生和老妈子的愚惑，便把一个世界看得水晶样的透明。他能把您问倒。这有什么羞耻？倘使您能完全回答小孩子的问题，便取得一百个博士的头衔也不为多。

您不可轻视小孩子的情感！

他给您一块糖吃，是有汽车大王捐助一万万元的慷慨。他做了一个纸鸢飞不上去，是有齐柏林飞船造不成功一样的踌躇。他失手打破了一个泥娃娃，是有一个寡妇死了独生子那么悲哀。他没有打着他所讨厌的人，便好像是罗斯福讨不着机会带兵去打德国一般的怄气。他受了你盛怒下的鞭挞，连在梦里也觉得有法国革命模样的恐怖。他写字想得双圈没有得着，仿佛是候选总统落了选一样的失意。他想您抱他一忽儿而您偏去抱了别的孩子，好一比是一个爱人被人夺了去一般的伤心。

人人都说小孩小，
谁知人小心不小。
您若小看小孩子，
便比小孩还要小！

未来的先生们！忘了你们的年纪，变个十足的小孩子，加入在小孩子的队伍里去吧！您若变成小孩子，便有惊人的奇迹出现：师生立刻成为朋友，学校立刻成为乐园；您立刻觉得是和小孩子一般儿大，一块儿玩，一处儿做工，谁也不觉得您是先生，您便成了真正的先生。您立刻会发现小孩子的能力大得很：他能做许多您不能做的事，也能做许多您以为他不能做的事。等到您重新生为一个小孩子，您会发现别的小孩子是和从前所想的小孩子不同了。

我们必得会变小孩子，才配做小孩子的先生。师范学校的同学们！小孩子变得成功便算毕业；变不成功，休想拿文凭！

我们却要审查一番，这第二变的小孩子与那第一变的孙悟空有无重复。师范生既然会变孙悟空，那么凡是孙悟空所会变的，师范生都能变了。现在留下的问题是："孙悟空可会变小孩子？"我们调查他的生平，他只能变一个表面的小孩子，而不能变一个内外如一的小孩子。他在狮驼洞曾经变过一个小钻风，被一个妖怪察觉，"揭起衣裳看时，足足是个弼马温。原来行者有七十二般变化，若是变飞禽、走兽、花木、器皿、昆虫之类，却就连身子滚去了。但变人物，却只是头脸变了，身子变不过来，果然一身黄毛，两块红股，一条尾巴"。所以：

儿童园里无老翁；
老翁个个变儿童。
变儿童，
莫学孙悟空！
他在狮驼洞，
也曾变过小钻风。
小钻风，
脸儿模样般般像，
拖着一条尾巴儿两股红！

原载 1931 年 5 月 15 日《师范生》第 2 期

## 关于师范教育的意见

兹就近年调查所得，提出意见：

**1. 师范学校** 现在师范多设在城市，因之乡村受益少。因乡下学生入师范后，都不愿在乡下做事而愿在城市做事。我以为有好多师范学校，应当设在小的镇上，一方面宜可与乡下的环境相接近，一方面要有实地教学的机会。中国的农民，占百分之八十五，设立师范学校，宜顾全农家子弟。

2. **师范课程** 现在初级师范生多在高小服务，是否应该适应高小需要，于三、四年级，略为分类，此很可研究。

3. **教材教法欠研究** 师范学校担任专科的教员，应注意各科教材教法。

4. **师范实地教学** 每人自三小时至百四十四小时，宜订标准。

5. **为推广教师起见，中学校中似宜设师范组** 因实际上中学毕业充当教员者甚多，不学而教，是否合宜？

原载 1922 年 4 月《新教育》第 4 卷第 4 期

## 师范教育之新趋势

教育是立国的根本。师范学校负培养改造国民的大责任，国家前途的盛衰，都在他手掌之中。既有这种责任，那得不观察教育的新趋势，谋进步的教育！

要造成适当的国民，须有适当的教员。譬如裁缝制衣，一定要估量身材的长短肥瘦，还要知道人们的心理，然后配以适当的颜色。所以不但和身体有关，和精神亦很有关系。相传明朝有个御史，请裁缝做衣，裁缝问："你是第一年的御史，是第二年的御史，还是第三年的御史？"他为什么要这样问？因为第一年趾高气扬，衣服必定要前长后短，方始合度；第二年稍知事故人情，要前后等长；第三年更进步了，格外虚心静气，背也曲了，所以要后长前短。办师范教育，也当作如是观。换言之，就是要合社会的应用。不过从"用"上面，就有两个问题发生：甲、够用不够用，是讲他的数量；乙、合用不合用，是讲他的性质。

**甲、够用不够用的问题** 就是议论师范学校究竟要造就多少人才方才够用。这可分两层讲：

（1）假定我国人口是四百兆，有八十兆是学龄儿童，就当有二百万教员（每人教四十个学生）。现在只有十八万五千，不过占十三分之一。缺少的数目很大，就应该怎样去增加呢？

（2）人口依几何级数增加，教员也当增加。还有因病而死的，因他种关系而改业的。如女子出嫁，教员便做不来。这样的变换，教员的数目，也就要减少。据日本人调查，十七个教员中须有一人补他的缺，要达"够"的目的，真是不容易呵！但这不是师范学校单独的责任，社会、国家和教育机关都应负责的。

**乙、合用不合用的问题** 师范教育的趋势，在能改进不合用的，变成合用的；改进合用的，变成更合用的。这种向着合用走的几个趋势，就是新趋势。现在分条来说明：

（1）**乡村教育和城市教育** 乡村教育不发达，可说已达极点。我国人民，乡村占百分之八十五，城市占百分之十五。就是有六千万人居城，三万万四千万人居乡。然而乡村的学校只有百分之十。这种城乡不平均的现象，各国都不能免，但是我国的乡村，未免太吃亏了。恐怕也非城市人的福哩！至于教材方面，乡村和城市也大不同。例如电灯、东洋车等，在城市是常见的，但在乡村的学校里要教起这许多材料来，就很困难了。还有放假一层，乡村和城市也不同。什么蚕假、稻假咧，哪里能够把部定章程来束缚他！现在的师范学校都设在城市，连教授方面，也是重城轻乡。此后亟当想法，怎样才可以使乡村的儿童受同等的知识，享同等的待遇，这就是师范教育的一个新趋势。

（2）**研究小学教材** 现在的师范学校，大都是中学校的变形，不过稍加些教育学、教授法罢了。毕业以后，就拿这些教材去教学生，恐怕还是门外汉呢！所以师范生在观察要用怎样的小学教材，就怎样去学。一方面要学"学"，一方面要学"教"。这又是一个新趋势。

（3）**培养特长的人才** 现在的人以为师范生要件件都能。这却不对。高等科和国民科不同，普通科和特殊科又不同。师范教育，当发展各人的特长，以适合社会上的需要。例如江苏省立第三师范学校的分科研究制，是很好的师范教育。

（4）**扩充师范学授**　现在师范学校，平均每校二百人左右。教育部规定至多不得过四百人。但是在欧美诸国，大都每校在千人以上。可见"大师范学校"，是吾国很需要的。

（5）**添加新功课**　社会上有新的需要，就当添加新的功课去适合他，指导他。现在社会问题很纷乱，社会学应当增加了。又因为科学的发达，各种学问，注重分析。所以虚泛的、理论的心理学不够用，儿童心理学和心理测验一定要增加了。仅讲些教育史、教育哲学也不够了，教授法、管理法……一类的实际学问，也须重新研究了。总之，社会的新需要没一定，增加的新功课也当随之而异。

（6）**师范和附属小学宜格外密接**　附属小学不但是实习的地方，简直是试验教育原理的机关。教育原理不是一成不变的，天天去研究，就天天有进步，天天有革变。所以附属小学是"教育学的实验室"，和别的实验室一样的。

（7）**师范学校有继续培养的责任**　内地有许多师范学校，对于毕业生毫不关心。这是最不好的现象。当知毕业是局部的，暂时的。学生固不可从此不学，教员也不当从此不教。所以学校对于毕业生有继续培养的责任。例如调查、讲演会、巡回指导等事情，更当注意。

（8）**培养校长和学务委员等专门人才**　一学校的好坏，和校长最有关系。一地方的好坏，和学务委员最有关系。但是现在却不注意到这两层。例如南京有人口四十万，当有学龄儿童七万，教员二千人。对于学务委员，一些人没有相当的重视。物质上的酬报，每年多至四百元！吾们固不当做金钱的奴隶，但事务和代价，当然要求个相值。广州大于南京二倍余，而教育局长的薪水，每月在四百元以上，所以教育也有进步了。像广州这样优待，固然不必效法，但是今后教育界应有一种觉悟。对于一般学务委员当有相当的重视，而师范学校里，也不得不培养特长的专门的人才。这种趋势，在欧美早已现诸事实上了，我们中国的教育岂可忽视了么？

以上几种趋势，决不是一二年内所能办到的，但是现在不可不向那一方面进行。

原载 1921 年 10 月 22 日《时事新报·学灯》

## 新学制与师范教育

新学制草案里所规定之师范教育有六种：一是三年普通科三年师范科的六年师范教育，二是招收初级中学毕业生学习之三年师范教育，三是四年的高等师范，四是大学的师范科，五是相当年期的师范讲习所，六是高级中学职业科里附设的职业教员养成科。高等师范和师范讲习所大概依照旧制。第一和第二两种是依据"三三制"的办法定的；中学校得兼办师范科是适应本年中学校设立师范组的趋势定的；大学师范科是适应近年大学设立教育科的趋势定的；职业教员养成科是适应近年职业教育的需要定的：这几点都可受我们的欢迎。但就全部看起来，新学制草案中之师范教育段很有几个缺点，可以商榷。我先提出几条普通原则和师范教育的现状来讨论，然后再看师范教育段的缺点究竟是哪几种，并应该如何去修正。

（一）教育界要什么人才，就该培养什么人才。教育界所需要的人才可分四种：一是教育行政人员，二是各种指导员，三是各种学校校长和职员，四是各种教员。吾国自办师范教育以来，无论高等师范、初等师范，只顾到第四项，只是以造就教员为目的，对于教育行政人员、指导员、校长和职员的训练都没有相当的注意。虽然师范学校里面有管理法、教育法令一类的功课，但是很不完备。那开通的省区有时也为办学人员开短期的讲习会，但无系统的研究，无相当的材料，无继续的机会，故不能使他们得充分的修养。大家都以为这种种职务可以不学而能，人人会干，无须特别的训练，更无须科学的研究。结果只好把他们交付给土绅士和小政客去办理。中国学务不发达的原因固多，但是教育行政办学指导人员之不得相当培养也是个很重要的原因。所以我主张，凡教育界需要的人才都应当受相当的培养。我们教育界需要什么人才，即须造就什么人才。我们应当有广义的师范教育——虽所培养的人以教员为大多数，但目的方法并不以培养教员为限。

再进一步，就培养师资而论，现在师范教育的功效也是迁就的，片面的。

试看国内的高等师范，他们对于培养中学校和师范学校的教员，毫无分别。难道师范学校里所要的各科教员，可以和中学校一样的吗？这是高等师范最迁就的一点。

初级师范大多数设在都市里面，毕业生所受的教育既不能应济乡村的特别需要，而他们饱尝都市幸福的滋味，熏染都市生活的习气，非到必不得已时，决不愿到乡下去服务，于是乡村学校的师资最感缺乏了。补救这种缺乏的方法，就是所谓之师范讲习所。但是这种师范讲习所，我们既不以正式学校看待他，所以因陋就简，办理不能适当。总之就中国现在所办的师范教育而论，城里的人叨便宜，乡下的人吃大亏。我们要乡村教员就应培养乡村教员，以应济乡村的特别需要。

再进一步，就培养都市教员而论，现在的初级师范教育也有应该斟酌的地方。初级师范毕业生的心理是很愿意做高等小学的教员，他们在国民小学里做教员，似乎是不得已的。初级师范对于初等小学和高等小学教员的养成，很少分别。目的不分明，所以办法也很笼统，高等小学和初等小学都不免有所迁就。近来师范学校内也有采分组制的，这是为高等小学应济需要的一种办法。山西于民国八年设立大规模的国民师范学校，专以培养国民小学教员为目的。由这两种趋势看来，高等小学教员与初等小学教员的养成，似乎应该有些分别。

总之，教育界要什么人才，就该培养什么人才。教员之外，教育界还要什么人才，就该培养什么人才。教员的种类有因学校等级分的，有因市乡情形分的，也有因学科性质分的。我们要什么教员，就须培养什么教员。

（二）教育界各种人才要什么，就该教他什么；要多少时候教得了，就该教他多少时候。如果因为种种情形一时教不了，就该把那必不可少的先教他，以后再找机会继续地教他；到了困难渐渐地解除之后，就该渐渐地看那必不可少的学识技能之外还缺什么就教他什么，还缺多少就教他多少；时期的长短，都依这种情形酌量伸缩。这条很明显，可无须举例。最难的是进一步的分析的功夫。究竟一位县教育局局长、市教育局局长、中学校长、初级师范国文指导员、高级中学理化指导员、小学校长、前四年的小学教员、幼稚园教员应当学的是什么？要多少时候学了？如果一时不能学了，究有什么可以缓学？可以缓学的究需多少时间才能补足？我以为这种分析的手续没有办到之先，若想定各种人员养成的时期总是勉强的。我们最需要这种分析的手续，但不能立刻办到，我姑且提出来做为继续共同研究的起点。

（三）谁在那里教就教谁。若想把教育办有成效，必须依据实际情形。我们试把眼睛打开一看，实际上究竟有哪几种人在那里从事教育？大学堂的毕业生、专门学校的毕业生、高等师范的毕业生、中学校的毕业生、初级师范的毕业生、实业学校的毕业生，甚至从高等小学出来的科举出身的先生，都是实际上在那里操教育权。除开高等和初级师范的学生外，其余的几乎是完全没有受过特别训练的。他们既在那里实施教育，自有受训练的必要。论到教师所能受的训练，学校出身与科举出身的教师，当然不能一致。

科举出身的教师现在还是很多，恐怕十年之内他们的数目不能大减。南京现有私塾五百六十余所，广州私塾千余所，塾师多由科举出身，在他们势力下的学生各以万计。我以为既有这许多科举出身之人实际上在那里操纵儿童的教育，我们决不能不设法使他们得些相当的训练。

因为谁在那里教，就该教谁；塾师在那里教，就该教塾师；一天有塾师，即一天要训练塾师如何改良。

论到未受训练的学校出身的教师，我姑且把那些从专门和实业学校里出来的除开，专论从大学、中学、高等小学出来的教师。

大学校出来的毕业生或学生（包括国立、教会立、私立）除入政界、商界、实业界服务或留学外，多到中等学校里去充当教员。这些人当在大学肄业的时候，有好多已经发现充当教员的动机了。如果学校里乘他们未毕业之前，给他们些关于教育上的训练，必定是很有效力的。

中学校的毕业生除升学的和闲在家里的外，大多数是在那里做教员。我信中学毕业生充当教员的当不下三分之一。这两年来，我曾提议在中学里设师范科。现在已有几处在那里试办。有人说：中学里没有相当的环境、设备和附属小学，若设师范科，恐怕将来出来的毕业生，一定没有师范学校里出来的好。这或者是不错的。但就事实论，我们不能拿师范学校的毕业生来和中学师范科的毕业生比；我们所应该比较的是未受训练的中学毕业生和中学师范科的毕业生。总之，中学毕业生是不是在那里教人？是。受过训练没有？没有。要不要训练？要。好，设师范科。

高等小学出来的学生，有好多在那里做国民小学教员。开通的地方少些，越到内地去越多。我不但主张在中学里设师范科，我并曾主张高等小学末年亦得设师范课程。也有人反对说：现在师范毕业生程度已嫌太低，我们何能教十三岁左右的高等小学毕业生去做教员？我也请大家只须在事实上着想。第一，实际上高等小学的毕业生要去做教员的并不止十三岁。第二，我们要看实际上有没有高等小学毕业生在那里做教员。如果没有，或是太少，当然无须。如果有的，当然要训练。相当的训练是有益无损的，是断断乎有胜于无的。我再举一例，假使一个人家有两个孩子，大的在高等小学里做学生，小的在家里没有人教，左近也没有国民学校可进。在这种情形之下，我们应当怎样？

还是任小孩子失学呢，还是叫大的孩子每天放学回家时教他？当然叫大的孩子教他。大的孩子能不能教？能。如果高等小学里曾经教他怎样教人的法子，这大的孩子是不是更会教些？当然更加会教。这大的孩子受过训练后，有没有初级师范毕业生教得好？当然没有。那么怎样不请初级师范毕业生来教？请不起，这样经济得多。我并不是主张个个地方都是教高等小学程度的学生去做教员，也不是主张一个地方是永远应该如此的。大概教员的程度应当取渐进主义。本地各种情形进步到什么地位，师范教育的程度亦宜提高到什么地位。时候未到而不肯降低和时候到了而不知提高，是一样的错误。

总之，实际上在那里从事教育的人的种类，是师范教育一个很重要的指南针。这些人，一来要求办师范教育的人给他们补充学识的机会，二来暗示办师范教育的人说："像我们这一类的人后来陆续出来做教员的还不在少数，你们应该预先去培养他们。"

照上面所提的普通原则看起来，新学制草案之师范教育段，有下列应当注意之点：

一、师范教育段是不敷学制的需要的。师范教育段只有高等师范学校（与大学师范科同）和师范学校（毕业期限与高级中学等）两等；学制上所规定之学校有小学、初级中学、高级中学等级，故师范教育段不敷学制上各学校对于人才之需要。

二、高等师范规定四年，师范学校规定六年毕业，觉得太呆板，并没有逐渐提高的机会。如果把教育界各种人才所需要的学识技能分析之后再来规定年限，我觉得那时规定的年限，决不像这样一致。

三、最低的师范教育令十二年毕业。依中国现在的情形看来，十省有九省够不上这个标准。就最开通的省份，当也有好多区域是够不上这个标准的。若专靠师范讲习所来救济，那么既不以正式学校看待他，结果必不能圆满。所以，我觉得现在的师范教育有低下一格的必要。

四、高等师范入学之资格、毕业之程度既与大学同，似宜以单科大学称呼他。因为这种机关不止培养师资，简直就可称他为教育科大学。那设在综合的大学里面的，就叫他为大学教育科。

五、师范讲习所的目的应该订得清楚。既是辅助义务教育的临时办法，他的宗旨就宜以训练未受学校教育人员充当教员为限。那受过学校教育的人要做教员，就叫他们依据程度去进相当之师范学校。

六、职业教师之培养专在高级中学职业科里面规定，也觉得呆板。

七、学问是进化不已的，从事教育的人应当有继续研究的机会，故师范补习教育亦应占一位置。

依据上面所说的，我对于学制草案中之师范教育段要提出意见如下：

一、初级师范以培养小学前四年之教员为目的，招收六年的小学毕业同等学力的来校学习，修业年限一年以上。初级中学能设师范科者听。

二、中级师范以培养六年的小学的后二年与高等小学（如高等小学不完全取消）教师为目的，但同时得培养小学办学人员，招收六年的小学毕业同等学力的来校学习；修业年限四年以上，前期为普通科，后期为师范科。

三、中级师范学校得办完全科或专招初级中学毕业同等学力的学子，教以相当时期之师范教育，高级中学得设中级师范科。

四、兼办初级中级师范的学校，称为初、中两级师范学校。

五、高级师范以培养地方教育行政人员，初级中学同等程度之办学人员、指导员、教员为目的；招收高级中学毕业同等学力的来校学习，修业年限三年以下。

六、教育科大学以培养教育学者、教育行政人员、学校行政人员及高级中学同等程度之指导员、教师为目的。修业年限四年以上。（现在高等师范学校最宜改良的是内容和方法，增加年限而不改良内容和方法是无益的。如能改良内容和方法，就不增加年限也无妨。先去改良内容和方法，有余力时，再图增加年限，似是解决这问题的顺序。）

七、大学得设教育科及高级师范。

八、教育研究院修业年限一年以上，招收大学毕业生研究。

九、幼稚师范学校可独立设置，或附设在其他师范学校内。

十、师范讲习所以训练非学校毕业人员充当教师，并继续补充他们的学识技能为目的，期限不定。

十一、各种师范学校得设师范补习学校，以继续补充学校出身之教师之学识技能为目的，期限不定。

十二、为推行职业教育计，大学实科及高级中学之职业科内得附设职业教员养成科。但教育科大学、高级师范和中级师范内能培养职业师资者听。

总之，学制是要依据社会个人的需要能力和生活事业本体的需要定的。师范教育一面是为学制上各种教育准备人才，故要顾到学制上的需要；一面是一种事业，自然又要顾到他自己本体上的需要。上面对于各种师范教育所拟的年限虽是很可活动的，但还是假定的办法。我很希望研究师范教育的同志，早些把教育界各种职务所需之学识、技能、详细分析，再会合起来，看他们究竟要几多时候可以学得会，学得好。如果社会的财力、人力和个人的境遇一时不能使我们透达圆满的目的，我们也可依据所分析的结果，拣那可缓的，留到后来陆续补充，以后再随社会个人能力的增进，逐渐地去谋提高和改良。

原载 1922 年 3 月《新教育》第 4 卷第 3 期

## 师范教育下乡运动

中国的师范学校多半设在城里，对于农村儿童的需要苦于不能适应。城居的师范生平日娇养惯了，自然是不愿到乡间去的。就是乡下招来的师范生，经过几年的城市化，也不愿回乡服务了。所以师范学校虽多，乡村学校的教员依然缺乏。做教员的大有城里没人请才到乡下去之势。这种教员安能久于其职，又安能胜乡村领袖之重任呢？江苏义务教育期成会袁观澜、顾述之二先生觉得乡村教师需要之急，而培养之法更不能不改善，所以发起每个师范学校在乡间设立分校，以为造就乡村师资之所；每分校并设附属小学一所，以资乡村师范学生之实习。现在一师、二师、三师、四师、五师都设有分校和分校的附属小学。这个师范分校联合会和分校附小联合会就是这些师范学校的分校和分校附小组织成功的。他们的宗旨在联络研究共谋各该校教育上之改进及乡村教育之发展。我国师范学校以合作及研究精神图谋乡村教育之发展的，实以此为起点。

这次分校联合会共总商议了四十一个案件，内中有好几个案件都是很关重要的。这次会议最出色的一件事就是各种乡村教育问题之分门研究，如公民科、史地科、国语科、数学科、教育科、农业科、理科、音乐科、图画手工科、体育科、童子军，各门的课程大纲及农场作业分配、推广农村教育、学业成绩考查法、调育、健康教育、师范生实习等问题都有委员会负责研究。这种分门的研究总比囫囵的空谈要切实些。

我以为乡村师范学校负有训练乡村教师、改造乡村生活的使命。师范学校在乡村里设分校，在乡村的环境里训练乡村师资，已经是朝着正当的方向进行了。我们的第二步办法就是要充分运用乡村环境来做这种训练的功夫。我们要想每一个乡村师范毕业生将来能负改造一个乡村之责任，就须当他未毕业之前教他运用各种学识去作改造乡村之实习。这个实习的场所，就是眼面前的乡村，师范所在地的乡村。舍去眼面前的事业不干而高谈将来的事业，舍去实际生活不改而单在书本课程上做功夫，怕是没有多大成效的。我们不要以为把师范学校搬下乡去就算变成了乡村师范学校。不能训练学生改造眼面前的乡村生活，决不是真正的乡村师范学校。

江苏师范分校尚属试办性质，他的效果，尚难预测。但他们对于乡村教育那点通力合作分门研究及实地试验的精神，却是很宝贵而为全国师范学校所应取法的。

原载 1926 年 1 月 8 日《新教育评论》第 1 卷第 6 期

## 天将明之师范学校
### ——江宁县立师范学校半日生活记

我是天将明的时候动身去参观江宁县立师范学校的，我亲眼看见这个学校天将明的生活，觉得这个学校要天明了，也觉得中国的真正师范教育要天明了。中国的师范教育过了二十多年的黑夜生活，到了现在居然要天明了，要看见阳光了，要吸收朝气了，真是爽快啊！

这个学校设在南京南门外，我由丁兆麟先生介绍，于十月五日偕本社乡村教育研究员赵叔愚、邵德馨二先生前去参观。到了学校门口，看见学生在那儿买柴。有一个学生和一个卖柴的人抬着，又一个学生在那看秤上的戥码。好一幅学生买柴图！走进门口，找不着号房——本来号房是城里学校装门面的，乡下要他做甚。恰好有个学生在那儿，我就把名片交给他，请他送去递与校长。校长徐卓夫先生即刻出来接见，谈了十分钟，其中最感动人的一段话就是："我有了改革本校的决心，就去聘请尧化门小学校长宋鼎先生来任本校训育主任及学生活动指导员。第一次不答应，第二次再去请；第二次不答应，第三次又去请。这次走到尧化门，凑得不巧，宋先生到了燕子矶去了。我就在大风大雨之下走到燕子矶去找宋先生，弄得像在泥里打滚出来的一样。宋先生看这情形也就答应了。"徐校长叙述这段话的时候，眼眶里泪汪汪的，显出很悲壮的样子。此时一面谈，一面走，到院子里一看，宋先生正领着十来个学生在那儿整理校景。宋先生看见我来了，非常欢喜地说："先生从前在江苏省教育会所说的乡村标准校长的三层资格，我们就拿到这里来实行了，我们每天天没有亮就起来过这农夫的生活，大家都快乐得了不得。"是的，我看他们很像活神仙。写到这里，大家似乎愿意要晓得我所讲的乡村标准校长。九月中旬，江苏省教育会邀集研究乡村教育及办理乡村学校的人在南京贡院开会，讨论标准乡村学校。我发表了一点意见说："乡村标准学校最需要的就是标准校长。乡村标准校长应当有三层资格：一、他要有农夫的身手；二、他要有教师的头脑；三、他要有社会改造家的精神。"宋先生那天也曾列席会议，他竟拿这话来实地训练学生，这种见义勇为的精神，真令人钦佩不已。我看学生们在各处搬石头，挑瓦片，栽花除草，几乎学生就是农夫，农夫就是学生了。大家抖起精神来做得津津有味，丝毫没有假借。徐先生和我说："我请了宋先生之后，还有些人说冷话，质问我'为何找宋先生来，他有什么资格'。我回答他们说：'他的资格就是尧化门小学。如果我的学生个个能把学校办成尧化门的样子，我也心满意足了。'社会里办事很难，现在还有这种冷酷的论调呢。"我劝他认定主张做去，人家好意的批评固然要虚心考虑，但成败、利害、毁誉可以置之度外。干了几年之后，闲话自然没有了。停一会，大家同到饭厅上去吃早饭。这里也是师生共食，和我们的南京安徽公学一样，所以我是很习惯的。八点钟应当上第一堂课，徐校长及宋先生一定要我们演讲，我们只得遵命，赵、邵二先生都有演词。我一上讲台，眼见这些可爱的学生——未来的乡村校长、教员——心里就想到中国农民生活如何困苦，一般师范学校如何走入迷途，裨益农民子女之乡村学校如何稀少，徐校长之三顾茅庐，宋先生之以身作则，和正统派教育家对他们的冷笑态度，以致没有说两句话眼泪就滚了下来，全堂肃静无声，数分钟后才能发言。这是我第一次在讲坛上流眼泪，当时痛恨自己，不能制止，事后一想，为农民及乡村教育流几点眼泪也是应该的。

演讲后，即参观上国文课。这天学的是柳宗元的《捕蛇者说》。秦教员讲解得很有精神，很有趣味，所发之问也能启迪学生的思想。

次一课为《中国农业历史》，也是秦先生教。乡村师范教历史固不宜以农业史为限，但这是属于课程问题。秦先生教这门功课也能引学生入胜。教毕，已经是十一时了。这是学习烹饪的时间。教练的是位钟先生，就是本校的事务员，从燕子矶小学过来帮忙的。我们到厨房里去参观他们的工作，只见钟先生和轮值的学生都穿了围裙在厨房做菜煮饭。只有一个校工在那儿帮助挑水烧火。全校只有两个工人，还有一个是在农场上做粗工的。学生们看待烧饭做菜如同上课，也如同游戏，大家做得有滋有味的。徐校长说："今年有个姓程的学生，到了乡村里去做教员，饿了两天，就是吃了不会煮饭的苦楚。以后的学生大致没有这种困难了。"从前科举时代虽然考的是八股文章，但因为考举要在考场里好多日子，自己不会煮饭就要饿肚皮；并因为要在路上旅行很长久的时间，对于好多别的技能如骑马、打拳、舞剑、缝纫等等都要在家里学会，父母才放心给他们出去。所以科举时代，秀才们所会的不但是八股，并且还有些日常生活的本领。现今学堂里的学生简直只学得一点洋八股，连这些日用的常识常能都不会了，岂是国家办学的真意吗？这个学校冒大不韪，辞退了厨司，要教员同学生穿着围裙做厨子，这是何等的勇气！正午饭菜做好了，就由学生送到饭厅上去，大家吃个快乐。我们不客气，也在这里同乐了一遭。每桌三大碗菜：一碗红烧肉，一碗炒白菜，一碗青豆煮豆腐。该校每星期吃两次荤，今日适逢荤期。这餐饭滋味很合口，材料很丰富，大家饱吃一顿。听说每月每人只费四块洋钱。学生说从前厨子做饭，既不好吃，又吃不饱，相形之下，想到昔日之苦，更觉得今日之乐了。我吃了这餐饭，要向全国县立师范学校建议一两句口号。这口号就是："不会种菜，不算学生"；"不会煮饭，不得毕业"。我参观之后觉得有三种感触。一是该校有贫而乐的精神，从校长以及教员、学生都有这贫而乐的精神。全校四十人，每月只有经费二百元，已有两个月没有发了，这不是用钱很少吗？社会待他们虽然冷淡，但是他们并不因此灰心；他们只是勇往直前地奋斗。二是该校有学小学的虚心。我曾说过"办中学要多学小学，少学大学"。办师范更应学小学。师范学校的职务是要采取优良小学的办法，训练学生，以广流传。该校聘请尧化门、燕子矶两校教员帮助训练学生，不久必生绝大的效力。他们放弃了一般师范学校的空架子，宁可虚心受小学之指导，这种不耻下问的态度实是一切进步之母。三是该校有远大的前途，影响所及，可以为中国师范教育辟一新纪元。他们有了灵魂，以后的发展只是时间问题，只是使此灵魂继长增高地活动出去。他们有许多事业可以做。他们自从改革以来只有两个月的工夫，外面当然不能有惊人的成绩。但是照这样精神做下去，半年必有半年的功效，做下去一年一定有一年的功效，做下去多少时候一定就有多少时候的功效。乡下教员要做的事，他们就拿来教学生学。凡事会做则乐，不会做则苦。寻常师范生以下乡为苦，多半因为他们不会做乡下教员要做的事。我深信这个学校继续照样办了三年，凡乡村教师应做的事，学生是可以无不会做，无不乐做的了。他们的学生当能在乡村里安居乐业，负担乡村生活改造的任务。如果这种精神可以普遍到全国的县立师范学校，我们全国乡村生活的改造事业就有希望了。天将明的中国师范教育！天将明的中国乡村生活改造！我晓得你们都要渐渐地随着天将明的江宁县立师范学校一一出现了。

原载 1926 年 10 月 22 日《新教育评论》第 2 卷第 21 期

## 中国师范教育建设论

教什么？怎样教？教谁？谁教？这是师范学校的几个基本问题。要想把师范学校办得好，必须把这些问题先弄明白。

师范学校首先要问的是：教什么？这是教材问题。施教的人不能无中生有，他必得要运用环境所已有的事物去引起学生之活动。

所以遇了"教什么"这个问题，我们暂时可以下一句答语：有什么，学什么；学什么，教什么；教什么，就拿什么来训练教师。但是世界上有的东西，无计其数；所有的未必是所需要的。因此，我们姑且又要加上一句答语：要什么，学什么；学什么，教什么；教什么，就拿什么来训练教师。

所有和所要都知道了，我们立刻发生教法问题。我们要接着问一问：怎样教？教的法子要根据学的法子，学的法子要根据做的法子。教法、学法、做法是应当合一的。我们对于这个问题所建议的答语是：事怎样做就怎样学；怎样学就怎样教；怎样教就怎样训练教师。

教什么和怎样教，决不是凌空可以规定的。他们都包含"人"的问题。这问题就是：教谁？人不同，则教的东西、教的方法、教的分量、教的次序都跟着不同了。我们要晓得受教的人在生长历程中之能力需要，然后才晓得要教他什么和怎样教他；晓得了要教他什么和怎样教他，然后才能晓得如何去训练那教他的先生。

预备要做先生的是哪种人？他对于教师职业的兴味、才能如何？他充当某种教师是否可以胜任愉快？现在实际在那儿当教师的是谁？师范学校所期望于他所训练的人有多少能做适当的教师？这也是师范学校要考虑的问题。我们的建议是：谁在那儿教，谁欢喜教，谁能教得好，就应当训练谁。

就上面所说的，总起来看，我们知道师范学校，是要运用环境所有所需的事物，归纳于他所要传布的那种学校里面，依据做学教合一原则，实地训练有特殊兴味才干的人，使他们可以按着学生能力需要，指导学生享受环境之所有，并应济环境之所需。这个定义包含三大部分：一是师范学校本身的工作，二是中心学校的工作，三是环境里的幼年人生活。这三大部分应当发生有机体的关系，使得他们的血脉可以流通，精神可以一贯。他们中间不当有丝毫的隔膜。一看这个定义，我们立刻晓得师范学校的出发点就是他所要传布的中心学校，中心学校的出发点，就是环境里的幼年人生活。由此我们也就可以明白建设师范教育之历程。

　　环境里的幼年人生活既是中心学校的中心，我们首先就要把他弄个明白。我们要晓得幼年人在生长历程中有什么能力，有什么需要。我们虽不能完全知道，但是学者已经研究出来的，我们必须充分明了。幼年人不是孤立的，他是环境当中的一个人。环境对于幼年人的生活有两种大的力量。一是助力。自然界的光线、空气、食物、饮料在常态之下，都是扶助人类生长的东西。社会里的语言文字、真知灼见以及别人的互相提携，也都有扶助我们生长的作用。二是阻力。例如狂风、暴雨、水患、旱灾、虫害种种，都是自然界与人为难的东西。社会方面的贪官、污吏、劣绅、土棍、盗贼以及一切不良的制度风俗，也是我们生长的挡路物。可是阻力倘不太大，可以化为助力。逆境令人奋斗，生长历程中发生了困难才能触动思想，引起进步。人的脑袋就是这样长大的，文明也是这样进化的。我们应用自然界和社会界的助力、阻力去培植幼年人的生活力，使他可以做个健全分子去征服自然，改造社会。因此，我们又要问自然界与社会界对于幼年人的生长有什么助力，有什么阻力？他们对于幼年人生长的贡献是什么？他们有什么缺憾要人力补天工之不足？一个环境对于幼年人生长之助力、阻力、贡献、缺憾，要具体地分析开来，才能指导教育的实施。倘使囫囵吞枣，似乎没有多大用处。分析出来的具体事实必定是整千整万，学校自然不能完全采纳进去。所以进一步的工作就是估量每件事实的价值。价值估量之后再作选择的功夫，把价值最低的除开，需要可缓的除开，学校不必教不能教的除开，留下来的容纳到学校里去，编成教材，制为课程，佐以相当设备，配以相当程序，使教师指导学生脚踏实地地去做去学。这样一来，中心学校就可以办成了。这种学校是有根的；他的根安在环境里，吸收环境的肥料、阳光，化作自己的生命；所以他能长大，抽条，发叶，开花，结果。这种学校是与自然生活、社生活联为一气的。他能适应环境的生活，也能改造环境的生活。他是本地的土壤里产生出来的，他自能在相类的环境里传播。我们可以祝他说："恭喜你多福，多寿，多儿子，儿子又生孙，孙又生儿子，子子孙孙生到无穷期，个个都像你，个个胜过你。"中心学校有了办法，再办师范学校。师范学校的使命，是要运用中心学校之精神及方法去培养师资。他与中心学校的关系也是有机体的，也是要一贯的。中心学校是他的中心而不是他的附属品。中心学校也不应以附属品看待自己。正名定义，附属学校这个名字要不得。实习学校的名字好得多，但是这个名字包含了"思想与实习分家"的意味，也不是最好的。师范学校的各门功课都有专业的中心目的，大部分都应当与中心学校联串起来。例如教育学、心理学等等功课若是附加的性质，决不能发生很大的效力。这种功课应当与实地教学熔为一炉，大部分应当采取理科实验指南的体裁以谋教学做三者之合一。我们进行时对于师范生本身之能力与需要当然要同时顾到。因为师范生将来出去办学的环境与中心学校的环境必定不能一模一样；要想师范生对于新环境有所贡献，必得要同时给他们一种因地制宜的本领。

师范毕业生得了中心学校的有效办法和因地制宜的本领，就能到别的环境里去办一个学校。这个学校的精神与中心学校是一贯的，但不是刻印板的，不是照样画葫芦的。他要适应他的特殊环境，也要改造他的特殊环境。

这个学校对于学生所要培植的也是生活力。他的目的是要造就有生活力的学生，使得个个人的生活力更加润泽丰富强健，更能抵御病痛，胜过困难，解决问题，担当责任。学校必须给学生一种生活力，使他们可以单独或共同去征服自然，改造社会。

我们这里所建议的步骤是一气呵成的：自然社会里的生活产生活的中心学校，活的中心学校产生活的师范学校，活的师范学校产生活的教师，活的教师产生有生活力的国民。

这个建设历程，从头到尾，都是息息相通的，倘使发现不衔接、不联络、不适应的地方，到处可以互相参考纠正，随改随进。所以中心学校随着自然社会生活继续不断地改进，师范学校随着中心学校继续不断地改进，地方学校随着师范学校继续不断地改进，自然、社会生活又随着地方学校继续不断地改进。

原载1926年12月3日《新教育评论》第3卷第1期

## 短期小学变成小师范

现任长乐县县长兼专员王伯秋先生写信告诉我说，他很赞成小先生，并且预备运用新设的短期小学来培养一万个小先生去推动普及教育。他说一年之后这一万个小先生就能教十万人。他相信这一个小发明是穷县普及教育之有效办法——并且根据这个信念，已经在那儿进行了。我把他这封信重复读了一遍，觉得这个办法实在是妙极了。他简直是把短期小学变成了一个短期的小小师范学校。这是太有意义了。不过我有两点意见补充。一、我希望王专员不要等到一年之后再教短期小学生去当小先生。小先生是要在做上学，在做上教。短期小学开办了个把星期，至多一个月，就得让他们每天费半小时去教人。这样一来，今年的一万个小学生就能教二三万人。倘使在这一年之内没有把他们"即知即传"的精神习惯养成，到了毕业之后再希望他们去教人，这就千难万难了。二、我希望王专员不但是要把短期小学变成小师范，而且要把所有的普通小学一齐变成小师范。小学不但是培养小学生，而且同时是培养小先生。这样的小学才算是现代的前进的小学。如果只教小孩子读死书而不肯教人，那么，它只是一个小小书呆子或是一个小小守知奴的制造厂。我希望全国主办小学的同志把王专员的主张和我补充的这点小意见拿去试一试，还希望大家试过之后，随时给我们一些指教。

原载1935年12月24日《晨报·普教周刊》

# 第七章　从事乡村教育

## 改拳术为随意科案

　　拳术一课，关系个人之体质及兴味，定为通习，不免违反个性，徒耗光阴。如改为随意科，则教者能活用方法，为个别之教练；学者应其所好，自易收效。有此二因，除体育专修科外，其他各科拟将拳术改为随意科。此案已通过于体育专修科分科教务会议，事关变更各科定章，应请公决，以便施行。

陶知行提议

1919年12月17日提

原件存中国第二历史档案馆

## 规定女子旁听办法案

　　本校各科遇有余额时，校内职教员、学生、毕业生，经教务处之许可，向得旁听。查中国女子高等教育最不发达，中等学校毕业以后，女子几无上进之路。本校各科功课，有宜于女子旁听者，可否通融办理，容其旁听，遂其向学之志愿，未始非辅助女子教育进行之一法。谨具办法数条，务希公决：

　　一、本校各班有余额时，除本校职教员、学生、毕业生旁听外，得酌收女子旁听生；

　　二、本校各科功课，是否宜收女子旁听生，由各科分科教务会议提议，由校务会议议决施行；

　　三、女子旁听生必具中等学校毕业之程度；

　　四、设女子旁听生顾问，由校长于本校女子职教员中推定，司接洽指导事宜；

五、旁听细则由各科主任教员协同教务主任定之；

六、本简章自第二学期起实行。

陶知行提议<br>1919 年 12 月 17 日提<br>原件存中国第二历史档案馆

## 报告招收新生问题

下学年招收新生班数，定为应招八班，总人数为一百八十。学生有应试资格来校应试者，苟能及格，不论男女均可录取。惟校内仅能住一百五十人，女生应设法住校外。至一百八十人之数，亦系以预定最多数言之。如应试者程度不及，不能取足定额，可酌量减少。

1920 年 4 月 21 日讲<br>原件存中国第二历史档案馆

## 小孩子最紧要的是进学校

昨晚孙总理周游晓庄十二村乡，他见到三等小朋友，他心里就有三种感触。第一种人家的小孩子，在家里不但能读书识字，并且会运用书中的道理。这些小孩子会写信，会看信，会认契据，会记账目，会看报，能懂国家大事。孙总理看了这种人家小孩，他喜欢极了，就说："活人读活书，字字如真珠。"第二种人家的孩子，在家里像木鸡一样，整天地读《百家姓》《三字经》……总理听了不耐烦，便说："活人读死书，愈读愈变迁。"第三种人家的小孩子却不同了，一天到晚只会打架，相骂，偷东西，做种种不长进的事。总理见了气极，对他们家里人说："活人不读书，不如老母猪。"但最后总理还是希望大家把小孩子送到学校里去，读活人的书，做活人的事，过活人的生活。这样看来，小孩子最紧要的是进学校。

原载 1928 年 8 月 16 日《乡教丛讯》第 2 卷第 5 期

## 与北京《导报》记者的谈话

### 应当重视女子高等教育

美国退还中国之赔款，用在女子高等教育上的为数甚少。今年预算一四九六五六八元中，只有三四〇〇〇元是为女生用的，每一百元只得二元三角三分。现在清华在校学生共有五三一人，在美学生共四五五人，总共九八六人，当中只有二十一人为女子。是一百人享美国退还赔款权利的当中，女子只有两人。所以我们觉得女子教育还没有得到清华当局相当之重视。当今国内高等学府逐渐推广女子教育，清华当局既不向前进步，反"向后跳远"，停送女生留美，真令人惊异。有好多人说，这次所采取的政策似欠公道，并给女子领袖教育一个很重的打击。如果我们想到女子教育有保障后代学问的效力，我们更觉得此举没有远见之明。在今日中国女子教育上之投资是应当最后减少最先增加的。

### 究竟派送何种学生出国

如果中国能派高等专门毕业生出洋，国家受益更多，因为高等专门大学毕业生能带一个问题出去，能带解决的方法回来。出去迟些就可以熟悉本国情形的需要，在外国停留时间较短，回国时就可免去变成外国人的弊病。但既是要派女子大学毕业生出去，那么对于女子大学与中学教育的准备设施，清华当局亦不能不负责任。现在高等专门大学的女子毕业生确数，没有现成的统计，但据本社女子教育委员会委员刘吴卓生女士（刘廷芳夫人）调查报告，中国女子高等专门大学毕业生，民国十一年至少有五十人，民国十年至少有三十五人。因近年各大学相继开放，此后每年当有增加。我们要承认女子高等专门大学毕业生比男子要少好几倍，但这种情形正可证明清华对于女子在国内之高等教育更应努力设施。

**女子教育委员会如何成立**

这个委员会是中华教育改进社三十一个常设委员会之一，委员五十余人散处各省，熊秉三夫人（朱其慧女士）为正主任，江苏省立第一女子师范校长张默君女士为副主任。中国女子自行组织团体来改造女子教育这是第一次，这事最可令人注意。自济南年会开会后，曾为推广女子教育事两次上书清华当局及外交部，均未得复。这次迫于教育机会平等之正谊，为停送女生留美事出而公然抗议，实非得已。我们认为应当做的。我们很希望清华当局顾念女子人才教育为国家根本要图之一，毅然将方针变更，不但女子之幸，亦不致辜负美国退还赔款之厚意了。

原载 1923 年 1 月《新教育》第 6 卷第 1 期

## 莫轻看徒弟

一百六十二年前发明蒸汽机关之瓦特（James Watt），曾经做过徒弟。一百年前发明发电机之法拉第（Michael Faraday），曾经做过徒弟。产业革命和电化文明是徒弟们在知识之最前线领导着。

中国的希望，向来是放在学生身上。最初大家的目光都对着留学生。到了对留学生失了信仰，大家又转移目光对着大学生。到了对大学生失了信仰，大家又转移目光对着中学生。现在是渐渐地转移到小学生身上去了。如果先生和学生们没有根本觉悟，则中学生、小学生是同样地要令人失望。

文明是人类用头脑和双手造成的。只会劳心而不会劳力和只会劳力而不会劳心的人，都是没有希望。何况爱用空嘴说白话的人，那是更不可救药了。如果肯得用手去做，用心去想，那么，留学生、大学生也有希望。否则两只手儿拢在袖里读死书，死读书，读书死，那么，连中学生、小学生也有一天要叫人失望咧。我对于科学的青年的建议是：

一、做过学生的要做几年徒弟；

二、做过徒弟的要做几年学生。

原载 1931 年 11 月 12 日《申报·自由谈》

## 新旧时代之学生

旧时代之学生之生长的过程有三个阶段：

一是读死书；

二是死读书；

三是读书死。

新时代之学生也离不了书，所不同的，他是：

用活书；

活用书；

用书活。

什么是活书？活书是活的知识之宝库。花草是活书。树木是活书。飞禽、走兽、小虫、微生物是活书。山川湖海、风云雨雪、天体运行都是活书。活的人、活的问题、活的文化、活的武功、活的世界、活的宇宙、活的变化都是活的知识之宝库，便都是活的书。

活的书只可以活用而不可以死读。新时代的学生要用活书去生产，用活书去实验，用活书去建设，用活书去革命，用活书去树立一个比现在可爱可敬的社会。在活的社会里，众生都能各得其所，何况这个小小的我当然也是跟着大众一块儿，欣欣向荣地活起来了。

原载 1931 年 11 月 26 日《申报·自由谈》

## 读书与用书

**（一）三种人的生活**

中国有三种人：书呆子是读死书，死读书，读书死。工人、农人、苦力、伙计是做死工，死做工，做工死。少爷、小姐、太太、老爷是享死福，死享福，享福死。

**（二）三帖药**

书呆子要动动手，把那呆头呆脑的样子改过来，你们要吃一帖"手化脑"才会好。我劝你们少读一点书，否则在脑里要长"痞块"咧。工人、农人、苦力、伙计要多读一点书，吃一帖"脑化手"，否则是一辈子要"劳而不获"。少爷、小姐、太太、老爷！你们是快乐死了。好，愿意死就快快地死掉吧。我代你们挖坟墓。倘使不愿死，就得把手套解掉，把高跟鞋脱掉，把那享现成福的念头打断，把手儿、头脑儿拿出来服侍大众并为大众打算。药在你们自己的身上，我开不出别的药方来。

**（三）读书人与吃饭人**

与读书联成一气的有"读书人"一个名词。假使书是应该读的，便应使人人有书读；决不能单使一部分的人有书读叫做读书人，又一部分的人无书读叫做不读书人。比如饭是必须吃的便应使人人有饭吃；决不能使一部分的人有饭吃叫做吃饭人，又一部分的人无饭吃叫做不吃饭人。从另一面看，只知道吃饭，不成为饭桶了吗？只知道读书，别的事一点也不会做，不成为一个活书架了吗？

**（四）吃书与用书**

有些人叫做蛀书虫。他们把书儿当作糖吃，甚至于当作大烟吃。吃糖是没有人反对，但是整天地吃糖，不要变成一个糖菩萨吗？何况是连日带夜地抽大烟，怪不得中国的文人，几乎个个黄皮骨瘦，好像鸦片烟鬼一样。我们不能否认，中国是吃书的人多，用书的人少。现在要换一换方针才行。

书只是一种工具，和锯子、锄头一样，都是给人用的。我们与其说"读书"，不如说"用书"。书里有真知识和假知识。读它一辈子不能分辨它的真假；可是用它一下，书的本来面目就显了出来，真的便用得出去，假的便用不出去。

农人要用书，工人要用书，商人要用书，兵士要用书，医生要用书，画家要用书，教师要用书，唱歌的要用书，做戏的要用书，三百六十行，行行要用书。行行都成了用书的人，真知识才愈益普及，愈易发现了。书是三百六十行之公物，不是读书人所能据为私有的。等到三百六十行都是用书人，读书的专利便完全打破，读书人除非改行，便不能混饭吃了。好，我们把我们所要用的书找出来吧。

用书如用刀，
不快就要磨。
呆磨不切菜，
怎能见婆婆。

（五）书不可尽信

孟子说："尽信书则不如无书。"在书里没有上过大当的人，决不能说出这一句话来。连字典有时也不可以太相信。第五十一期的《论语》的《半月要闻》内有这样一条：

据二卷十二期《图书评论》载：《王云五大辞典》将汤玉麟之承德归入察哈尔，张家口"收回"入河北，瀛台移入"故宫太液池"，雨花台移入南京"城内"，大明湖移出"历城县西北"。

我叫小孩子们查一查《王云五大辞典》，究竟是不是这样，小孩们的报告是，《王云五大辞典》真的弄错了。只有一条不能断定，南京有内城、外城，雨花台是在内城之外，但是否在外城之内，因家中无志书，回答不出。总之，书不可尽信，连字典也不可尽信。

### （六）戴东原的故事

书既不可以全信，那么，应当怀疑的地方就得问。学非问不明。戴东原先生在这一点上是给了我们一个很好的引导。东原先生十岁才能开口讲话。《大学》有《经》一章，《传》十章。有一条注解说这一章《经》是孔子的话，由曾子写的；那十章《传》是曾子之意，由他的门徒记下来的。东原先生问塾师怎样知道是如此。塾师说："朱文公（夫子）是这样注的。"他问朱文公是何时人。塾师说是宋朝人。他又问孔子和曾子是何时人。塾师说是周朝人。"周朝离宋朝有多少年代？""差不多是二千年了。""那么，朱文公怎样能知道呢？"塾师答不出，赞叹了一声说："这真是个非常的小孩子呀！"

### （七）王冕的故事

王冕十岁时，母亲叫他到面前说："儿啊！不是我有心耽误你，只因你父亲死后，我一个寡妇人家，年岁不好，柴米又贵，这几件旧衣服和旧家伙都当卖了。只靠我做些针线生活寻来的钱，如何供得你读书？如今没奈何，把你雇到隔壁人家放牛，每月可得几钱银子，你又有现成饭吃，只在明天就要去了。"王冕说："娘说的是。我在学堂里坐着，心里也闷，不如往他家放牛，倒快活些。假如我要读书，依旧可以带几本去读。"王冕自此只在秦家放牛。……每日点心钱也不用掉，聚到一两个月，偷空走到村学堂里，见那闯学堂的书客，就买几本旧书，逐日把牛拴了，坐在柳荫树下看。

现在学校教育是对穷孩子封锁，有钱、有闲、有面子才有书念。我们穷人就不要求学吗？不，社会就是我们的大学。关在门外的穷孩子，我们踏着王冕的脚迹来攀上知识的高塔吧。

原载 1934 年 11 月 10 日《读书生活》第 1 卷第 1 期

## 怎样指导小朋友明白时事

我们要想做个现代人，必须天天看报。报是有时说谎，有时讲真话。你得教你的小朋友像只花猫一样，一见老鼠就把它捉住。新近所举行的二十架飞机比赛是一个最好的例子。我和子云帮助法华过。山海工学团的小孩们抓住了这个机会，丝毫不放松。每天把中西文报纸剪下，贴在一本簿上。地图是放在手边，一遇到地名就查，并把飞行的路线画起来。中国地理书的名词不统一，很给了小孩子一些困难。例如报上登的报达，在寻常地图上只在亚拉伯之北，以拉克境内，查着一个巴格达。报达就是巴格达，我们是费了好多力，并且查了英文报才知道确实。我们把飞行路线画准以后，就查看英国沿途之殖民地。从此，我们就追求英国空军对于维持殖民地之关系。我们将来还要进一步查出世界各国及中国空军力量之比较，以及世界第二次大战空军所占的地位。这次飞机比赛还给了我们一个做算学的机会。从伦敦到墨尔钵有多少哩？等于中国里多少里？史考梯每时平均飞多少里？倘使一个人要从伦敦走到墨尔钵（假使他也能在水面上走），每天走一百里，要多少日子走到？我们还预备做些简单的实验，看些书，追求飞机构造的原理及发明之史略。总之，我们拿了这次比赛做中心，把历史、地理、科学、算术、社会打成一片去干。我们不要忘记，它也给了我们一个充分活用图书的动机。我们也把国语和飞机比赛联了起来。下面就是我写的一首儿歌：

白拉克，
史考梯，
坐飞机，
上天嬉。
一日一万里，
白云在脚底，

人群像蚂蚁。
打破莫理逊的纪录,
三天飞过查尔斐。
黄金五万到手,
还得一个娇妻。
痴人看了别发痴,
半生辛苦你须知。
告尔曼,一失手,
骨头粉碎肉成泥。
这不过是本领儿小试试,
等到世界大战开火,
再分高低!

我这首歌是像一条蚯蚓,可以一段一段地截下来,还是活着的。例如,很小的小孩,你只须教他唱"坐飞机,上天嬉"就够了。年纪大一点,再加两三句。再大一点,便可以全篇教他。如果不愿断章取义,我方才还哼了一首短的,请大家指教:

小朋友!
别发痴!
看做戏啥希奇?
自己造飞机,
上天去嬉嬉。
等你长大了,
赶上史考梯。

原载 1934 年 11 月 16 日《读书生活》第 1 卷第 19 期

## 谈谈儿童节

谁的儿童节？是前年的儿童节吧，我在大家兴高采烈的时候，发现了这样一个悲惨的问题：谁的儿童节？这个问题引导我联想一幕一幕地亲眼看过的苦儿生活。我不知道从哪里来的力量，立刻抓住一件伤心事，写成一篇《奶妈的婆婆的悲哀》：

人人羡慕儿童节，
我家宝宝哭不歇。
张家新生小少爷，
雇过奶妈好过节。
媳妇做了奶妈去，
奶变张家少爷血。
张家少爷白而胖，
胖如冬瓜白如雪。

人人羡慕儿童节，
我家宝宝哭不歇。
老奶给他尝一尝，
无奈奶头久已瘪。
红红绿绿争点缀，
问是谁的儿童节？

"儿童是人生的黄金时代。"这句话是有多少真理？我们不能不怀疑。世界上有多少小孩的黄金时代被贫穷堆没掉了，是被坏人和不公平的制度剥削掉了。过节的意思，有的是纪念已往，有的是享受现在，有的是创造将来。已往只有悲哀，现在无可享受的穷孩子是要把这儿童节的刺激变成奋斗的力量,从今日起就开始动手创将来的黄金时代。

儿童要什么?创造这个黄金时代,儿童需要我们给他们的是什么东西?儿童节我们该送什么礼物?我从前认为他们需要爱。我也曾经给过他们一些神秘的爱。我现在知道他们不需要这种歪曲的爱。爱的教育是不能兑现的。爱的教育容易捧,容易哄。溺爱是有害的,把小孩拉住使他们不能向前跑。小孩所需要的不是爱而是了解。下面是我的《儿童年献歌》,发挥这个了解儿童的意义。

弄咚一弄咚,
今年属儿童。
不要你哄,
不要你捧,
只要你懂——
懂得我们还是小儿童,
不要教成小老翁。

我们要懂得儿童,这是父母先生顶大的责任。我们要懂得儿童不做小古董,给人玩耍誓不容;懂得儿童不做小笼统,千问万问要问懂;懂得儿童不做蛀书虫,求学只是为大众;懂得儿童不享现成福,手脑双挥要劳动;懂得儿童爱拆自鸣钟,拆得散来凑不拢;懂得穷孩肚子快饿通,饿死穷孩大不懂;懂得教师应敬小朋友,不再打人摆威风;懂得儿童能做小先生,即知即传向前冲;懂得帝国主义该打倒,联合小拳总进攻。

儿童能做什么?社会上的人往往说:小孩能做什么?他们是看轻小孩子,尤其是看轻穷孩子。我们加入在小孩子的队伍里的时候,立刻发现小孩子的力量是出人意料之大。在《儿童年献歌》里已经指出,小孩能做小先生和打倒帝国主义的小先锋。在整个的民族解放运动中，我们必须承认小孩有伟大的力量，并且必须允许这种力量充分地发挥出来。我们应当动员全国的小学生做小先生。是的！

我是小学生，
变成小先生。
粉碎那知识私有，
把时代儿划分。

做小先生是家境好一点的小孩替穷孩子和妇女及劳苦大众最好的服务。要叫这种服务得到最大的效力，需用拼音的新文字并且与救国运动密切联系起来。

四月四，四月四，
小孩也能做大事。
做什么大事？
学新文字！
教新文字！
有了新文字，
老老少少都识字。

四月四，四月四，
小孩也能做大事。
做什么大事？
研究国事！
报告国事！
明白了国事！

百姓个个会管事。

四月四，四月四，
小孩也能做大事。
做什么大事？
嘴上长刺！
手上长刺！
遇着敌人来！
千千万万向前刺。

原载 1936 年 4 月 4 日《永生周刊》第 1 卷第 5 期

## 清水沙盘
### ——献给全国的小朋友

一月初在教育部会见顾荫亭先生，谈及中国幼稚园缺乏恩物，他希望能就地取材，用本国的东西，造成一套幼稚园里可以用的设备。教育部注意到幼儿的教育是一个可喜的消息。在这样重视之下，幼稚教育一定是会得到新的贡献。我当时就联想到一年半前的一个小小的发现，现在写出来，供给幼稚园和小学的教师做参考。如果小朋友因此而生活得快乐些，学习能够丰富些，我就很高兴了。

这个小发现的经过，说来也有趣。前年我到北碚住下，要做一个滤水缸。在江边弄来的沙是含有很多泥土。我们叫工友把泥土洗掉。他洗了三十几盆水之后，叫我来看，还是带着微红的颜色，没有洗干净。我就自己动手来洗。起初不过是想把沙洗干净。后来越洗越觉得有趣起来。水和沙在手上溜来溜去给了我一种快感。我记起幼时玩沙没有这样好玩，玩水也没有这样好玩。我又记起平常幼稚园中的沙盘——

只是一个小沙漠,虽然可以点缀些树木、房屋、人物,但除了沙漠生活之外,很难做到逼真的表现。这时在我脑海里浮出了"清水沙盘"四个大字。

根据这个概念的指示,我从"洗沙"跳到"地形之创造"。我能随意地造山、造河、造湖、造海、造平原、造海岛。我连沙带水造成一个山顶湖,在湖边开口,竟造成一个临时的瀑布。照着地图,我很快地在"清水沙盘"里造成一个中国的轮廓,画了扬子江、黄河、珠江、淮水、沽河、黑龙江六大江河,以及渤海、黄海、东海、南海之海岸。我顺手又在中国东边造我们惟一敌人的大本营——日本之轮廓。朝鲜和四十六年前割给日本的台湾都先后造了起来。这时我很高兴,觉得"清水沙盘"不但是一个好玩的东西,而且是一个非常有意义的东西。它不但是一个玩具,而且是一个千变万化的学习工具。

水与沙之外再加一点竹片、木屑、破纸、碎石,你可以把人类创造的文化在"清水沙盘"里一一表现出来。在河流的两岸搁上一条木片便成了一座桥。做得精巧一点,你可以把卢沟桥表现出来。在湖里海边砌上几块碎石,便成了堤和码头。弄点油纸或蜡纸,折几只船,在水面上游来游去,可以代表商轮兵舰。我们可以做个游戏,把长江一带的日本军舰炸沉到江底。

同样,我们可以用"清水沙盘"来表现英德海峡炮战。你可以造一个大伦敦、法国之卡勒和英吉利之多佛海峡。我们还可以造南北美洲、大西洋、太平洋和巴拿马运河,在运河上做水闸,使大西洋和太平洋的商轮军舰可以通过水闸而进出。这样可以使小朋友们更具体地知道巴拿马运河的作用。

造两个小舰队。每只船上放一枚针。用两块磁石指挥作战,一队从巴拿马运河里用磁石引出来和另一队在太平洋里作遭遇战。

从美国经过檀香山、关岛、斐利滨而到香港之航空站,也可以由"清水沙盘"而表现出来。

进一步，我们可以运用"清水沙盘"使小朋友得到高一点的科学知识。山顶湖可以造成临时的小瀑布，前面已经说到。现在在瀑布必经之路旁建立两根支柱，用大号针或竹针作轴，串一轻轮搁在支柱上，当小瀑布一泻而下之时则轻轮转动，可使小朋友了解水力推动的意义，进而了解水力磨粉、水力研米、水力发电。

古人有沧海桑田之说，正合地质学的道理。这现象可以很正确地由"清水沙盘"表现出来。当你把沙压到水底则山变为田、变为海，将沙从水里压出来则海变为田、变为山。倘使你把蚌壳藏在水里的沙中，当沙被压迫上来的时候，则蚌壳上山了。别的，如同河口之三角洲之形成、黄河改道之灾难都可以具体而微地表现出来，给小朋友一个正确的认识。

清水沙盘和干沙盘比较起来有好几个优点：

（一）小孩喜欢玩水。沙盘里有水更能使小孩高兴玩。不过水要清，沙要洗得纯净，没有一点泥土，使小孩玩时，不致把手和衣服弄脏。

（二）干沙盘是静止的，少变化的，清水沙盘是流动的，多变化的，更适合于小孩的性情，更能刺激小孩多方面的活动。

（三）干沙盘恐怕只能用于幼稚园。清水沙盘不但幼稚园的小朋友喜欢玩，而是小学生也喜欢玩，就是大到我们这样年纪也还喜欢玩。清水沙盘的功用随小孩年纪而转移。为幼稚园的小孩，它是玩具的成分多，但同时对于寻常地形及环境之变化也可以帮助他们认识。为低年级以上的学生，它是学习工具的成分多，但也不失掉好玩的意义。

（四）清水沙盘是活地图的原料。它在今日缺乏地图的前方后方之学校中，插上地名的小旗，可以代替地图，代替地图练习。它是立体的，所以在某种功用上说起来是更好的地图。

原载 1941 年 1 月 10 日《战时教育》第 6 卷第 3 期

## 乡村教育要不会办教育的人办
### ——致承国英

国英同志：

乡村教育要不会办教育的人办。这样的人，才能不受传统的影响。您只须认定下列几项原则，就可以不致走入歧路：

一、社会即学校；

二、生活即教育；

三、劳动即生活；

四、教学做合一；

五、在劳力上劳心才是真正的做；

六、行是知之始；

七、教小孩子自己教自己；

八、教小孩子做小先生；

九、教劳苦大众自己教自己；

十、会的教人，不会的跟人学；

十一、不愿教人的人，不配受教育；

十二、工以养生，学以明生，团以保生。

我们除人力以外，都愿帮你的忙。要想教育普及，必须就地取材，你以为如何？

祝你康健！

陶知行

原载 1934 年 4 月 16 日《生活教育》第 1 卷第 5 期

## 民主的儿童节

儿童的生活，是一面社会的镜子。

一个国家的政治经济是不是民主的，用不着争论，只须拿这一面镜子照一照，就明白了。因为儿童真是人微言轻，政治经济在儿童身上反映是最彻底而难以隐藏的。如果"月到中秋分外明"这句话是正确的，那么，您在儿童节的儿童生活的反映上更可以看得清清楚楚。幸运的儿童是一年三百六十五天，天天过儿童节，四月四日，不过是加强的儿童节罢了。不幸的儿童，就连四月四日也与他们无关，他们在儿童节仍旧是擦皮鞋，拾狗屎，做苦工，挨饿、挨冻、挨打。饿、冻、打，便是他们所受的礼物。听戏，看电影，吃糖果，参加游艺会，没有他们的份。

民主没有深奥的意思，通俗点说：就是"大家有份"。在倒霉的时候是"有祸同当"，在幸运的时候是"有福大家享"，在平常的时候是"大家的事大家谈，大家想，大家干"。

儿童节是全国儿童的儿童节，决不是少数儿童的儿童节。我们对于儿童幸福要做到全体儿童人人有份，才算是民主的儿童节。所谓儿童的幸福究竟是些什么？这可以拿老百姓所爱好的"福、禄、寿、喜"四个字来说明。

（一）福　有母爱，有书读，有东西玩，有六大解放。有学当其材之培养，有小小创造的机会，有广大的爱护后代的同情。

（二）禄　吃得饱，穿得暖。

（三）寿　不受恐怖，不被剥削，不受伤，不害病，不夭折。

（四）喜　过年过节，皆大欢喜。

要想实现这四大幸福，我觉得要使小孩们得到四种东西：

（一）玩具　团体娱乐的玩具。

（二）学具　进修学问之学具。

（三）用具　日常生活之用具。

（四）工具　手脑双挥之工具。

儿童节是觉悟的大人为全体儿童争取幸福的节日。我们不但是要为儿童争取一日之快乐，而且要为儿童争取长期之幸福。至少从今年儿童节起，要为不幸的儿童争取一年之学习材料。假使每一个学校或团体为其附近之不幸儿童，发动这样一种运动，使他们在儿童节能过一天快乐而有意义的生活，并得到一年之长进之资料，总是有益处的。但是，要知道民主的儿童节之先决条件，是政治经济的民主。倘使政治经济不民主，小孩子的幸福是必然限于很少数的少爷小姐。但是如果政治经济一民主，那自由神必定是立刻飞到他所关心的最不幸的小孩子当中，而把他们抱在温暖的怀抱里。故真正爱护小孩的朋友，必须是民主的战士。让我们促成民主的政治经济，以实现民主的儿童节。

原载 1945 年 4 月 4 日重庆《新华日报》

## 敲碎儿童的地狱，创造儿童的乐园

儿童是应该快乐的，而现在中国的儿童是非常痛苦。固然有许多人才是从痛苦中长大起来，但是成人的责任是应该把社会改造得好一点，使未成熟的儿童少吃点苦，多享点福。我们应该负起责任来，敲碎儿童的地狱，建立儿童的乐园。不够，我们应该引导儿童把地狱敲碎，让他们自己创造出乐园来。

### 要怎么样除苦造福

第一，我们应该承认儿童的人权。儿童的人权从怀胎的时候开始。打胎虽有法律禁止，但是社会上还是流行着。为着恐怕私生子为人轻视，便从源头上取消了他的生存权。也有因为贫穷而不能教养而出此残忍手段，使已得生命之胎儿不能见天日。我们只须读一读孔子、耶稣的故事，便知道剥削儿童生存权是何等的罪恶。每逢饥荒便听得见"易子而食"，这虽然说是被迫无法才出此下策，但也是把小孩的生命当作次一等所致。我们要解除儿童痛苦增进儿童福利，首先要尊重儿童的人权。

第二，我们应该了解儿童的能力需要。儿童有许多痛苦是由于父兄师长之不了解。不了解则有力无处用，有苦无处说。我们要知道儿童的能力需要，必须走进小孩的队伍里去体验而后才能为小孩除苦造福。我们必须重生为小孩，不失其赤子之心才能为儿童谋福利。

第三，承认了儿童的人权并了解了儿童的能力需要，才有可能谈儿童福利。否则难免隔靴搔痒，劳而无功。

原载 1944 年 12 月 16 日《时事新报》

## 学理与应用（译作）

诸位同学：

我来中国参观学校，研究教育，并考察中国之情形，故与诸君同为学生。我在美国任哥伦比亚大学师范院事，因同时与中国学生晤谈讨论，故我与诸君实为真正之同学。且我对于中国教育，及其将来之事业，甚为关心；而诸君将来出其所学以兴办社会之事业，与中国将来之事业，有极大之关系；故愿与诸君研究中国之教育。

科学非尚空谈，而重应用，即将原理应用于事业是也。

今日参观工业学校，其中工专以及甲乙两种讲习所合设一处。见许多学生，均忙碌于工作，将科学之原理，应用于事实：原理与事实熔为一炉，一变曩昔之习惯。原来知识学问不仅不在教科书上，亦不在多做几篇文字，必须将知识施之于有用之地而后可。无论何处，不讲真正之学问则已，欲讲真正之学问，则必须将原理变成事实，此乃教育上最大之原则也。新近又参观两个高等专门，而得两种教训：第一，在一个工科大学，参观其中设备完全，一机器架一石及木上，加压力，此即试验石与木能有几许能力，以受此压力也。吾人之建筑一室，非有木与石即能砌成也，必审木石之多寡，并择其适宜者而用之；

否则压力与受压之间不得其平，则其室必倒矣。我欲讲科学之实，试而举建筑房屋以为倒者，诚以建筑房屋必须将材料一一加以选择，孰为适用，孰不适用。建国亦然。欲改造中国，所需材料，何种适用，何种不适用，即不能不加以选择。中国现有两种文化：一为旧有之文化，一为新来之文化。现在既有此两种文化，则欲改造中国，而建设新中国，以何者为适宜于中国，是为一大问题。工程师对于材料之使用，孰者宜为梁，孰者宜为柱，必视其能力而支配之，有志建设新中国者，亦当有如此态度也。办教育论及中等以上之学校有选择之性质，即择其品优、体健而聪颖者，施以相当之教育，俾能胜改造社会之任，以有用之金钱造成优秀之人才，为中国之栋梁。

我前往参观第二个大学时，有一工程师为我之同事，彼谓现在工程上之最大问题，即为使人造之材料，能胜于天然者，且能坚硬而适于用，例如水门汀，由种种物质融和之，使其出换散而成为团结之整体。筑室建国，其理正复相同。我今日之所欲讲者，即为最后之一点，即社会如何能团结而为一整体是也。如何能团结社会，此即为教育上之一重要问题。中国立国，已数千年，而能团结至今以立足于世，即足以证明中国实具有一种团结之能力，然至今日各方之压力交加，故压力较从前为大，因之从前之团结力，有不能胜任之趋势，故必须有一种新团结力，以应付此压力。此团结力为何？即新教育是也。现在中国有数种新压力能使中国分裂：其一为工业主义，使女子离开家庭各往工厂从事工作，而家庭制度因呈破坏之象；其二为政治趋势，使中国南北分裂，而有涣散之势，又因感受德谟克拉西之潮流，而欲打破集中主义；其三为理性主义，因人生观之改变，致对于旧有之文化及制度习惯无不怀疑，渐成四分五裂之象。中国处此种情形之下，如欲免于危险，非筹所以应付之方法不可。今日参观工业学校，彼等能以科学之方法，应付工业之问题。见有颜料从前无甚充分用途，而外国又秘不传布，旧法又不适用，故只能自用科学之方法，以制造一种颜料，既可不致褪色，且甚美观；又如纺织工业，欲与外国竞争，必须应用科学之原理，从原理以得应用，复由应用而得原理。工业能使社会分裂，而科学实能团结之。进言之，改良纺织，须需机器，使用机器，须需煤铁。有铁而后能造机器，燃煤而后机器能显其力，故必须研究开矿之法。又欲将他处之煤铁输运于杭，必需铁路，管理铁路，则非应用物理、化学、算学不可。中国今日欲开实业，厥有两途：（一）使外人筑路开矿，然仍实不可恃，盖铁路一日在人手，则一日不能自由也。（二）自行研究科学，应用其方法，以开发天然之富源，然后权在己手，而能充分自由。故欲自由，须研究科学；然此之所谓科学，非纸上口头之科学，乃有实用之科学也。科学不仅能操纵天然，而当外侮之来，亦可用科学之法以抵御之。论者谓欧战为科学之战争，数百万兵士之后，随有十倍之科学家为之制造杀人之利器，实较总司令为利害。故欲御外侮，须具利器；欲制利器，须究科学。科学精而后可以无惧乎外侮之侵入也。以言教育，内部亦发生种种问题，有时科学与宗教冲突，有时文学与科学冲突，故如何能团结教育本身，即何种教育具有此种团结之能力，实为一大问题。我以为其道即在原理应用而已，能应用者，即为真知识，否则必非真知识也。知识之真否，可由实验而知之也。

惟教育偏重原理，固易分散；而偏重经验，亦易分散。

故当以原理指导经验，以经验发挥原理，原理与经验联结，方为有用之真知识，方能应用于行为上。此乃教育之目的，亦如此方能谓为有团结能力之教育也。

欧美各国，极讲效率，以最小之时间，得最大之效果。

有效力，有结果者，即为真正之教育。吾人之讲教育，应当讲内力充满、有充分实力之教育也。中国与美国不同。必谓美国前进，中国退后，亦不尽然，盖因确有不同之点也。例如美人之读书，自左而右，而中国则自右而左；美人见客必脱帽，而中国则否；中国称王先生，而美国则称密司忒王。教育方法亦有不同之处，中国之教育，不以学生之质问为然，而美则否，以使学生练习机会之多寡判断教育之优劣，能使学生有充分讨论、参与之机会，方为良教师。故教育当留适当之时间，以为学生讨论参与之地步也。学校之目的何在？教育之目的何在？此则须视其国体而定。中国既为共和国，则当施共和国之教育，其要素有二：（一）为独创的能力，能以自动之精神，自己研究，自己判断，而自用方法以达一定之目的；（二）效率，以少数之金钱、时间、精神，而得多数之效力。有此两种要素，方合共和之精神。在学校与学生以自动之机会，独创之能力，则卒业后其创造力、判断力自能充足，即此共和教育之目的也。美国有一牧场故事：场内有三猪，大小相同，种子复同，甲吃何物，如何清洁，栏大若干，均如式布置；乙亦如前，食住皆同，惟混一种之豆放于稻草上，能觅得则始得食；丙亦同，惟少与之食料，栏中有一穴，使能出外栏，外有豆，能出穴始得食。结果甲重百磅，不抵所费；乙重两百磅，适相抵；丙则五百磅，除养甲乙丙三猪资本之外，尚有盈余。学生诸君：欲为甲乎？为乙乎？抑欲为丙乎？自觅物以食，能利用环境以得生活，是乃我之所希望于诸君者也。

原载 1922 年 4 月《新教育》第 4 卷第 4 期

## 试验教育的实施

试验主义与新教育的关系，在第一期《新教育》月刊上已经论过。现在所要继续研究的问题，就是怎样将这实验的教育实行出去。照我看来，建设试验的教育，约有四种主要办法。

（一）应该注意试验的心理学　心理学是一切教学方法的根据，要想在教学上求进步，必须在心理学上注重试验。现在中国各级师范学校所教的心理学，不是偏重书本的知识，就是偏重主观的研究。推其结果，不独没有发明，就是所教所学的，也是难于明了。所以现在第一件要事，就须提倡试验的心理学。大学校的教育科和高等师范学校，都应当设备相当的心理学仪器。至于初级师范学校，也应当拣那必不可少的设备起来，使教员学生都有试验的机会。心理学有了试验，然后那依据心理的教育也就不致蹈空了。

（二）应该设立试验的学校　我们现在所有的学校，大概都是按着一定的格式办的，目的有规定，方法有规定。变通的余地既然很少，新理安能发现？就以师范学校的附属学校而论，有为实地教授设的，也有为模范设的，但为试验教育原理设的，简直可以说没有。所以全国实行的课程、管理、教学、设备究竟是否适当，无人过问，也无从问起。为今之计，凡是师范学校及研究教育的机关，都应当注重试验的附属学校；地方上也应当按着特别情形，选择几个学校，做试验的中心点。不过试验的时候，第一要得人，第二要有缜密的计划。随便什么学校，如果合乎这两个条件，就须撤消一切障碍，使他得以自由试验。如不得其人，又无缜密的计划，那仍是轻于尝试，不是真正的试验了。

（三）应当注意应用统计法　教育的原则，不是定于一人的私见，也不是定于一事的偶然。发明教育原理的，必须按着一个目的，将千万的事实征集起来，分类起来，表列起来，再把他们的真相关系一齐发现起来，然后乃能下他的判断。这种方法，就叫做统计法。试验教育是个很繁杂的事体，有了这种方法，才能以简御繁，所以统计法是辅助试验的一种利器，也是建设新教育的一种利器。研究教育的人，果能把这个法子学在脑里，带在身边，必定是受用无穷的。所以研究教育的机关，就须按着程度的高下，加入相当分量的统计法，列为正课，使那从事研究的人，能得一个操纵事实的利器。

（四）应该注重试验的教学法　试验的教学法，有一个最要之点，这要点就是如何养成学生独立思想的能力。现在通用的方法，只是赫尔巴的五段教授，总嫌他过于偏重形式。最好是把杜威的思想分析拿来运用。按照杜威先生的意思：第一，要使学生对于一个问题处在疑难的地位；第二，要使他审查所遇见的究竟是什么疑难；第三，要使他想办法解决，使他想出种种可以解决这疑难的方法；第四，要使他推测各种解决方法的效果；第五，要使他将那最有成效的方法试用出去；第六，要使他审查试用的效果，究竟能否解决这个疑难；第七，要使他印证，使他看这试用的法子，是否屡试屡验的。这几种方法，只是一套手续。有了这个方法，再加些应有的设备，必能养成学生一种试验的精神。

上面所举的四种方法当中，前三种是改造教育家应有的手续。他们的目的在使担任教育事业的人，得了一种精神方法，能够发明教育的原理。第四种是改造国民应有的手续，他的目的在使普通国民，得了一种精神方法，能够随时、随地、随事去做发明的功夫。总而言之，会试验的教育家和会试验的国民都是试验教育所要养成的。

原载 1919 年 4 月 14 日
《时报·教育周刊·世界教育新思潮》第 8 号

## 在南京高师教务会议上的报告纲要

（甲）教务处之组织

子、教务主任，一人；

丑、书记，"英文""中文"各一人；

寅、事务员，二人。

（乙）各分科之组织

本校现设"二部""六专修科"，各有一主任。

（丙）教务会议之种类

子、全体教务会议；

丑、学科教务会议；

寅、分科教务会议。

（丁）各科教室与预备室以及其他相关联之设备室，均已联络一气。

（戊）减少授课时间，已经教育部普通司长认可。暂定标准：体育、图书、实验及实习功课，二时算一时。

子、教习多教少研究；

丑、学生无研究之时刻，以致无自动之机会。

寅、各科功课，每星期总在三十小时以内。

（己）修正学业成绩之登录方法，学业成绩刊有单行本。

（庚）分科教务会议日期之支配，列表如下：

每月第一星期：国文部，史地部，理化部；

每月第二星期：教育科，农科；

每月第三星期：二科，商科；

每月第四星期：英文科，体育科。

（辛）本学期拟设法提倡全校关于体育之方法，故分科教务会议最好不在星期六下午举行。

（壬）补考之方法

子、尽量在三星期内补课，如有特别情形，可由教员与教务主任接洽；

丑、考验方法，临时商定。

摘自 1919 年 9 月 14 日《南京高等师范学校全体教务会议记录》

原件存中国第二历史档案馆

## 添设速记打字讲习科案

速记、打字两项，社会颇为需要。有志练习者，苦无适当求学之处。

现本校速记、打字教员，尚有余闲从事此项教课。爰拟于下学期添设速记、打字讲习科，造就此项人才，以应社会之需求，似亦推广教育之一法。是否有当，务希公决。如以为可行，交由教务处拟具办法，以便进行。

陶行知提议<br/>1919 年 12 月 17 日提<br/>原件存中国第二历史档案馆

## 在《学制系统草案》讨论会上的发言

新制比现行制优点甚多，但有一点，将来修正时须注意，即成人教育未包括入系统内。各国对于年长失学者都视为重要，设补习校以为受教育不充分及年长失学者补习。本席之意，可否将成人教育列入旁支系统内，以唤起教育家注意。

初等教育若办六年，则有师资与经费两层的困难。在城市中或可设法救济，而乡间则万万办不到。师范教育要以学制之需要，想出应接的方法。例如小学改六年，分四年一期、二年一期，则师资可分别培养。可办第一期乙种师范，为四年期小学教员；办第二期甲种师范，为后一期二年小学之教员。在斐律滨高小已有师范科，我国可参酌行之。至高师亦可办甲乙两期，分为初级与高级中学之教员。此外，职业教员之养成所，亦必定在高级中学，以留伸缩余地。

1921 年 12 月 8 日讲<br/>原件存中国第二历史档案馆

## 评学制草案标准

我们当改造一种制度之时，常受一种或数种原理信念的支配指导。这次学制草案所采用之六种标准，也就是这种原理和信念的表现。论到所表现的是否合宜，我们必须先看学制的功用，才能加以判断。学制的功用何在？

学制是一种普遍的教育的组织。他的功用是要按着各种生活事业之需要，划分各种学问的途径，规定各种学问的分量，使社会与个人都能依据他们的能力，在各种学问上适应他们的需要。照这样看来，学制所应当包含的有三种要素：

（一）社会之需要与能力　各种社会对于学问上之需要，有同的，有不同的；他们设学的能力，有大有小。

（二）个人之需要与能力　各种学生对于学问上之需要有同的，有不同的；他们求学的能力，有大有小。

（三）生活事业本体之需要　各种生活事业在学问上所需之基础有同的，有不同的；他们所需的准备的最低限度有大有小；这种基础与准备之伸缩可能，也有大小之不同。

我们且依据这三种要素来观察这次学制草案之标准。第一条标准——根据共和国体，发挥平民教育精神，和第二条标准——适应社会进化的需要，都属于社会共同的需要方面。第五条标准——多留地方伸缩余地，并且顾到各地不同的需要。若第五条与第四条——注意国民经济能力、第六条——使教育易于普及合起来看，我们可以说各地设学的能力的大小也顾到了。第三条——发展青年个性使得选择自由——对于个人的需要已有相当的重视。就这条与第四条合起来看，似乎学生求学能力大小之不同，亦已隐隐地含在里面。再看说明（四）与（五），可以晓得学制草案对于学生求学的能力，是很注意的。

故此次所拟的标准对于社会之需要能力和个人之需要能力两种要

素已经顾得周到，但对于生活事业本体上之需要，却无显明之表示。虽有几处——如中等教育段——很能体贴这种意思，但因为未曾明白表示，所以顾此失彼，不能彻底地应用出去。

　　生活与事业本体之需要是规定学制很重要之标准，我们分段落定分量时，应当受他的制裁和指导。例如社会需要医生，也有力开办医学，某生需要学医也有力学医，但是社会应办几年之医科大学，某生应学几年之基本学问方可学医，应学几年之医道方可行医，——这都是要由医道本体的要求定的。医学之分量基础宜如此定，准备别种生活事业之分量与基础亦宜如此定。故先依各种生活事业之需要，规定各种学问之分量，再就社会个人的能力所及，酌量变通，以应社会与个人的需要，或是建设学制可以参考之一法。

原载1922年1月《新教育》第4卷第2期

## 整个的校长

　　去年我对南开中学学生演讲《学做一个人》，曾经提出五种"非整个的人"，内中有一种就是分心的人。分心的人是个命分式的人，不是个整个的人。整个的人的中心，只放在一桩主要的事上。他的心分散在几处，就是几分之一的人。这类人包括兼差的官吏，跨党的党人，多妻的丈夫。俗语说"心挂两头"，就是这类人。这类人是命分式的人，不是整个的人。

　　做一个学校校长，谈何容易！说得小些，他关系千百人的学业前途；说得大些，他关系国家与学术之兴衰。这种事业之责任不值得一个整个的人去担负吗？现在不然。能力大的人，要干几个校长。能力不够或时间不敷分配的，就要找几个人，合起伙来，共干一个校长。我要很诚恳地进一个忠告：一个人干几个校长，或几个人干一个校长，都不是整个的校长，都是命分式的校长。试问，世界上有几个第一流的学校是命分式的校长创造出来的？国家把个整个的学校交给你，要你用整个的心去做个整个的校长。为个人计，这样可以发展专业的精神，增进职务的效率。为学校计，与其做大人名流的附属机关，不如做一个学者的专心事业。具体地说：去年教育部所开的总长兼校长和校长兼校长的例不但不应沿袭，并且应当根本铲除。我希望现在以总长兼校长的诸公都自动地辞去总长或校长，以校长兼校长的诸公都自动地以担任一校校长为限。至于某大学设立会办一层，似有几人合做校长之情形；此种新例，亦不可开。总之，为国家教育计，为个人精力计，一个人只可担任一个学校校长。整个的学校应当有整个的校长，不应当有命分式的校长。

原载 1926 年 2 月《新教育评论》第 1 卷第 10 期

## 如何使幼稚教育普及

教人要从小教起。幼儿比如幼苗，必须培养得宜，方能发荣滋长，否则幼年受了损伤，即不夭折，也难成材。所以小学教育是建国之根本，幼稚教育尤为根本之根本。小学教育应当普及，幼稚教育也应当普及。如何使幼稚教育普及，是我们最关心的一个问题。依我看来，进行幼稚教育之普及要有三个步骤。

（一）改变我们的态度　一般人的态度总以小孩子的教育不关重要，早学一两年，或迟学一两年，没有多大关系。我们很漠视小孩子的需要、能力、兴味、情感。因此，便不知不觉地漠视了他们的教育，把他们付托给老妈子，付托给街上的伙伴。在这种心理之下，幼稚园是不会发达的。我们要想提倡幼稚园，必须根本化除这种漠视小孩子的态度。我们必须唤醒国人明白幼年的生活是最重要的生活，幼年的教育是最重要的教育。

关心幼儿的父母，明白幼稚教育之重要，并且愿意送子女进幼稚园。但是他们有一种牢不可破的成见也是要不得的。这成见就是不愿他们的子女与贫苦人家的子女为伍。他们以为自己的子女是好的，贫苦人家的子女是不好的。他们以为贫苦人家的子女进了幼稚园便要把他们的子女带坏了。因此，幼稚园便成了富贵人家和伪智识阶级的专利品。我们应当知道民国只有人中人，没有人上人，也就没有人下人。人中人是要从孩中孩造就出来的。教育者的使命是要运用好孩子化坏孩子，不应当把好孩子和坏孩子分开，更不应当以为富贵人家的孩子是好孩子，贫苦人家的孩子是坏孩子；尤其不可迁就富贵人家的意见排斥贫苦人家的儿女。富贵人家及伪智识阶级的父母倘不愿把亲生子女做新中国被打倒之候补者，就应当把自己的子女和不幸的人家的子女放在一个幼稚园里去受陶冶。办理幼稚园的先生倘若不愿把幼稚园当作富贵太太们打麻将时用之临时托儿所，便应当把整个的幼稚园献给全社会的儿童。可是这样一来，幼稚园教师便须明白他们的使命：不是随随便便地放任，乃是要运用好孩子化坏孩子，运用坏孩子的好处化好孩子的坏处。

承认幼年生活教育之重要，是普及幼稚园之出发点；承认幼稚园为全社会幼儿的教育场所，是普及正当幼稚园的出发点。我们必须得到这两种态度，幼稚园才有普及的希望。

（二）**改变幼稚园的办法** 幼稚园的办法是费钱的，不想法节省，必不容易普及。最需要幼稚园的地方是乡村与女工区。女工区的幼稚园，还可由工厂担负经费，纵使用费太多，尚易筹措。乡间是民穷财尽，费钱较少之小学尚且不易普及，何况费钱加倍的幼稚园呢？所以在乡间推行幼稚园好比是牵只骆驼穿针眼。我们必须向着省钱的方针去谋根本改造，幼稚园才有下乡的希望，才有普及的希望。

（三）**改变训练教师的制度** 普及教育的最大难关是教师的训练。我们要想普及幼稚教育至少需要教师一百五十万人。这是一个最难的问题。因为不但是经费浩大，并且训练不得其法，受了办理幼稚园的训练，不一定去办幼稚园，或者是去办出一个不合国情的幼稚园，那就糟了。幼稚师范是要办的，但幼稚师范必须根本改造，才能培养新幼稚园之师资。纵然如此，我们也不能专靠正式幼稚师范去培养全部的师资。我们现在探得一条新途径，很能使我们乐观。试验乡村师范学校的幼稚师范院在燕子矶设了一所乡村幼稚园，叫做第二中心幼稚园。开办之初便收了三位徒弟，跟着幼稚教师徐先生学办幼稚园，张宗麟先生任指导。前天他和我谈起，幼稚园的徒弟制似可推行到小学里去，并且可以解除乡村小学教员的一个大问题——生活寂寞。我说："这是的的确确的。徒弟制不但能解除生活寂寞，并且能促进普及教育之进行。"普及小学教育及幼稚教育非行徒弟制不可。倘以优良幼稚园为中心，每所每年训练两三位徒弟，那么，多办一所幼稚园，即是多加一所训练师资的地方，这是再好没有的办法。我看三百六十行，行行有徒弟，行行都普及。木匠到处都有，他是怎样办到这个地步的？徒弟制。裁缝匠、泥水匠、石匠、铁匠和三万万四千万种田匠，哪一行不是这样普及的呢？老实说，教学做合一主义便是沥清过的徒弟制。徒弟制的流弊是：劳力而不劳心，师傅不肯完全传授，对于徒弟之虐待。假使我们能采徒弟制之精华而除去他的流弊，必定是很有成效的。若把这种办法应用到幼稚园里来，我是深信他能帮助幼稚教育普及的。我和陈鹤琴先生近来有一次很畅快的谈话。他主张拿鼓楼幼稚园来试一试。鼓楼幼稚园是最富研究性的，现在发了宏愿，要招收徒弟来做推广幼稚师资之试验，是再好没有的了。

  以上所说的普及幼稚教育的三个步骤，不过是我个人所见到的，一定有许多遗漏的地方。关心幼儿幸福的同志，倘以别的好方法见教，那就感激不尽了。

  *出自 1928 年 4 月上海亚东图书馆版《中国教育改造》*

## 小学目标案

### 理由

中国学生,愈学愈弱,愈教愈懒。陷在迷信的环境而不能觉悟,遇了丑陋的事情而惯于苟安。在人中做人,又不会团结,以至达成"一个和尚挑水吃,两个和尚抬水吃,三个和尚没水吃"的怪现象!要想纠正这些堕落的趋向,必须明定小学教育目标,以为小学教育方法之指导,并树立一切教育的基础。

### 办法

(一)小学教育应培养手脑双全、志愿自立立人的儿童。其目标如下:

1. 康健的体力;
2. 劳动的身手;
3. 科学的头脑;
4. 艺术的兴趣;
5. 团体自治的精神。

(二)由中华民国大学院通令全国小学校,以资遵守。

出自 1928 年 8 月上海商务印书馆版《全国教育会议报告》

## 送科学丛书

新安小学出世之日,即文渼先生去世之日。我于今把二周祭要买祭品的钱买了这部书,来送给新安小学作为开校二周纪念的礼物。这里面有许多小小的实验!俗语说:"百闻不如一见。"说得更确些是:"百见不如一做。"科学实验要从小做起。每天找些小小实验,教小朋友们去做吧!倘使不照书上所说而能独出心裁地指导小朋友在做上追求真知,那就格外地好了。文渼先生有灵,看见一个个小朋友都成了小小科学家、实验家,她该是多么地快乐啊!倘使这部书只藏而不看,看而不讲,讲而不做,那便等于金银香纸烧成一缕黑烟,飘入天空终于不知所止,岂不可叹!我深信新安小学的老师、小朋友必能善用这微小的礼物去造成伟大的前途。那么将来的伽利略(Galileo)、巴士笃(Pasteur)、法拉第(Faraday)也许就是你们的同学咧。

出自1932年3月上海儿童书局版《儿童科学指导(一)》

## 怎样选书

书有两种:一种是吃的书;一种是用的书。吃的书当中,有的好比是白米饭,有的好比是点心,有的好比是零食,有的好比是药,有的好比是鸦片。

中国是吃的书多,用的书少。吃的书中是鸦片的书多,白米饭的书少。

我从前写了四句三字经,警告一般不劳而获的人:

不做事,
要吃饭。
什么人,
是混蛋!

吃饭不做事,尚且不可,何况吃鸦片而不做事!

一个过合理生活的人,三餐饭当然是要吃的,可是也不能忘记那八小时的工作。要想工作做得好,必须有用的书。用的书没有,如何去做?一个学校要想培养双手万能的学生,自然要多备用的书,少备吃的书,而吃的书中尤须肃清一切乌烟瘴气的书。

可是,现在中国学校里的情形,适得其反:只有吃的书,没有用的书，而吃的书中，多是一些缺少滋养料的零食与富有麻醉性的鸦片。在这些书里讨生活的学生们，自然愈吃愈瘦，愈吃愈穷，愈吃愈不像人。

我们要少选吃的书，多选用的书，我们对于书的态度之变更，是由于我们对于儿童的态度之变更。我们在《儿童生活》杂志上发表对于儿童的根本态度是：

儿童是新时代之创造者；不是旧时代之继承者。

儿童是创造产业的人；不是继承遗产的人。

儿童生活是创造，建设，生产；不是继承，享福，做少爷。

新时代的儿童是小工人。

这工人，是广义的工人，不是狭义的工人。

在劳力上劳心便是做工。这样做工的人都叫做工人。新时代的儿童，必须在劳力上劳心，又因他年纪小一些，所以称他为小工人。

小工人必是生产的小工人，建设的小工人，实验的小工人，创造的小工人，改革的小工人。

儿童的生活便是小工人生活，小生产生活，小建设生活，小实验生活，小创造生活，小改革生活。

儿童用书便是小工人生活之写实与指导。这里面所要包含的是一些小生产、小建设、小实验、小创造、小改革、小工人的人生观。

无论他是生产也好，建设也好，实验也好，创造也好，改革也好，他必须做工，他必须在劳力上劳心，他必须在用手时用脑。

这里所画的画，是小工人做工之画；所唱的歌，是小工人做工之歌；这里所问的问题，是小工人做工之问题；这里所答的解答，是小工人做工之解答；这里所用的数，是小工人做工之数；这里所写之文字，是小工人做工之文字；这里所介绍的工具，是小工人做工之工具；这里所说的故事，是小工人做工之故事；这里所讲的笑话，是小工人做工之笑话；这里所主张的人生观，是小工人认真做工之人生观。

儿童用书既是以指导儿童做工为主要目的，那么，一本书之好坏，可以拿下列三种标准判断他：

（一）我们要看这本书有没有引导人动作的力量，有没有引导人干了一个动作又干一个动作的力量。

（二）我们要看这本书有没有引导人思想的力量，有没有引导人想了又想的力量。

（三）我们要看这本书有没有引导人产生新价值的力量，有没有引导人产生新益求新的价值的力量。

出自1932年3月上海儿童书局版《儿童科学指导（一）》

## 幼稚园要重视科学的训练

幼稚园要开辟新路径，要创造新材料。现有的故事、游戏、歌曲等，都得重新改造。公主、王子的童话时代已经过去了。叫小孩子爬在地上做猫捉老鼠的游戏，是要有极干净的地板才好做的。狼来了！狼来了！快些跑！快些跑！这一类的歌曲，简直把小羊的两只角砍掉了。用极精致的纸印刷极美丽的图来给小孩子认字，这是不适宜于大多数的一般的幼稚园。福氏和蒙氏的恩物从前我们在晓庄时是没有，因为那时以为要花一百多块钱才可以到美国去买来。但是，我已经在徐家角自己制造出来了。这两套恩物，我们虽然不同，但我们不能不知道他的用法。科学的训练是很重要，但是现在的一般幼稚园里是很少的。

出自孙铭勋、戴自俺等编著《晓庄幼稚教育》，

1934年上海儿童书局版

## 教育的新生

宇宙是在动，世界是在动，人生是在动，教育怎能不动？并且是要动得不歇，一歇就灭！怎样动？向着哪儿动？

我们要想寻得教育之动向，首先就要认识传统教育与生活教育之对立。一方面是生活教育向传统教育进攻；又一方面是传统教育向生活教育应战。在这空前战场上徘徊的、缓冲的、时左时右的是改良教育。教育的动向就在这战场的前线上去找。

传统教育者是为办教育而办教育，教育与生活分离。改良一下，我们就遇着"教育生活化"和"教育即生活"的口号。生活教育者承认"生活即教育"：好生活就是好教育，坏生活就是坏教育，前进的生活就是前进的教育，倒退的生活就是倒退的教育；生活里起了变化，才算是起了教育的变化。我们主张以生活改造生活，真正的教育作用是使生活与生活摩擦。

为教育而办教育，在组织方面便是为学校而办学校。学校与社会中间是造了一道高墙。改良者主张半开门，使"学校社会化"。他们把社会里的东西，拣选几样，缩小一下搬进学校里去，"学校即社会"就成了一句时髦的格言。这样，一只小鸟笼是扩大而成为兆丰花园里的大鸟笼。但它总归是一只鸟笼，不是鸟世界。生活教育者主张把墙拆去。我们承认"社会即学校"：这种学校是以青天为顶、大地为底、二十八宿为围墙，人人都是先生都是学生都是同学；不运用社会的力量，便是无能的教育，不了解社会的需求，便是盲目的教育。倘使我们认定社会就是一个伟大无比的学校，就会自然而然地去运用社会的力量，以应济社会的需求。

为学校而办学校，它的方法必是注重在教训。给教训的是先生，受教训的是学生。改良一下，便成为教学——教学生学。先生教而不做，学生学而不做，有何用处？于是"教学做合一"之理论乃应运而起。

事该怎样做便该怎样学,该怎样学便该怎样教。教而不做,不能算是教;学而不做,不能算是学。教与学都以做为中心,在做上教的是先生,在做上学的是学生。

教训藏在书里,先生是教死书,死教书,教书死;学生是读死书,死读书,读书死。改良家觉得不对,提倡半工半读,做的工与读的书无关,又多了一个死:做死工,死做工,做工死。工学团乃被迫而兴。工是做工,学是科学,团是集团,它的目的是:"工以养生""学以明生""团以保生"。团不是一个机关,是力之凝结,力之集中,力之组织,力之共同发挥。

教死书,读死书,便不许发问,这时期是没有问题。改良派嫌它呆板,便有讨论问题之提议。课堂里因为有了高谈阔论,觉得有些生气。但是坐而言不能起而行,有何益处? 问题到了生活教育者的手里是必须解决了才放手。问题是在生活里发现,问题是在生活里研究,问题是在生活里解决。

没有问题是心力都不劳。书呆子不但不劳力而且不劳心。进一步是:教人劳心。改良的生产教育者是在提倡教少爷小姐生产,他们挂的招牌是教劳心者劳力。费了许多工具玩了一会儿,得到一张文凭,少爷小姐们到底不去生产物品而去生产小孩。结果是加倍的消耗。生活教育者所主张的"在劳力上劳心"是要贯彻到底,不得中途而废。

心力都不劳,是必须接受现成知识方可。先在学校里把现成的知识装满了,才进到社会里去行动。王阳明先生所说的"知是行之始,行是知之成"便是这种教育的写照。他说的"即知即行"和"知行合一"是代表进一步的思想。生活教育者根本推翻这个理论。我们所提出的是:"行是知之始,知是行之成。"行动是老子,知识是儿子,创造是孙子。有行动之勇敢,才有真知的收获。

传授现成知识的结果是法古。黄金时代在已往,进一步是复兴的信念,可是要"复"则不能"兴",要"兴"则不可"复"。比如地球运行是永远的前进，没有回头的可能。人只见春夏秋冬，周而复始，不知道它是跟着太阳以很大的速率向织女星飞跑，今年地球所走的路绝不是它去年所走的路。我们只能向前开辟创造，没有什么可复。时代的车轮是在我们手里，黄金时代是在前面，是在未来。努力创造啊！

现成的知识最初是传家宝，连对子女都要守秘密。后来，普通的知识是当作商品卖。有钱、有闲、有脸的乃能得到这知识。那有特殊利害的知识仍为有权者所独占。生活教育者就要打破这知识的私有，天下为公是要建筑在普及教育上。

知识既是传家宝，最初得到这些宝贝的必是世家，必是士大夫。所以士之子常为士，士之子问了一问为农的道理便被骂为小人。在这种情形之下，教育只是为少数人所享受。改良者不满意，要把教育献给平民，便从士大夫的观点干起多数人的教育。近年来所举办的平民教育、民众教育，很少能跳出这个圈套。生活教育者是要教大众依着大众自己的志愿去干，不给智识分子玩把戏。真正觉悟的智识分子也不应该再耍这套猴子戏，教大众联合起来自己干，才是真正的大众教育。

智识既是传家宝，那么最初传这法宝的必是长辈。大人教小人是天经地义。后来大孩子做了先生的助手，班长、导生都是大孩教小孩的例子。但是小先生一出来，这些都天翻地覆了。我们亲眼看见：小孩不但教小孩，而且教大孩，教青年，教老人，教一切知识落伍的前辈。教小孩联合大众起来自己干，才是真正的儿童教育。小先生能解决普及女子初步教育的困难。小先生能叫中华民族返老还童。小先生实行"即知即传人"是粉碎了知识私有，以树起"天下为公"万古不拔的基础。

原载1934年10月13日《新生》第1卷第36期

## 育才学校教育纲要草案

### 一、育才学校之性质及其内容

（1）育才学校根据中华民国教育宗旨及抗战建国需要，用生活教育之原理与方法，培养难童中之优秀儿童，使成为抗战建国之人才。

（2）育才学校办的是建国教育，但同时是抗战教育。有人离开抗战教育而提出建国教育，挂建国教育之名，行平时教育之实。我们的看法不同，今天的建国教育必须是抗战教育，而今天真正把握中国抗战全面需要的抗战教育，必然是建国教育。育才学校从某些人的眼光看来，是"建国教育"（因为他们以为它只是培养未来的人才）；但我们认为这并不保证它就是建国教育。保证它是建国教育的是在于它同时就是抗战教育。今天育才学校的儿童必须过战时生活，必须为抗战服务，必须在抗战洪炉中锻炼。否则，我们便没有理由希望他们成为未来的建国人才。育才学校的教育，不是挂名的建国教育，而是抗战与建国的统一教育，抗战建国教育。

（3）育才学校办的是人才教育，分音乐、戏剧、绘画、文学、社会、自然等组。但和传统的人才教育办法有所不同。传统的人才教育，一般地是先准备普通的基本教育，然后受专门的高等教育。我们的办法是不作这样严格的时间上的划分，我们选拔具有特殊才能的儿童，在开始时便同时注意其一般基础教育与特殊基础教育。前者所以使儿童获得一般知能及优良的生活习惯与态度；后者所以给予具特殊才能之儿童以特殊营养，使其特殊才能得以发展而不致枯萎，并培养其获得专门知能之基础。表面上看来，这是一般基础教育与专科基础教育之过早的区分，但根据我们的办法，这是及早防止一般基础学习及专科基础学习之裂痕。我们要及早培养儿童对于世界和人生一元的看法。倘若幼年的达尔文对于生物浓厚的爱好是发展伟大的进化论者达尔文的条件之一，那么今天提早发展儿童之个别优异倾向，实在有其理由。

倘若中国近年来文化工作之脱离广泛社会实际生活，和技术专家之缺少正确的认识可以作为殷鉴，那么，今天便在一般基础教育与特殊教育中予以统一，防止那样的分裂倾向，实在有其必要。

（4）育才学校办的是知情意合一的教育。中国数十年的新教育是知识贩卖的教育，有心人曾慨然提倡感情教育，知情意并重的教育。这种主张，基本上是不错的，但遗憾的是没认清知识教育与感情教育并不对立，同时知情意三者并非从割裂的训练中可以获取。书本教育也许可以使儿童迅速获得许多知识，神经质的教师也许可以使儿童迅速地获得丰富的感情，专制的训练也许可以使一个人获得独断的意志，但我们何所取于这样的知识，何所取于这样的感情，何所取于这样的意志？知情意的教育是整个的，统一的。知的教育不是灌输儿童死的知识，而是同时引起儿童的社会兴趣与行动的意志。情育不是培养儿童脆弱的感情，而是调节并启发儿童应有的感情，主要的是追求真理的感情；在感情之调节与启发中使儿童了解其意义与方法，便同时是知的教育；使养成追求真理的感情并能努力与奉行，便同时是意志教育。意志教育不是发扬个人盲目的意志，而是培养合于社会及历史发展的意志。合理的意志之培养和正确的知识教育不能分开，坚强的意志之获得和一定情况下的情绪激发与冷淡无从割裂。现在我们要求在统一的教育中培养儿童的知情意，启发其自觉，使其人格获得完备的发展。

（5）育才学校办的是智仁勇合一的教育。智仁勇三者是中国重要的精神遗产，过去它被认为"天下之达德"；今天依然不失为个人完满发展之重要的指标。尤其是目前抗战建国时期，我们需要智仁勇兼修的个人，不智而仁是懦夫之仁；不智而勇是匹夫之勇；不仁而智是狡黠之智；不仁而勇是小器之勇；不勇而智是清谈之智；不勇而仁是口头之仁。中国童子军以智仁勇为其训练之目标，是非常有意义的。育才学校不仅是以智仁勇为其局部训练之目标，而是通过全部生活与课程以达到智仁勇之鹄的。我们要求每一个学生个性上滋润着智慧的心，了解社会与大众的热诚，服务社会与大众自我牺牲的精神。

（6）育才学校是一个具有试验性质的学校。第一，抗战以来，中国破天荒产生了儿童公育的事业，而育才学校是其中特殊的一种。我们希望将具有特殊才能的儿童之公育，予以充分的试验。第二，育才学校以生活教育原理与方法作为一种指导方针，我很希望将这一指导方针予以充分试验，我们深信这种试验会给予生活教育理论一些新的发展。

（7）育才学校全盘教育基础建筑在集体生活上。这里不是一个旧的教育场所，而是一个新的生活场所。这里的问题，不仅在于给儿童以什么样的教育，同时更在于如何使儿童接受那样的教育；这里的问题，不仅在于我们应有一个教育理想与计划，而在于如何通过集体生活达到那样一个理想与计划。所谓集体生活是全盘教育的基础有三个意义：

第一，集体生活是儿童之自我向社会化道路发展的重要推动力；为儿童心理正常发展所必需。一个不能获得这种正常发展的儿童，可能终其身只是一个悲剧。第二，集体生活可以逐渐培养一个人的集体精神。这是克服个人主义、英雄主义及悲观懦性思想的有效药剂，中华民族正处于历史上空前未有的抗战建国关头，这种集体精神应溶化在每个人的血液里。第三，集体生活是用众人的力量集体地创造合理的生活、进步的生活和丰富的生活，以这种丰富、进步而又合理的生活之血液来滋养儿童，以集体生活之不断地自新创造的过程来教育儿童。具体言之，集体生活之作用是在使儿童团结起来做追求真理的小学生，团结起来做即知即传的小先生，团结起来做手脑并用的小工人，团结起来做反抗侵略的小战士。

（8）育才学校的集体生活必须保持合理、进步与丰富，而欲保持它的合理、进步与丰富，则有两个重要的条件：（一）与社会发展的联系，与整个世界的沟通。（二）在集体之下，发展民主，看重个性。

（9）育才学校的集体生活包含着如下几种生活：（一）劳动生活；（二）健康生活；（三）政治生活；（四）文化生活。在传统教育中有所谓劳动教育而忽略劳动生活，有所谓健康教育而忽略健康生活，有所谓政治教育而忽略政治生活，在各种各样的课堂中，讲授文化生活而忽略真正的文化生活。育才学校的生活与教育是统一的，它认定劳动生活即是劳动教育，用劳动生活来教育，给劳动生活以教育；它认定健康生活即是健康教育，用健康生活来教育，给健康生活以教育；它认定政治生活即是政治教育，用政治生活来教育，给政治生活以教育；它认定文化教育，用文化生活来教育，给文化生活以教育。

（10）育才学校的集体生活虽然在性质上分为劳动生活、健康生活、政治生活和文化生活，但在生活之集体性这一点上，决定了我们的劳动生活、文化生活往往同时就是政治生活。质言之，劳动生活、健康生活、文化生活之解释、动员、组织的过程都是政治生活，也都是政治教育。因此育才学校的集体生活，在其总的意义上来说便是一种政治生活。也就是说育才学校的政治教育笼罩着整个集体生活。

（11）育才学校的生活是有计划的，此种有计划的集体生活之集体性决定了全部的集体生活，同时就是政治生活。同样地育才学校的集体之教育性决定了全部的集体生活，同时就是文化生活。质言之，劳动生活、健康生活、政治生活在集体讨论与检查中所有语言文字表达能力之锻炼以及思考推理之应用等等，便同时是文化生活、劳动生活、健康生活、政治生活对于学生精神和品格上之陶冶及锻炼，便同时是文化教育。因此，育才学校的集体生活在其总的意义说来，同时又是文化教育。

（12）育才学校之集体生活在其总的意义上说来，一方面是政治教育，另一方面又是文化教育。此二者与集体生活是互为影响的。集体生活愈丰富，则政治教育愈充实；政治教育愈充实，则集体生活之政治认识的水平愈提高。同样地，集体生活愈丰富，则文化教育愈充实；文化教育愈充实，则集体生活之文化水平愈提高。

（13）育才学校之政治教育、文化教育在集体生活有其总的意义，要求我们确定这两方面的指导方针：（一）今天吾人正处在历史上空前未有的民族解放战争中，纵贯在整个抗战中之最根本问题是全国精诚团结，服从三民主义之领导，这是全国人民的共同要求，毫无疑义地育才学校之政治教育应以精诚团结、服从抗战、实行三民主义为最高原则。（二）人类历史上的文化遗产浩如瀚海，欲浩如瀚海之文化遗产全部为儿童所接受，匪特不可能，抑且与教育原理不相合。因此，育才学校今日而言文化教育，就其内容而言，必须确定以下诸点：（一）压缩地反映人类历史上重要而有代表性的文化遗产。（二）着眼哲学科学（社会与自然）与艺术之历史的发展及其在社会实践的意义。（三）着重人类进化史及中国历史的认识。

（14）最后，育才学校一般基础教育之是否可以获得成功，特种基础教育是否可以获得较多的学习时间，都要看儿童们是否能迅速地获得文化之工具来决定，这是一个教育上基本建设的问题。一个儿童不能够用适当语言文字清楚地表现他的思想，我们可以说，这个儿童所受的是不完备的教育。所谓文化的工具的教育，包含着这样几项：（一）语言，（二）文字，（三）图画，（四）数学，（五）逻辑。广义地说来，这五项东西同是表达思想的工具。只有这种工具获得了才可以求高深的学问，才可以治繁复的事。传统教育也是非常看重这种工具的，但它有两个根本缺点：第一，偏狭，将读、写、算看做最重要的工具；第二，错误，一味在读、写、算本身上来学习读、写、算。今天我们提出文化的工具教育，并且强调其重要，绝不是将它置于一般基础教育之上，终日来学习语言文字、数学逻辑。倘若这样的话，这正是犯了三 R（The three R's）教育的错误。我们认为工具教育，应该从丰富的集体生活中来吸取培养它自己的血液，用语言文字图画来表达集体生活，用集体生活中统计的事项来作写计算的材料，用集体生活中之事实、论争发展儿童客观的逻辑，代替儿童之虚幻的逻辑。

然而，在另一方面也有一种错误的倾向：那就是设计教学法者，根本忽视工具教育之特性。他们将语文和算术的学习不断联结于各个不甚关联的单元活动上，充满了牵强附会和人工造作。依照我们的办法，一方面是用这些工具来表达集体生活事项，一方面又将语文中之优秀作品以及计数活动之练习给组成一种文化生活，从事学习。儿童获得这种文化的生产工具以后，他便能自动地吸收广泛的知识。

**二、育才学校生活、学习与工作制度**

（1）育才学校的生活、学习、工作基本上是打成一片的，其中一般活动皆属于一骨干组织的集团生活之组织下。这一个组织统一了生活与学习的组织，统一了集体生活与日常社会服务组织。这一组织系统概略如下：（一）设育才学校儿童生活团；（二）音乐、戏剧、文学、社会、绘画、自然、工艺、农艺等组备编为一中队，中队下设若干分队；（三）各组同一般教育水准之儿童编为一学级，使共受普通教育；（四）各组之各不同分队的儿童按年龄大小与工作经验之配合，混合组成若干社会服务队，专司附近村落社会服务（详细情形，可参考育才学校公约草案）。

（2）学习活动中之一般学习包含一般生活组织中。

（3）工作与服务之一般的组织亦包含在一般生活组织中，但育才学校为了在抗战洪炉中锻炼儿童，同时为了抗战工作之需要，得相机随时组织战时工作队；倘若在一般生活组织中，有较为固定的生活、工作与学习已经使儿童获得较为刻板的习惯，那么战时工作队便是有意打破这种刻板的习惯，予儿童以一种应有的训练。

（4）以上各项组织尽了纵横交错之作用，使全校儿童能彼此相接触，但在这各组织中，分队是平日生活、工作、学习的基本组织。

（5）育才学校主张教训合一，同时育才学校坚决地反对体罚。体罚是权威制度的残余，在时代的意义上说它已成为死去的东西，它非但不足以使儿童改善行为，相反地，它是将儿童挤下黑暗的深渊。育才教师最大的责任便是引起儿童对于纪律自觉地需要，自觉地遵守；

引起儿童对于学习自觉地需要，自动地追求。

（6）育才学校集体生活之组织的原则是民主集中制。民主集中制的运用，一方面可以健全当前的集体生活，另一方面是要培养儿童参与未来民主政治之基础。

（7）育才学校着重分队晚会。凡集体生活中之问题、时事及当天指导员所教的东西务需予以充分的讨论，这除了增加儿童对于学科了解而外，同时更增进了儿童语言表达的能力。

（8）育才学校着重自我批评。自我批评是发展民主的有效手段，自我批评是促进自觉性启发的利器。

（9）育才学校着重总结能力之培养。总结需要包含学习中各种问题，自我批评及讨论中不相同的意见等，这一方面是扩大了儿童的能力，一方面是练习了逻辑。

（10）育才学校要养成儿童之自我教育精神。除跟教师学外，还跟伙伴学，跟民众学，走向图书馆去学，走向社会与自然界去学。他可以热烈地参加集团生活，但同时又可以冷静地思考问题。

（11）育才学校之总的教育过程为：（一）以儿童为行动的主体，在教师之知的领导下，所进行的行与知之不断联锁的过程；（二）以儿童为行动的主体，同时以儿童自身之知为领导，所发展之行与知不断联锁的过程；（三）育才教育目的之一便是从第一种过程慢慢地发展至第二种过程。

（12）育才学校之一般"教学做"的过程，有三种形式：（一）以工作或问题为中心的教学做过程；（二）以事物之历史发展为中心的教学做过程；（三）各学科、各系统的学习与研究的教学做过程。这三个过程，育才学校参合互用。

（13）育才学校教师与学生基本上是在集体生活上共学，不但是学生受先生的教育，先生也在受学生的教育。这里我们要反对两种不正确的倾向：一种是将教与学的界限完全泯除，否定了教师领导作用的错误倾向；另一种是只管教，不问学生兴趣，不注意学生所提出的问题之错误倾向。前一种倾向必然是无计划，随着生活打滚，后一种倾向必然是盲目地灌输学生给弄成烧鸭。

优秀的教育工作者一方面是他根据客观情形订出教育计划，但另一方面是知道如何通过生活与实践，实现这个计划，并且在某种情形下知道修改他的计划，同时发展他的计划。

原载 1940 年 8 月 1 日《战时教育》第 6 卷第 1 期《育才学校专号》

## 晓庄试验乡村师范学校创校概况

我们中国现在正是国民革命的势力高涨之秋。惟既有国民政治上的革命，同时还须有教育上的革命。政治与教育原是不能分离的，二者能同时并进，同时革新，国民革命才有基础和成功的希望。

本校是于本年三月开学，当时宁地战事风云正急，三路交通，俱已断绝。而各同学冒危险，自上海、镇江、安徽、浙江、江西相继前来，本校遂得于枪林弹雨中如期开学。自开校迄今，屡经战事及其他变故，故现在设备及其他一切，俱觉不很完备。

本校的办法，是主张在劳力上劳心。本校全部生活，是"教""学""做"。教的法子根据学的法子，学的法子根据做的法子。我们的实际生活，就是我们全部的课程；我们的课程，就是我们的实际生活。我们每天早晨五时有一个十分钟至十五分钟的寅会，筹划每天应进行的工作，是取一日之计在于寅的意义。寅会毕，即武术。本校无体操课，即以武术代。上午大部分时间阅书。所阅之书，一为学校规定者；一为随各个人自己性之所好者。下午工作有农事及简单仪器制造、到民间去等。晚上有平民夜校及做笔记、日记等。这是本校全部大概的生活。

现在有一点我们应当注意的，就是以前的教育，都是像拉东洋车一样。自各国回来的留学生，都把他们在外国学来的教育制度拉到中国来，不问适合国情与否，只以为这是文明国里的时髦物品，都装在东洋车里拉过来，再硬灌在天真烂漫的儿童的心坎里，这样儿童们都给他弄得不死不活了，中国亦就给他做得奄奄一息了！我从前也是把外国教育制度拉到中国来的东洋车夫之一，不过我现在觉到这是害国害民的事，是万万做不得的。我们现在要在中国实际生活上面找问题，在此问题上，一面实行工作，一面极力谋改进和解决。本校全体指导员及同学，都是抱有这样一个目标，所以毅然决然地跑到这个荒僻的乡下来。我们认定必须这样，将来中国的新教育才能产生呢！

以上是报告本校大概情况。敝校创办伊始，有许多不对的地方。现在请各位来宾先生们详细地批评和指导。

原载1927年9月1日《乡教丛讯》第1卷第17期

## 我们的校徽

育才开学之后，将近两个月，大家觉得还缺少一个东西。一天有几位同志正式提出来要一个校徽。图画组主任要求我把主要的意思告诉他使他可以设计。我当时觉得很难，似乎比开创学校还要难些。何以呢？我们需要一个符号，可以代表学习，又可以代表工作，又不脱离现在的任务而可以代表战斗。我们学校的基础是集体生活，也必定要在这符号里表现出来。而且我们又不可关起门来干我们的集体生活。我们的集体生活，是必须与全世界以及整个人类的发展联系起来。我们如果用各种符号堆砌起来表现这许多重要的意义，那也不算很难的工作；但是这样的一个杂货铺的校徽，连自己也不容易看明白，别人见了它更要头昏了。我当时觉得校徽之难就难在简单而符合创校的意义。

一连好多天我是不能交卷。九月三十日，我从金刚碑坐船到白沙沱，在船上有点空闲，可以仔细地对这问题想想。忽然在我的脑海中浮出一个圆圈。这圆圈是求学的符号，因为求学要虚心而且要有相当的空闲。它又是工作的符号，因为工作要不断地努力才能成功。它也是战斗的符号，因为抗战要精诚团结才能得到最后的胜利。

但是这一圆圈虽然把学校生活本身的内容包括无遗，但是如何可以表现它与世界及历史发展之关系呢？我想了一下，觉得必定要三个圆圈连锁起来，才能充分发挥这一切的意义：第一个圆圈代表全校一体，第二个圆圈代表世界一体，第三个圆圈代表古往今来一体。

我继续地想下去，愈想愈觉得这三圆圈校徽的意义之丰富。它们所表现出来的意义有：（一）民族、民权、民生；（二）智、仁、勇；（三）真、善、美；（四）工学团；（五）教学做合一；（六）自然、劳动、社会；（七）头脑、双手、机器；（八）迎接困难、分析困难、解决困难；（九）认识社会、适应社会、改造社会；（十）检讨过去、把握现实、创造未来；（十一）肯定、否定、否定之否定……我一时也数不完全。

三个环决定了之后，颜色又成了问题。当初是想采用黑色，因为它表现出钢铁一样的坚强。但是有机体的联系，需要有生命的颜色才能表现出真正的真义。我们的三个环是三个连锁的红血轮，代表着有生命的学校、有生命的世界、有生命的历史都联成一体。

原载 1939 年 12 月 25 日《战时教育》第 5 卷第 4 期

## 从一个学校想到别的学校

这几个月来，遇见朋友问我们忙些什么，我总是回答："我成了一个体育家，练习田径赛，和米赛跑！"

的确我们开办的时候，二十八年七月二十日，米每老斗卖二元二角，到现在涨到了八十元，比开办的时候是超出了三十六倍半以上。我们的脚步也得放宽这么大才能追上去捞着米吃。倘使脚步不能放宽，那么米价停住休息的时候，你还得使劲向前跑，否则一粒米怕也捞不着。别的学校所在地不同，米价有高有低，但是预算赶不上物价，收入赶不上支出是一件普遍的事实。它的影响是很严重的。校长的精力大部分消耗在全校米粮问题的解决上，对于真正的教育问题反而难以顾到。有家眷的教师因为薪金不够养家，不得不为生存而改行。从前每月六元的伙食可以达到营养标准。现在每月六十元的伙食只够吃三餐稀饭。我听说还有只吃两餐稀饭的，那是断然要阻碍学生的发育了。

为着要教中华民国的小主人壮大起来，第一就叫他们吃得饱，可以欣欣向荣地长成；第二就要叫教师们力能养家，可以安心于传道授业；第三就要叫学校当局不为米所困，可以专心准备充分的精神食粮，使全校师生在学术的气候中求长进，并以教育的力量帮助争取最后之胜利。解决的办法是要推行平价米，或超过平价米所需之款由公家津贴。不问直属或补助的学校学生，同是中华民族的儿女，也属实要吃饭，应该是统盘筹划，求得一个合理而有效的解决。

原载1941年6月1日《战时教育》第6卷第4、5合期

## 设立中央儿童学园以倡导幼年社会教育案

近来有十几位关心儿童幸福的朋友，举行了一个非正式的谈话会，希望我为小朋友在参政会里提一个建议案。首先是想建立一个儿童剧场，后来越谈越起劲，觉得我们应该为小朋友来他一个较大的建筑，设包含一剧场、二音乐馆、三美术馆、四科学实验馆、五历史地理博物馆、六工艺室、七图书室、八俱乐部、九体育场、十宿舍。这个建设一切都是要根据儿童的需要设计。名称拟了好几个，例如儿童之家、儿童之宫、儿童世界、儿童乐园，各有优点与缺点。最后提出儿童学园的名称似乎更为恰切，因为学有长进之义，园有欣欣向荣之意，故暂用此名。但也不拘泥，倘有更好的名称，尤为欢迎。我们所注重的是中国需要有这样一个建设，以丰富儿童之学习与生活。

## 理由

（一）一般小学及初中之教育偏重书本，要有儿童学园来补其不足。

（二）一般之展览会为期甚短。最近举行之国防科学展览甚佳，但匆匆数日，参观者多走马看花，不能详细领略，若动手体验，机会更无。儿童学园对于有系统之展览，可以长期举行，并设实验，俾儿童手脑并用，以资体验。

（三）失学儿童可在学园中自由探讨，仍能长进。

（四）儿童各有所好，学园多方设备，可依性之所近，展其所长。

（五）近来已有热心儿童幸福之团体创办儿童之家，但因经费有限，供不应求，故儿童学园应以中央政府之力为之倡导。

（六）重庆为战时首都，各省人士来往，络绎不绝，一经观摩，便可推广，以为全国儿童造福。

（七）爱护儿童之国，前途必是远大。陪都为中外观瞻所系，倘能搜集陈列儿童对于抗战所发挥的贡献，尤能使侨胞友邦加强对中国之认识。

## 办法

（一）请政府组织中央儿童学园筹备委员会聘请专家设计筹备。

（二）一部分应于三十一年四月四日儿童节前完成。

提案人　陶行知

连署人　陈希豪　程希孟　马宗英　余家菊
　　　　常乃德　梁实秋　许德珩　沈钧儒
　　　　王家桢　刘蘅静　陶　玄　黄炎培
　　　　江　庸　陶百川　冷　遹　金曾澄
　　　　江恒源　李永新　张其昀　陈裕光
　　　　李中襄　杭立武　吴贻芳　傅斯年
　　　　何联奎

1941 年 10 日提

原件存中国第二历史档案馆

## 育才卫生教育二十九事

一、凉开水漱口。

二、吃饭最多以三碗为限。

三、隔绝蝇蚊，尽可能消灭之。

四、吃水果用过锰酸钾消毒。

五、针刺刀割，两分钟内用碘酒敷伤口。

六、预防疲劳之休息。

七、防备急剧之冷热变化。

八、离开咳嗽者五尺远。

九、各人用各人的手巾、脸盆、碗筷。

十、用公筷分菜。

十一、不要拉手。

十二、不用功或运动过度。

十三、睡眠时腹部要盖着。

十四、游泳不得超过半小时，并不得令水入耳。

十五、黄昏时不得看书、写作。

十六、饭后半小时内不得看书、运动、游泳。

十七、私人脸盆饭碗不得在水缸或公用水中取水。

十八、夏日每天要饮六杯开水为度，其他季候酌减。

十九、每日注意通大便一次。

二十、睡眠时候充足，十六岁以下以九小时为度。

二一、吃水、洗脸水必需过滤。

二二、保持水源之清洁。

二三、菜必须弄熟吃。

二四、不随地吐痰。

二五、一切环境要保持清洁。

二六、肃清米中之谷稗。

二七、睡觉前必须刷牙。

二八、营养之科学分配。

二九、适当地运动。

出自 1944 年 1 月时代印刷出版社版《育才学校手册》

## 育才学校之礼节与公约

### 礼节之部

**一、敬国旗**

依照政府规定，升旗降旗。

**二、纪念周**

依照政府规定仪式举行。

**三、室内见师长**

（一）立正；（二）鞠躬；（三）请益，报告；（四）坐下，退出。

**四、室外相见**

（一）立正；（二）脱帽；（三）鞠躬；（四）随行；（五）避道。

### 公约之部

**一、会场中**

（一）依据民权初步，学习运用民权基本原则；

（二）争辩是非正义，不动意气；

（三）一切集会，都要做到迅速、整齐、安静；

（四）集合预备钟响，即把坐凳送到会场摆好；

（五）分队长检查人数后，后来者即算迟到；

（六）集合时，精神集中，注意口令，口令后即不得说话；

（七）让客坐高（前）位；

（八）遇友来，注目点头，无声招呼；

（九）开会前，休息时，邻座可以低声说话；

（十）检点仪容；

（十一）轻步进出；

（十二）会未毕，不退；离开会场，必得值日分队长之允许；

（十三）不大声咳嗽、随地吐痰、瞌睡；

（十四）端正而坐；

（十五）脱帽；

（十六）不看书报；

（十七）有意见发表，先举手，得主席允许而后发言；

（十八）一切要服从主席命令；

（十九）值星中队长干事负责布置会场，维持会场秩序。

## 二、师生间

（一）规过劝善；

（二）上下课，行室内相见礼；

（三）遇于途，行室外相见礼；

（四）上课不迟到早退；

（五）问答时，须立正；

（六）依教师指定日子交卷；

（七）上课时不看课外之书报，不做别事；

（八）随时随地愿受教师之指导与督促。

## 三、同学间

（一）互助，互谅，互让，互学；

（二）闻过则喜；

（三）同学有过，则劝他速改；

（四）见同学侵犯风纪，则爱校甚于爱友，劝他自首，如有人不愿自首，则向有关方面报告；

（五）戒相骂、打架、轻佻。

**四、师生工友间**

（一）以平等之地位相待；

（二）尽可能分工友之劳；

（三）"即知即传"，提高工友文化水准；

（四）朝斯夕斯，学习工友之"双手万能"。

**五、穿衣**

（一）衣不违时；

（二）整洁；

（三）纽扣扣起；

（四）破烂印补；

（五）衣服洗晾晒干后，即折叠收存。

**六、饮食**

（一）肃清谷稗，饭中有谷，取米去壳；

（二）预备钟响，即准备碗筷；

（三）盛饭盛汤时，依先后排队，并慎盖饭桶；

（四）公筷取菜，另碗分菜；

（五）打吃饭钟后，由值日分队长叫口令，一齐开动，不得离开座位随便到处吃，并不得无故不到；

（六）吃饭要细嚼，喝汤吃稀饭，不使出声；

（七）需要说话，必须音轻；

（八）每桌每人轮流抹桌；

（九）值日分队长负责维持整个食堂秩序；

（十）不得膳委会允许，不得进厨房，

（十一）水果必须消毒去皮而后吃；

（十二）不抛剩饭粒；

（十三）不得剩菜、剩饭；

（十四）饭后不立即喝开水；

（十五）用规定碗筷吃饭；

（十六）菜碗先用开水洗过，然后盛菜；

（十七）饭后半小时内，不作激烈运动。

### 七、居住

（一）四度整洁；

（二）不在校内乱跑、乱叫；

（三）按时起床、安眠；

（四）吐痰入盂；

（五）纸屑入篓；

（六）卧室中以安静为主；

（七）肃清臭虫、跳蚤、虱子，尽可能消灭苍蝇、耗子、蚊子；

（八）睡觉时不准吃零食。

### 八、图书史地馆

（一）肃静；

（二）整洁；

（三）阅书报及摘录笔记自修以外，不做别事；

（四）参考书报，阅后还原；

（五）遇校宾到时，应起立；

（六）阅览公众书报，不折角、不画线、不加批、不唾粘，依照规定手续借还；

（七）退出时，必将坐凳整理还原，放置桌下；

（八）不得损坏、丢失书报。

出自 1944 年 1 月时代印刷出版社版《育才学校手册》

## 育才二周岁前夜

育才是中国抗战中所产生的一所试验学校，应该是要在磨难里成长为一个英勇的文化作战集团。它的怀胎是在武汉快要失守之前，而诞生则在南岳会议以后，正当国内肃清巨奸之污血，国际唤起正义的声援，我们的整个民族是树立了必胜的信念，而在历史过程中酝酿着一个蓬蓬勃勃的大转机。这时抗战文化是开放着千紫万红的鲜花。那空前的难童公育运动，也奠定了一个相当规模的初基。育才学校便是这难童公育运动之进一步的合乎客观需要的发展。这一切回想起来令人不胜黄金时代之感。

但是向前看啊！不可近视懈怠而被目前的磨难俘虏而去。前面有着更大的黄金时代。

说到目前的磨难可算是严重。但是也给了我们空前的机会来创造。敌人的扩大封锁与加紧进攻，要更大的团结力量去克服。世界战争，自从德军开始进攻苏联，把我们的友邦都卷入旋涡了。这也可使我们格外警觉，靠着更大的团结力量来自力更生，同时也可使我们与友邦发生更亲切之合作，并由于我们的努力使英美与苏联的关系加强，四国配合作战，以铲除人类之公敌而创造幸福之世界。目前的文化界无可讳言的是因烦闷而离开了一批工作者。文化之园里还存在着"无奈朝来寒雨晚来风"之慨。从张文白部长第二次招待文化界的演说词里，我们知道他似乎有惜春之意。这春暮的气象，大家多少有些同感，但是夏天之莲，秋天之菊，冬天之梅，四季常青之松柏，只要园丁负责，不给茅草乱长，哪样不可以及时欣欣向荣呢？而且春，无论如何也会回到人间，向前看啊！前面有着更大的黄金时代待创造。

育才是在这样的气氛里生长着。它是抱着这样的态度过日子。它快两岁了。长成了一个什么样儿呢？

跟武训学，最近几个月我们是过着别有滋味的日子，每日与米赛跑，老是跑在米的后面。到了四月，草街子米价涨到每老斗五十三元，比了开办的时候涨了二十五倍。这时所有的存款都垫到伙食上去了。向本地朋友借来的四十石谷也吃完了，向银行借来的三万元也花光了。怎么办？从前武训先生以一位"乞丐"而创办了三所学校，我们连一所学校也不能维持，岂不愧死？于是我们在四月六日下了决心要跟武训学，我们要做一个"集体的新武训"。我们相信只要我们所办的是民族与人类所需要的教育，总有一天得到"政府"社会之了解帮助，从磨难中生长起来。首先是育才学生们之响应。他们来信说："我们愿做新武训的学生，不愿做旧武训的学生。"他们的意思是说：我们自动求学，用不着武训向他们下跪才用功。同样，教师们也给了认真教课的保证。有了认真教课的教师与自动求学的学生，新武训是比较容易做了——只需讨饭兴学，对付经济问题。这经济问题固然严重得很——到我写这篇文章的时候，二百张嘴天天所吃的已是每老斗一百一十元的米了，超出开办时五十倍——但是本着立校颠扑不灭的教育理论，抱着武训先生牺牲自我之精神，并信赖着中华民族重视教育爱护真理之无可限量之热诚，我们知道就是比现在更困苦，也必定不是饥饿所能把我们拆散的。中华民族需要我们，世界人类需要我们。磨难只能给我们以锻炼，使我们更强壮地长起来。

初入人才教育之路，育才在过去两年中只是做了一点探路的工作。育才在两周岁之前夜，对于初步人才教育，探到了什么路？怎样在这路上试探？有限得很，只可约略地谈谈：

**甲、集体生活** 集体生活不仅仅是大家聚在一块过日常生活。我们要想丰富集体生活在教育上之意义，必须使它包含三种要素：（一）为集体自治；（二）为集体探讨；（三）为集体创造。

（一）集体自治的主要目的，是要使大家在集体自治上来学习集体自治。集体自治在育才是采用民主集中制。我们在民主与集中之间摇摆了一些时候，我们主观上是要实行民主集中，使全校的公意得以充分地发表，并使此发表之公意有效而迅速地实现起来。但是实际上，我们初期似乎过于民主，发生过平均、平行等毛病；后来，要想纠正这些毛病，权力过于集中，整齐严肃是其好处，被动呆板是其弱点。现在仍回到立校之原意，要贯彻民主集中制之真精神，一方面培养自动的力量，一方面培养自觉的纪律，一方面树立宣导这力量及发挥这纪律有效而有条理的机构，使他们向着有目的生活奔赴，如百川之朝海。如果有一方面做得不够或有所偏，多少便会失去民主集中之效用。

（二）集体探讨之目的，在以集体之努力，追求真理。探讨之路有五，即行动、观察、看书、谈论、思考，称之为五路探讨，也可称之为五步探讨。这与中庸所说之博学、审问、慎思、明辨、笃行相仿佛，不过次序有些变动。博学相当于观察与看书。审问似乎属于思考又属于谈论。慎思明辨纯属于思考。笃行相当于行动。人类与个人最初都由行动而获得真知，故以行动始，以思考终，再以有思考之行动始，以更高一级融会贯通之思考终，再由此而跃入真理之高峰。说到应用，凡是不必按班级学习之功课都可采用集体探讨之方式，如社会科学、自然科学、艺术之一大部分，只需文化锁匙略会运用，即可开始从事于集体探讨。例如集体探讨中国抗战或某一战役，教师可于一星期前公布探讨纲目，提示参考图书，并指点探讨之路。地图及数字须预为择要公布。首先我们要在参加抗战行动上来了解抗战。我们在慰问抗属、制寒衣、义卖、宣传兵役等行动上来理解它的性质及发展。敌机凌空，轰炸惨酷，汉奸挑拨，奸商囤积居奇，军民同赴国难以及种种战利品随时随地广为观察。有关中国抗战及该战区之地图、书籍、报章杂志须广为搜集，按程度分别陈列以备阅览。然后依规定日期，由教师或请专家主讲，由学生参加讨论，当时扼要记录，事后用心整理，并加以批评检讨，以期达到融会贯通之境界。等到融会贯通以后之抗战行动，是跃入更深的必胜信念，并能发出更大的参加力量。这整个过程，我们称之为集体探讨。牛顿养猫，猫养小猫，他在大猫洞旁边开一小洞使小猫可以自由出入。但小猫只是跟随大猫走大洞，小洞等于虚设。集体探讨只是开了一个文化大洞，小孩自然跟着大孩一同进出罢了。

（三）集体创造的目的，在运用有思考的行动来产生新价值。我们虽不能无中生有，但是变更物质的地位，配合组织使价值起质的变化而便利于我们的运用，这也构成普通功课之一部分，使学生在集体创造上学习创造。我们以前开辟操场、劳动路及普式庚林并改造课室已经有了些经验。这次从六月二十到七月二十定为集体创造月，开始作有计划之进行，分举如下：

1. 创造健康之堡垒；
2. 创造艺术之环境；
3. 创造生产之园地；
4. 创造学问之气候。

（子）创造健康之堡垒：我们的集体生活首重健康。创造健康之堡垒，目的在与疾病作战。善战者不战而退敌人之师，故一分预防胜于十个医生。健康之堡垒有三道防线：第一道防线，是制造扑灭病菌绝除病菌及携带病菌者之工具，如苍蝇拍、捕鼠器、纱罩、蚊帐、烧水锅炉、消毒器械，并采用其他科学方法与侵犯之病菌，及病菌携带体作战。第二道防线，为实施环境卫生，如水井、厕所、厨房、饭厅、阴沟死水、仓库家畜栏、垃圾堆，都要经常地施以适当的处理，使病菌无法孳生蔓延。第三道防线，是赤裸裸地靠着身体的力量与病菌肉搏。这道防线所包含的是营养、运动、防疫针、生理卫生之认识。至于治疗乃是三道防线都被攻破肉搏又告失败，只好抬入后方医院救治。故治疗不是作战之防线，乃是医伤之处所。最好是努力于三道防线上健康堡垒之创造，使治疗所等于虚设。我们是要朝这方向进行，很希望在集体创造月里立下一个基础，以后继续使它逐渐完成。但是既与病菌作战，无论如何周到，难免没有受伤官兵，故治疗所工作也不敢疏忽，而是要使它有效地执行它的任务。

（丑）创造艺术之环境：我们要教整个的环境表示出艺术的精神，使形式与内容一致起来。这不是要把古庙制成一座新屋，老太婆敷粉擦胭脂涂嘴唇是怪难看的。但是阵有阵容，校有校容，有其内必形诸外，我们首要重艺术化的校容。甲午之前，中国海军也算是世界第四位，一度开到日本大示威。一位有见识的日本官在岸上看了一看说：这可取而代之。人问其故。他说："大炮为一舰之主，我看见他们在大炮上晒裤子，所以知道它的末路快到了。"这种眼光多么锐利啊！他是从舰容——大炮上的裤子——看清逊清海军军纪了。我们所要的校容不是浪费的盛装，而是内心的艺术感所求的朴素的表现。我们的校容要井然有条，秩然有序，凛然有不可侵犯之威仪。什么东西应该摆在什么地方或只许摆在那个地方，应该怎样摆也只有那样摆，而不许它不得其所。无论什么东西，已经成群，就得排队：草鞋排队、斗笠排队、扫帚排队、畚箕排队、锄头排队、文具排队、手巾排队、脸盆排队、桌排队、椅排队、凳排队、床排队、被排队、书排队——一切排起队伍来！物也排队；人也排队。静要排队；动要排队。排队而进；排队而出。排队之前，排队之时，排队之后，通身以朴素之艺术精神贯彻之，便成了抗战建国中应有之校容。捣乱这校容的有少爷、小姐、名士派、浪漫派、个人主义、自由主义之遗孽，我们是努力地感化而克服着。

（寅）创造生产之园地：我们要度过经济难关，是要开源节流，标本兼治。治标的办法，是在节约捐款。根本之计，则在从事有效之生产，以十年树木之手段，贯彻百年树人这大计。现在正进行着"寸土运动"，使大家知道"一寸黄土一寸金"之意，而后用集体的力量使地尽其力。进行这工作时候，有数件事颇令人兴奋。晚饭钟已经敲了，我们见一位小同学身边放着十根辣椒苗，左近实在没有空地了，只空下一个小水凹。他把水疏通流到别处去，拾了几块石头连泥做了个小堤，再拿好土把凹地填平，将辣椒苗栽完了才洗手回校吃晚饭。这时，又看见一位同学远远地还在工作，待我走去和他谈谈，他说："我今天要挖好五百个凹，使山芋秧种完了才放手。"他的技术虽然还有许多地方不能令人满意，但是我们有一些小农人精神，是足以完成我们小范围中的寸土运动的任务。在我们当中，也有一些人懒得动手，或把生产当作玩艺儿干。我希望在创造劳动的洪炉里，他们渐渐地会克服自己的弱点，把自己造成手脑双挥的小工人。

（卯）创造学问之气候：气候是生物生长之必要条件。我们要学问长进，必须创造追求真理所必需的气候。平常所谓气候是空气与热之变化所至，学问之气候也可说是追求真理之热忱与其所需之一定文化养料及其丰富之配合所构成。追求真理之热忱其限度固为先天所赋予，而各人是否得尽其限，则有赖于集体或彼此之鼓励。但所赖以追求真理之文化养料之配合则有待于创造。具体地说，我们除了培养求知之热忱以及大自然大社会之博观约取外，必须有自然科学馆、社会科学馆、艺术馆、图书馆之建立。对于文化养料搜集得愈丰富，配合得愈适宜，则其有助于学问之长进亦愈大。这些，在我们这样的学校，除了集体创造外便无法实现。从五月二十七日起，我们是分工合作地来采办这些文化食粮。首先是图书馆之彻底改造，简直是等于创造一个新的图书馆，竟以集体的力量而完成了奠基的任务。图书馆之改造证明了集体力量之雄厚，并为一切集体创造树立了一个可以达到的水准，而且于无意中起了模范作用。我们有两个肚，需要两种食粮、两个厨房、两个大司务。自从米价涨上天，精神食粮偏枯，大家好像变成一个大肚小头的动物，其实精神肚子吃不饱，饭桶肚子又何尝吃得饱？为了免掉这种偏枯。我们除了吃"点心"外还要吃"点脑"——还要吃"文化点心"。我们下决心规定"点心"费或文化点心费，不得小于米价二十分之一，免得头脑长得太小，太不像样。

**乙、文化钥匙** 活的人才教育，不是灌输知识，而是将开发文化室库的钥匙，尽我们知道的交给学生。文化钥匙主要的四把：即国文、数学、外国文、科学方法。国文、数学、外国文三样，在初期按程度分班级上课最经济。数学对于艺术部门之学生，只须达到足够处理日常生活程度以后，即可任其自由选择。知识之前哨丰富之学术多在外国，人才幼苗一经发现即须学外国文。至少一门，与国文同时并进，愈早愈好，风、雨、寒、暑不使间断。若中途发现其不堪深造，则外国文即须停止，以免浪费时间。科学方法不必全部采用班级上课，一部分要使其在行动上获得方为有效。这科学方法似宜包含治学、治事各方面。从前有一个故事提到有一位道人用手一指，点石为金，一位徒弟在旁呆看，道人说："你把金子搬去可以致富。"徒弟摇摇头。道人问他为何不要金子，徒弟说："我看中你那个指头。"世上有多少被金子迷惑而忘了点金的指头，文化钥匙虽可分班度人，但要在开锁上指点。如当作死读书，上起锈来，又失掉钥匙的效用了。

**丙、特殊的学习** 这是育才立校之一特点，我们设了音乐、戏剧、文学、社会、自然、绘画六组，依据智慧测验、特殊测验，选拔难童加入最适合其才能兴趣之一组学习，以期因材施教，务使各得其所。我们的目的，在使人才幼苗得到及时之培养而免于延误枯萎。特殊才干之幼苗，一经发现，即从小教起，不但是合于世界学问之幼年史实，即我们这短短两年的试验，也证明了路线之正确。将来，倘能照预定计划加设工艺组和农艺组，更为容易见效而适合需要。一位来校视察的朋友，看见这办法合理而主张普遍推行。这是需要慎重考虑的。我想每省先设一所以资试验，却是有益而无害。将来随办学人才之增加，则每一行政督察专员区设一所，亦属可行。

**丁、自动力之培养** 生活、工作、学习倘使都能自动，则教育之收效定能事半功倍。所以我们特别注意自动力之培养，使它贯彻于全部的生活工作学习之中。自动是自觉的行动，而不是自发的行动。自发的行动是自然而然的原始行动，可以不学而能。自觉的行动，需要适当的培养而后得以实现。故自动不与培养对立，相反的自动有待于正确的培养。怎样才算是正确的培养呢？在自动上培养自动，才是正确的培养。若目的为了自动，而却用了被动的方法，那只能产生被动而不能产生自动。有人好像是无须培养便能自动，那是因他会自觉地锻炼了自己培养了自己，其实他是运用了更高的培养，即自我的培养。我们的音乐指导委员会，委员都在重庆，每月有一位下乡指导数日。当他不在乡下的时候，学生竟能自动地完成每一个月的学习进程，这是很令人高兴的一件事。最近改造图书馆，一开始便着手培养十几位幼年管理员，在改造图书馆上培养他们管理图书馆。现在整个图书馆都由他们主持了，而且有了优越的成绩。二周年纪念要发出将近三百封信，我们把握住这个机会培养了二十几位幼年的秘书。写得不及格的摔进字纸篓里，顶多摔进去三次便及格了。这写及格不就等于一门书法考试及格了吗？所不同的是三百封信出去了，等于一位书记五十天的成绩。而且书法考试及格写信未必适用；但是写信已经合用，书法必定及格。现在要完成幼年会计、幼年护士之培养，并开始幼年生产干事、幼年烹饪干事之培养。我们的根本方针，是要在自动上培养自动力。每人学治一事，不使重复而均劳逸。寻常治学之人与治事之人常常相轻，现在治学之人学治一事，则治事亦治学了。再因一般治事之人，为治事而治事，不免流于事务主义。倘从小即养成其为治学而治事之态度，则两受其益了。

### 两个问题之再考虑

（一）普修课与特修课之关系：育才初办的时候，假定普修课与特修课之时间各占二分之一。普修课依部章所定内容进程实施。特修课则因无前例，则根据各组学术性质而定其课程。后来，因研究结果而改订时间，使普修课约占三分之二，特修课占三分之一，并给各组以伸缩机会，再依各组进程需要逐年酌量增加特修课之时间。我们时常遇到的问题是：你们学生几年毕业？我们回答问题不像普通学校那样简单。特修课我们是希望学生一直学上去，到学成了才告一段落；普修课则大约和别的学校同年限毕业。接着就是第二个问题：你们费了三分之一的时间在特修课上面，又如何能同别的学校同年限毕业？因为有四个条件能使它成为可能：（一）我们这里几乎是个全年学校或四季学校。当寒假生活和暑假生活，名字虽是不同，但多少还得天天上些课。比较起来，我们全年上课是可能多十几个星期。（二）特修课之一部分，在学力上是可移转到普修课上面去。（三）如果集体探讨及集体创造，特别是学问气候之创造，有效地实现起来，学生潜修其中，自然而然的是随时随地地吸收很多，相当于普修课之内容。（四）为着要预防及纠正特修课教育之狭隘性格，我们多方引导学生在各组之立场与观点，尽量对于普修课各部门找出它们与本组学术之关联。担任普修课之导师，随时尽可能扼要指出他的功课与特修课之联系；同时，担任特修课之导师乃至比较深造的学生，提出各该组当前学习之精华，使之深入浅出，公诸全校，以丰富全校之普修课内容。这样，普修课与特修课之鸿沟打通，乃能达到一般的特殊与特殊的一般之境界。

（二）集体检讨可能之流弊：集体生活必须有自我检讨而后能克服自身之弱点，发扬本身之优点。这种检讨晚会之原意，是教工作做得好些，学问求得正确些，生活过得丰富而合理些，进一步是要时常提醒我们所过的生活、所求的学问、所做的工作是否合乎抗战建国之需要及如何使我们的生活学习工作，更能配合抗战建国之大计。它要提醒我们是否为了近处而忘记远处，为着小我而忘了大我。这样，晚会才能开得有教育意义，才能教人有参加之乐而无参加之苦。但是检讨晚会有一个危险，说是一不小心，它往往会变成集体裁判，为着一点小事而浪费多数人之时间，久而久之，会在同学之间结下难解之私仇，被检讨人是弱者吞声屈服，强者怀恨报复，既伤团体和气，亦无益于个人，甚至乐园变成苦海，实误用集体检讨有以致之。古人说："杀鸡焉用牛刀。"何况拿牛刀杀虱？若是老用来杀鸡杀虱，则到了杀牛的时候，怕要杀不动了。集体检讨是一个团体最锋利的公罚，不可小用，小用则钝。纠正之方在民主立法，有司执法，解开一面，庶有自新之路；十目所视，不容秽垢藏匿之所；而根本之图，是先立乎其大者，则其小者不能夺。改弦更张，为时不久，进一步可以达到同志同学均在友谊上合一起来之境界，是其有助于全校之精诚团结，可以预卜了。

迎接维系努！婆罗门教有三个大神：一是创造之神，名叫百乐妈；一是破坏之神，名叫洗伐；一是保存之神，名叫维系努（Vishnu）。我们生活教育运动，包含育才学校，仔细检讨，便发觉我们缺少保存之神。让我们欢迎维系努加入我们的集团吧。我们不为保存而保存，是为着更高的创造而保存。正如印度故事所说，让更真、更善、更美的创造，从维系努手中之莲花里生出来吧。

原载 1941《战时教育》第 6 卷第 6、7、8 合期

## 改良课程案

（一）本校适用选科制，但须含下列四项之要素：

一、学生所习学程，一部分为必修，一部分为任选；

二、一科之学生可以选择他科之学程；

三、学生成绩以学分计算；

四、学程之统附以学科为根据；

附注：学科者，如国文、英文之类；学程者，如英文中之作文文法，国文中之字形学、字音学之类。

（二）学生所习学程，有属于主科者，有属于旁科者。此两种内容，分必修及任选两种。各种分量按各种情形而定。

（三）各学程之内容、大纲应行规定，至于教科书或参考书应否

写出，可按学程性质分别规定。

（四）每学程每周上课钟点均须注明。

（五）凡某学程与某学程有连带关系者，须注明学习之次第。

（六）每周上课及自修合三小时，历半年者为一学分。每学生每学期以学习十五学分为标准，若遇特别情形，可减少至十二学分，可加多至二十学分。满一百二十学分者毕业，惟各科认有加增毕业学分者，得另行改订。

（七）学生学习学分之多寡，第一学期以十五学分为标准，第二学期以后，须参考上学期之成绩而定。

（八）各班应否规定最多人数及最少人数，须视教员、经济、设备与学程之性质而定。

（九）本校选科制至早于民国九年九月实行。

出自 1982 年南京大学编印《南京大学校史资料选辑》

# 第八章　普及大众教育

### 关于教育厅长产生问题的意见

今天诸位对于这个问题的意见，说得透彻，很为可喜。不过这个问题的性质是很复杂，里面所包含的亦很多，所以要确定怎样是不容易的事。我现把诸位未说及者提出来，以供诸位研究的参考。兹先把两方面所主张的利益逐一加以鄙见。

（一）官委方面所举的利益　（1）"委任可免政客利用"。我以为此条和民选差不多，因为两方面都可利用。有时倒反在官委方面容易利用，盖官委只要利用一个人，民选则要利用几十百个人了。

（2）"官委易于得人"。其实易于得人亦易于失人。（3）"如不得人易于更换"。此点不是委任的利益，乃属于免职范围里边的。（4）"被委之人办事少有掣肘"。这一条只怕不容易做到，和第九条发生同样的困难。（5）"行政易于统一"。此点有理由，好比一个公司，只有总经理要董事推举，其余的职员都由总经理支配，所以事权统一，易于收效。国家政事，只要总统由人民选举，其余行政人员都可责成总统支配，以收统一之效。（6）"责成能专"。这层如同（5）条，比民选为好。我们看现在的教育总长委任一个教育厅长谨慎得很，因为和他的主张与进行有关系故。假使被委者不得其当，总长即不能辞其咎，所以责成自能专一。至于民选，则由多数人民选出一个厅长，责成就分散而罕能专一。（7）"时间、财力、人力之经济"。这要看政府对于教育是否有真正的信仰热心，如果委任不得人，致起种种不良结果，当然谈不到经济。但如单就手续而言，自比民选经济些。

**（二）民选方面所举的利益** （1）"人民对于教育有切肤关系"。这一层要看人民的程度和态度怎样而定。就现在说，多数人民实在不知道教育和他们有切肤关系。但人民程度逐渐提高，就能逐渐觉得教育的重要。（2）"多数人民观察周密"。这层固然不差，但是官委的人亦可由人民监视，如果不好亦可提出弹劾。（3）"不致任用私人"。此条未必比委任好。（4）"选出之人对人民负责"。这要看被选的人如何，好的自然会对全体人民负责任，那坏的恐怕只对同党之人负责，和被委者仅向委任者负责相差不远。但在共和国，无论被委的、被选的，都应向全体人民负责。（5）"如不得人易于更换"。这条亦属于免职范围之内，可不必论。（6）"符合舆论副民望"。实际上，民选和官委却都能得副民望的行政人员。民权强有力的国中，非副民望的固不得被选，但非副民望的亦不敢委任。（7）"易得人民帮助"。好的固能得全省人民的帮助，一有党见，就只能得同党的帮助了。

（8）"被选者是本地人熟悉本地情形"。我们并没有限定被选者一定要本地人。行政人员，最好只问才能，不问籍贯。（9）"破除官僚阶级"。这种阶级，在共和政体之下，不容他存在。所以无论官委或民选制度，都应打破此种阶级，凡被选或被委的，都是人民的公仆。

讲到现在的人民心理，如果采取民选制度，容易跑出政客来运动，弄得高尚洁白的人不愿来干。有时各县的选举人，同集一处，人地生疏，竟会随便选举，或者以交通不便，托人代庖。凡此种种，却是应当预防的危险。

我承认这个问题尚有继续研究的价值，等到充分研究之后再下判断不迟。继续研究时所应注意的有三点：（一）参考各国制度及趋势。（二）比较各省的教育会长和教育厅长。（三）每逢一制度发生，必使舆论代表和行政实效各得其所。

# 【附录】

## 辩论经过

民国九年十一月二十五日下午七时，本会会员在化学教室辩论"教育厅长由民选抑由官委"的问题，当请本会指导员陶知行先生为评判员。兹将各会员及陶先生的意见简括地录在下面：

未辩论以前，双方各将自己所主张的利益及条件分别提出。

（甲）民选的利益

（一）人民对于教育有切肤关系。（二）多数人民观察周密。（三）不致任用私人。（四）选出之人对人民负责。（五）如不得人，易于更换。（六）符合舆论，副民望。（七）易得人民帮助。（八）被选者是本地人，熟悉本地情形。（九）破除官僚阶级。

条件——每县推举二人为选举人。其产出之方法为：一人由教育行政机关推出，如劝学所长或县教育科长；一人由教育研究机关推出，如县教育会长。此二人至一定场所，投票选举教育厅长。

### （乙）官委的利益

（一）免政客利用。（二）易于得人。（三）如不得人，易于更换。（四）被委之人办事少有掣肘。（五）行政易于统一。（六）责成能专。（七）时间、财力、人力之经济。（八）人才调剂。（九）用人之权不致为同党所要挟。

条件——由教育总长择一学问优良、经验丰富、品行端正者，呈请大总统简任为教育厅长。

兹为便利叙述起见，把民选方面当作甲派，官委方面当作乙派。

甲派说：乙派说"官委可免政客利用"。我们试看现在的官吏由运动而得的，是少数，还是多数？何尝没有政客在那里利用！所以第一条不能成立。乙派说"官委易于得人"。我们知道，现在的官吏多由运动而来，那更不配谈得人了！所以第二条不能成立。乙派说"官委如不得人，易于更换"。现在的官吏既多由运动而来，那就只会巴结上司，看不起人民；有时倒行逆施，纵人民弹劾，做长官的也充耳无闻，甚至有和长官朋比为奸者。这样看来，要更换一个官吏谈何容易！教育厅长也是如此。所以第三条不能成立。乙派说"被委之人办事少有掣肘"。处现在的"省长监督"制度之下，无论教育厅长是否由运动而来，要不听省长的指挥实在是难！所以第四条不能成立。乙派说"官委，行政易于统一"。教育事业应照各地方的情形设施，无须统一，所以第五条不能成立。乙派说"官委责成能专"。我们试看现在政治上的情形实在不是这样，假使有一件事体发生，省长或督军即来授意，责成哪里能专呢！所以第六条不能成立。乙派说"官委时间财力人力可经济"。现在的官吏多由运动而得任命，往往不顾民意；人民和政府隔膜得很，如有争执，两方竟不相上下。时间财力人力三者，也不见得经济。所以第七条不能成立。乙派说"官委，人才可调剂"。我们知道现在的政界，龌龊得很！好的人才，真像凤毛麟角不可多得，哪里配谈人才呢！

所以第八条不能成立。乙派说"官委，用人之权不致为同党所要挟"。这层也不妥当，无论何人总有几个同志，因此即有党见；行政要不受同志的参与或干涉，却是很难！所以第九条也不能成立。

乙派说：照甲派所定的条件看来，选举人是由委任而来，带有官僚气味，所以民选和官委精神上没有什么分别。现在中国的人民，无知无识的居多数，仅仅观察已不容易，更哪里能够有周密的观察！地方上有一种土豪，势力很大，往往来垄断选举；假如选举人不举他为教育厅长，他就施其恫吓手段。这样一来，甲派所主张的"民选不致任用私人"的利益，也靠不住。教育厅长既由民选而来，若办事不当有更换之必要时，势必至齐集各县的选举人于一处，重行选举，时间财力人力三受其累。所谓"如不得人，易于更换"，也谈何容易！

甲派说：假如认民选为根本的没有利益，那么由人民选出的大总统也不能好。大总统既然不好，他所委任的官吏能否决定他是贤？

乙派说：民选的主张莫非本德谟克拉西的精神，但据现在民选方面所定的条件，选举人是县教育会长和县教育科长或劝学所长，试问这二个人能否代表全县人民的意思？我看是不能代表的。既然不能代表，那么和官委有什么分别？

甲派说：这二个人固然不能代表全县人民的意思，但是现在我们中国教育没有普及，人民大半是无知无识，要谈到代表全县人民的意思，实际上是不可能的。既然这样，所以不得不出此代替方法以为目前的救济。现在一般委任的教育厅长，好的固然也有，然而微乎其微。至于专制的，作恶的，却是很多。所以两两相较，民选总比官委好得多。

乙派说：甲派说"官委是专制的"，实则民选更专制。有权有势的人，摆出威吓的架子来，强迫举己为教育厅长，不从，则想出各种图谋方法，这岂不是更专制么？况且民选是地方主义，容易引起党争，各谋本地的教育发达，把本地的租税加得很重，各自为政，教育制度也就不划一。

甲派说：本地人办本地的教育，这正是民选的好处。

乙派说：教育是国家事业，是精神事业，所以全国须一致，不容分出省界来，各自为政。

甲派说："教育是国家事业"，这种主张是战前的普鲁士的武力主义，是军国民主义，违背教育原理很远！

乙派说：所谓教育须统一，并非说要学战前的普鲁士，是要中国有中国的精神。

甲派说：我们还是共同管理容易呢，还是各自管理容易呢？试看美国的教育，全国不一，各州各自为政，而他的教育比我国好得多，这是一个彰明较著的证据，所以一国的教育无须统一。况且所选出的人是本地人，熟悉本地情形，设施格外能妥当。

乙派说：设施教育固以熟悉本地情形为佳，但是一个教育厅，除厅长外还有许多助理的人，这许多职员亦未必都是外省人，所以教育厅长就是外省人也属无妨，何况被委者并没有回避本籍之规定乎？

甲派说：被委者假使不愿意奉政府之命到那里去干，而宁愿在自己所愿的地方，干自己所愿干的事，又将怎样？好比前数年各省教育厅成立时，政府委黄任之先生为直隶教育厅长，黄先生不愿去干，而宁愿在上海、南京等处干许多自愿的事，这岂不是多事么？

乙派说：假使遇到这种困难，教育总长自可另择贤能之人，呈请大总统任命。

总之：现在中国的人民，知识幼稚，程度低劣，谈起选举便有种种弊端；这样要举，那样要举，耗时日精力也太多；且教育的大处是要统一的，只要中国尚有存在的价值，则全国教育便应有统一精神，民选是地方主义。总上三大原因，所以主张官委。

甲派说：这原是带有几分理想，希望我国人民的程度日渐提高，并非是囿于现在的；况且所选出之代表，是比较的有知识的；所以总括起来，民选仍比官委好。

  总之：我们鉴于现在委任制之腐败，而民选制较为有望，所以主张民选。

  辩至此，已九时余。遂由主席宣告终止辩论。即请指导员陶先生评判，其辞如下：（详见正文——编者）

原载 1921 年 3 月《教育汇刊》第 2 卷第 1 集

## 地方教育行政为一种专门事业

  **市乡教育的界说** 地方包含都市和乡村，故地方教育行政有都市和乡村教育行政两种。依克伯利先生所主张：上五千人的地方都可算为都市，不到五千人的都算为乡村。凡都市皆令脱离县教育行政范围而直隶于省；凡乡村皆令统属于县；县复就地方之大小酌量分区办理乡之教育。因市乡人民密度不同，经济能力不同，环境性质不同，凡此种种影响于课程编制、教学方法、行政组织的又都不同。分治就两受其利，合治就两受其弊。详细情形，当另著文说明。现在只下这一定义：上五千人聚居在一处的叫做市，不足五千人聚居在一处的叫做乡。市教育以一市为行政单位，乡教育以全县为行政单位。我所讨论的就是说：这种市教育行政和这种县教育行政要当他为一种专门事业看待，要以专门的目光研究他，要以专门的学术办理他。

  **地方教育事业之重要与责任** 上说之定义，很是概括的。再进一步，就须将都市和乡村教育的事业责任来讨论一遍。

  请先说都市。中国有五十万人口以上的都市十三处，十万人口以上的都市四十七处。十万以下的都市，现在尚无确实消息；但据邮政局九年度一二三等邮局所在地估算，相差不致太远，约在一千六百八十处。现设的七千七百六十八处邮寄代办所当中，还不免有好多都市，但确数难定了。有这种情形，所以中数不易求得。我们姑且拿一个五万人口的都市来讨论，都市学龄儿童与人口之百分比，较乡村要低好多。依六三制行义务教育，每百人中应有学龄儿童十六人。故五万人口的都市，约有学童八千，教员二百余。协同二百余教员，培养八千学生，这是何等大的事业，何等大的责任。那百万左右的都市，如北京、上海、广州、汉口、西安等处教育事业的浩繁，责任的重大，更不必说了。

再说乡村教育。乡村教育以县为行政单位。中国二十二行省，四特别区域，共有一千八百四十三县，平均每县一千三百二十七方里。最小的有千余人，最大的有二百二十七万人，平均每县有二十万人。将县内一二三等都市人口除开，平均每县乡民当有十七万之谱。乡村学龄儿童与人口之百分比，较都市多些。依六三制约计，乡村中每百人应有学龄儿童二十一人。十七万乡民之县，当有学龄儿童三万五千七百人，教员千余人。协同千余教员，培养三万五千七百学生，这事业又何等的大，责任又何等的重！

**地方教育所含之专门性质**　看上面所说，地方教育的重大，固已有具体的事实可作立论根据，但还不免概括。究竟地方教育非专门家不能解决有几个什么问题？

（一）计划问题

世界潮流，国家大势，以及地方人口增减，财力消长，职业变迁，影响于地方教育者最大。办学的人宜如何默察趋势，熟筹利弊，预拟一逐年进行的计划，使理想依据事实渐次实现，世界、国家、地方面面顾到？预拟这种计划，是否需要专门的学识？

（二）师资问题

学生学业的进退，多半看教员的良否为转移。五万市民之市，需教员二百；十七万乡民之县，需教员千人。这许多教员未来之先，办学的人宜如何酌量需要，分别设法培养选聘；既来之后，宜如何设法辅助指导，使有最良之精神，并如何筹备种种机会，使教员的学问能得相当的研究进步？办理上说种种，是否需要专门的学识？

**（三）课程问题**

课程为社会需要与个人能力调剂的工具。编制课程的人，必须明了动的社会的种种需要，将他们分析起来，设为目标，再依据儿童个人心理之时期，能力之高下，分别编成最能活用之课程，使社会需要不致偏废，儿童能力不致虚耗。这是一种最精细的手续，是否需要专门的学识？

**（四）经费问题**

地方财力有限，教育事业无穷。以有限的财力办无限的事业，支配经济的人，必须分别缓急，酌量进行。这分别缓急四字，包含教育事业各方面的关系。必须将这些关系彻底了解后，才谈得到分别缓急。但是这种了解，是否需要专门的学识。

**（五）设备问题**

物质环境在教育上之影响，尽人皆知。要有良好的教育，必须有相当的物质环境。校舍、设备、图书、仪器和校外之种种环境，都与教育有密切的关系。空谈自动、自治、自学、自强，是没多用处。有相当之设备，才能发相当之精神。即以校舍论，宜如何构造，才能使他合乎卫生、美术、经济、教育的原理？简括问一句，宜如何选择、支配、联络环境的势力，使教育得收良好的结果？是否需要专门的学识？

**（六）考成问题**

我们受人民的付托，办理地方的教育，费了这多钱，用了这多人，开了这多学校，教了这多学生，究竟结果如何，应否平心问一问？怎样问法，怎样度量各种教育的历程、结果，和度量之后怎样据以切实改进，都是要从专门研究中产出来的。

**（七）劝学问题**

假使地方人民对于教育，尚无有相当的了解信仰，就不得不做一番感化的功夫。我们宜如何表示教育的真相，证明教育的能力，使人民自觉教育为人生日常所必需，并发共同负担独力兴创的宏愿？这种教育真相的表示与教育能力的证明，是否需要专门的学识？

**主持地方教育行政人员应有之学业**　地方教育既有上述几种问题，非专门人才不能圆满解决，那么办理地方教育人员所应具之资格，可以推想而知。品性方面，暂且不论。现在只举学业一门，拣其最要的讨论一回。

（一）普通学问方面，至少须学哲学、文学、近世文化史、科学精神与方法、社会问题、经济学、美术等课。这种学问一来能使目光远大，二来能使同情普遍。因教育是一种永久事业，非目光远大不足以立百年之基；教育又是一种社会事业，非同情普遍不足以收共济之效。

（二）工具学问方面，须于国文之外，至少学习外国语一门。一可使地方所办学务得与世界潮流接触，二可使自己所得学识与国外同志印证。再，统计法亦为一种重要的工具。得此就可明了别人研究的结果，也可使人明了自己所办事业的真相，并且还有许多问题要借助统计才有相当解决的。至于办事最重效率，所以科学管理一门功课，也是应当学的。

（三）专门学问方面，至少须学教育哲学、教育概论、教学法、教育心理学、中等学校之组织及行政、初等学校之组织及行政、地方教育行政问题、学务调查及报告法、学校建筑与卫生。这许多功课，是纯粹关于教育的。各门的宗旨合起来，是使办学的人能拿教育的方法去达教育的目的。

简单些说，我们理想中的地方办学人员，学业方面，至少须有大学毕业同等程度，加些关于教育行政之专门学识。

**结论**　现在中国之一千六百八十市和一千八百四十三县，以主持教育的人而论，已需三千五百人。若将协理人员共同计算起来，至少需万余人。中国若想推行义务教育，非将地方办学人员与教员同时分别培养不可。现在培养师资与普及教育的关系，大家已经了解。惟独对于地方办学人员之培养，大家还没有相当的注意。山西、江苏的义务教育计划书中，都没有这回事。最好的省份，不过为他们举行一二次讲习会补救补救。反对的还以为地方教育人人能办，何必讲习。岂晓得这种学习，已非短期讲习所能了事。故中国不想推行义务教育则已，若想推行义务教育，必从培养改良地方办学人员入手。

原载 1921 年 7 月《教育汇刊》第 2 卷第 1 集

## 对于参与国际教育运动的意见

今年五月北京要开第五次家庭教育大会，吾国已被请出席报告"吾国农业情形"和"农家社会现状"；明年要在美国举行万国教育会议；万国成人教育会也要在日诺瓦聚集。这三种会议，是我们已经晓得要举行的；以后诸如此类陆续发见的会议，必不在少数。

这种会议，如果办理得好，从小的方面看，可使到会各国交换知识；从大的方面看，或可解决些国际教育的问题，以谋世界文化的改造。我们若不想在世界文化上占一地位也就罢了，如果是想占地位的，那对于这种会议也免不了要参与的。

去年八月十一日檀香山开"联太平洋教育会议"，吾国也派代表与会，但因准备不足，虽有好的代表，不能得满意的效果。今年二月四日斐利滨开远东教育会，政府直到一月二十日才开始找人代表，终因政府毫无准备，不能成行。我们以后若再懒惰，不早些从事准备，那世界真要以为中国没有教育了。世界以为中国没有教育犹事小，若中国真无教育可说，那就更可惭愧了。所以准备一层，决不可以单在对外或"广告"上做功夫。那最重要的准备，就是平日的成绩和随时的努力。发表固然要紧，但必先有成绩，然后才说得到发表。所以教育外交的根本的根本，是要全国从事教育的人，分工合作，好好地办教育，把教育好好地办。

近几年来，中国教育确有些不可埋没的地方；那可以告诉人而无愧的，也不在少数。可惜如同孟禄先生所说，这种种优点，都散在各处，没有人将他们会通起来，所以不但外人不得而知，即国内的人也是不相闻问的。所以我觉得一方面要有人办教育，一方面还要有人分门别类地观察、调查、研究各种教育之消长和真相，报告国人，使彼此有所参考。一旦有国际的联络发生，荷包里拿出来就是，岂不便当！

自己不办教育和办而没有成绩，当然对于国际教育运动无参与之必要，更无参与之资格。但办教育虽有成绩，而自己不明白，又不能使人明白，那就是参与，也等于不参与。前面说到国际教育的运动，有交换知识解决问题两种重要目的。若想达到这两种目的，都非自己先有准备不可。

即以交换知识论，必先双方有东西可以换来换去，才可算为交换。自己必先有好的东西，才能和人换到好的东西。因为"给的能力"常和"取的能力"大略相等。能给多少，即能取多少。吾国近几十年来从东西洋得来的文化，多属肤浅，大半是因为我们所出产的，够不上第一流的交易。我敢断定要想在国际的教育上得到第一流位置，我们必须在教育上有第一流的贡献。这种贡献是继续不已的研究，苦心孤诣的实行产出来的。他们要靠着平日的努力，不是凭着一时的铺张。

至于解决国际教育的问题，谈何容易，是必先把所要解决的问题，彻底地明了，然后才能谈到解决。若想彻底地明了，第一要自己晓得自己，第二要自己晓得别人，第三要别人晓得自己。自明，明他，他明，是解决二人以上的问题的根本方法，也是解决二国以上的问题的根本方法。若想解决国际的教育问题，也怕跑不出这个范围。

总起来说，国际的教育运动，是一天多似一天的，我们是一定要参与的。我们以前参与这种运动是无准备的，以后的准备，一是要靠着自有的成绩，二是要靠彻底的自明。自己有成绩，才能和人交换，自己明白自己，更是和人共同解决问题的初步。

原载 1922 年 3 月《新教育》第 4 卷第 3 期

## 道路与教育

建筑道路这个问题，不独与民情的联络、实业的发达、通商的便利有密切的关系，就是于振兴教育，也有很大的辅助。

美国马撒朱赛州（Massachusetts）道路修得好，他的教育也很发达。我参观该州教育的时候，有农业教育司斯密司先生同乘汽车周游三日，遍览全州农业学校。据斯密司先生自己说，他平时每月视察全州农业学校二次。他视察学务所以如此之快，是因为有好的道路。参观的时候，又看见一个乡村农业学校，校中学生普遍都住在五英里之外。还有一个通学生，他的家离学校有二十二英里之远，约华里六十六里。他早上进学校，晚上回家住宿，这也是因为道路好的缘故。我又看见一个农业学校的学生，农忙的时候，都在家里作农，教员每日乘汽车到各学生田园里巡环教授。若不是道路好，怎样办得到呢？再还有乡下的地方，地广人稀，若想普及教育，非用车运载学生上学不可。所以，美国乡村教育的普及，多半依赖这车载学生上学的方法。所以乡村教育发达的地方，必定有好的道路。因为非此，则不便于运载学生，这也是道路对于教育的辅助。

回看中国，道路不修，交通不便，县视学视察各县教育，多则每年二次，少则一次还不到。比较那马州视学的每月二次，当有什么感想？又看那中国通学生家校距离，很少超过三里的，那就是说，学校的势力，不出三里之外。比较那马州通学生离校的六十六里，又当有何感想？有人说要兴教育先修道路。这句话很有些道理。

原载 1919 年 3 月 24 日《时报·教育周刊·世界教育新思潮》第 5 号

## 我们对于新学制草案应持之态度

第七届全国省教育会联合会，拟订学制草案，征求全国意见，以为将来修正实施之准备，立意甚好。"壬子学制"，经十年之试验，弱点发现甚多。近一二年来，教育思潮猛进，该学制几有不可终日之势。故此次所提草案，确是适应时势之需求而来的。我们对于这应时而兴的制度，究竟要存何种态度？我以为建设教育，譬如造房屋；学制，譬如房屋之图案。想有适用的房屋，必先有适用的图样。这图样如何能画得适用？我以为画这图的人，第一必须精于工程。第二假使所造的是图书馆，他必定要请教图书馆专家；科学馆，必定要请教科学专家；纱厂，必定要请教明白纱厂管理的人；舞台，必定要请教明白管理舞台的人。有这两种人参议，才能斟酌损益，画出最适用之图样。制定学制，也可以应用这理。不过学制包括的范围更广，所应询问的方面更多了。此次全国省教育会联合会，征集各省教育界的意见，就是为了要顾到各方面的情形。所以我觉得凡对于学制有疑问、有反对、有主张的，都应提出充分讨论、研究、实验，使将来修正之后，各方面之教育，都有充分发展之机会。换句话说，虚心讨论、研究、实验，以构成面面顾到之学制，是我们对于学制草案应有之第一个态度。

建筑最忌抄袭：拿别人的图案来造房屋，断难满意。或与经费不符，或与风景不合，或竟不适用。以后虽悔，损失必多。我国兴学以来，最初仿效泰西，继而学日本，民国四年取法德国，近年特生美国热，都非健全的趋向。学来学去，总是三不像。这次学制草案，颇有独到之处。但是不适国情之抄袭，是否完全没有？要请大家注意。诸先进国，办学久的，几百年；短的，亦数十年。他们的经验，可以给我们参考的，却是不少；而不能采取得益的，亦复很多。今当改革之时，我们对于国外学制的经验，应该明辨择善，决不可舍己从人，轻于吸收。这是我们对于研究新学制草案应有的第二个态度。

为造新房绘图易，为改旧房绘图难。因为改旧房时，须利用旧房，以适合改造之需要。然旧房有可利用的，有断不可利用的，有将来要拆而改造时，不得不暂行存留的。这都是绘图的人应加考虑的事。我们的旧学制，多半应当改革；但因国中特别情形，或亦有宜斟酌保存之处。大凡改制之时，非旧制遭过分之厌恶，即新制得过分之欢迎。这两种趋势，都能使旧制中之优点，处于不利之地位。所以我们欢迎新学制出现的时候，也得回过头来看看掉了东西没有。这是我们对于新学制草案应有的第三个态度。

图案是重要的，但只是建筑房屋的初步。学制是重要的，亦只是建设教育的初步。徒有学制，不能使人乐学；也如徒有图案，不能使人安居。如何使纸面上的图案，变成可以安居之房屋，与如何使纸面上之学制，变成最优良最有效率之教育，是一相仿的事业。不知要费几许金钱、脑力、时间去经营，才能成就我们所想成就的。我们切不可存学制一定即了事的观念。我们更要承认学制以后之事业问题是无穷尽的。无穷尽的事业，要我们继续不已地去办理他。无穷尽的问题，要我们继续不已地去解决他。所以学制虽是个重要问题，但只是前程万里的第一步。他原来是如此，就应如此看待他。这是我们对于新学制草案应有的第四个态度。

总之，当这学制将改未改之时，我们应当用科学的方法态度、考察社会个人之需要能力，和各种生活事业必不可少之基础准备，修正出一个适用之学制。至于外国的经验，如有适用的，采取他；如有不适用的，就回避他。本国以前的经验，如有适用的，就保存他；如不适用，就除掉他。去与取，只问适不适，不问新和旧。能如此，才能制成独创的学制——适合国情、适合个性、适合事业学问需求的学制。

原载1922年1月《新教育》第4卷第2期

## 南京教育谈

**教育与市政有什么关系** 教育是国家委托市政府办理的最重要的事业，也是改良市政之基本工具。新市政的基础是新教育。改造南京之教育，方能建设新南京。

**改造南京之教育当从何处着手** 改造教育和改造一切事情，有一条共同的道理、这条道理就是：凡改造一事必先对于这事情本身与这事情和别的事情的种种关系，都要了解，方能拟订计划进行。所以要改造南京之教育，必须明了南京教育之现状。南京教育的现状曾经调查了吗？南京最近的教育状况还没有精确的调查。十年春季，我们曾经调查一次，对于学校学生、教职员等等，稍微有些普通事实可以报告。但这种材料太普通了，拿来做改造计划的根据，是万万不敷用的。但这些普通事实，的确也是市民应当晓得的。

**南京有几多学校呢** 南京的学校，若按经费来源论，有国立的，数省合立的，省立的，县立的，市立的，警察厅立的，私立的，学生立的，天主教立的，回教立的，基督教立的；若按程度或性质论，南京有高等专门大学六所，中等学校二三所，国民小学和高等小学八五所，幼稚园四所，贫民学校二五所，义务学校五所，职业学校两所，为外国子弟设立的学校三所，私塾五四三所。

**究竟有多少学生呢** 据调查所得：南京有幼稚园学生七七人，国民学校学生六五六二人，高等小学学生三〇五五人，中等学校学生四二六六人，高等专门大学学生一一二一人，警察厅办贫民学校学生七四一人，义务学校学生一〇四人，私塾学生一二五五六人。合计二八四八二人。

**南京教育普及到什么程度了** 南京人口依民国九年十月的报告，有三八五一四五人。根据都市学龄儿童比例，依义务教育四年估计，当有学龄儿童二七三八八人。南京有公私立国民学校学生五三三〇人，教会立国民小学学生一二三二人。合计六五六二人，占学龄儿童数百分之二四。此外还有警察厅立贫民学校学生七四一人，学生办之义务学校学生一〇四人，私塾学生一二五五六人。共一三四〇一人。若把这些学生也算在初等小学内，那就共有学生一九九六三人，占学龄儿童数百分之七三。但是这些学生，算为普及教育之一部分，有些人是要反对的。

**南京人民的子女对于教育已享有平等机会吗** 公私立国民学校有女生一七六一人，教会立国民学校有女生六三一人，共计二三九二人，等于国民学校学生总数百分之三六。但教会学校的国民学校女生比男生还要多三十人。他们注重男女教育平等，令人钦佩。此外，私塾女生一六五一人，占私塾生总数百分之十三。

**南京有几多教职员呢** 南京全城公私立国民小学有教职员一七〇人，公私立高等小学有一二七人，教会立国小、高小合并有八一人，公私立中学有二九八人，教会立中学有一二八人，高等专门大学二八〇人。共计有学校教职员一〇八四人，另外有塾师五四三人。

**南京男女教职员之比例如何** 一〇八四教职员中，有男教职员九三〇人，女教职员一五四人。一百个教职员当中，有一四人是女子。

**南京教职员之学业如何** 国民小学教职员从师范本科毕业的有百分之三三，从师范讲习科毕业的有百分之三二，受过高等教育的有百分之一六。高等小学教职员受过师范本科教育的有百分之五四，受过师范讲习科教育的有百分之九，受过高等教育的有百分之一七。中等学校教职员受过高等师范教育的有百分之二三，受过高等教育的有百分之七〇。教会学校高、初两等学校教职员受过师范学校本科和师范讲习科教育的只有百分之一四。教会立中学教员受过高等师范教育的只有百分之二。私塾教师以科举出身为最多，占总数百分之七五；学校出身的亦要占百分之二〇。受过师范教育之塾师要占百分之六。塾师受过高等教育的也有百分之五，百分之四是受过法政教育的。

**南京教职员所受的报酬如何**　南京公私立国民小学专任教职员每人年薪平均为二〇六元。高等小学专任教职员每人年薪平均为三〇四元。教会立高等小学、国民小学专任教员合起来每人年俸平均只有一八五元。

**南京的教育究竟办得怎样**　办得好吗？办得经济吗？好到什么地步？经济到什么地步？这个问题不易答复。若很答复这个问题，非有更加详细的调查不可。这种调查须有三个重要条件：一是市民确有改造教育之决心；二是现在办教育的人自愿改良，不讳己病；三是调查事宜应付托于大公无私之专门家。

我这个简单的初步报告，是没有多大价值的，并且已经陈了一年了。我写这篇谈话的目的是要引起南京教育界同志两种兴趣：

一、从事更加精密的教育调查。

二、解决南京教育问题须从了解真相入手。

原载1922年10月10日《新南京》

## 市乡教育分治与南京教育

今年九月二十日至三十日之间，教育部开了一个学制会议。除学校系统改革等案外，还通过两个很重要的议案，对于南京教育的发展都很有密切关系。这两个议案就是：

一、《县教育行政机关组织大纲》；

二、《特别市教育行政机关组织大纲》。

细看这两个议案最要紧的一点，在于市乡教育分治。就两者的职分而言，县教育局是主持全县的乡镇教育，特别市教育局是主持特别市内的教育。特别市教育局与县教育局为平行机关，彼此不相统属。

一个是专门去发展都市教育，一个是专门去发展乡镇教育。因为县自治制及乡自治制里面对于市乡的定义都没有明文规定，所以学制会议里面，又通过了一条意见，请教育部和内务部会商，采择施行。《意见书》第三条条文如下：

"三、推广特别市之认定。现制特别市由内务部认定，本有伸缩之余地，惟认定无确定标准，实无以巩固都市教育之进行。今折衷各国成例，拟定特别市为两级：十万人以上聚居一处者，为第一级特别市；五万人至十万人聚居一处者，为第二级特别市；五万人以下一万人以上聚居一处者，为普通市；聚居一处之人不及万人为乡村。如此明白规定，既便于教育之筹划。尤便于自治之推行。"

照上文看来，凡五万人以上聚居一处的地方，都可组织特别市教育局，办理市内一切教育事业。不足五万人聚居一处的地方，都统属于县。他的教育纯由县教育局主持。这种分治的办法，比现在的合治制要好得多。因为都市地狭人多，乡间地广人稀，人口密度既相悬殊，加以经济能力不同、环境性质不同，凡此种种，影响于课程编制、教学方法、行政组织等等，都不能相同。合起来办，不是乡村教育受都市的阻碍，就是都市教育被乡村的牵制。如果分起来办，虽在开始的时候，不免有些困难，但分途发展之后，效果是可立而待的。

南京人口，据民国九年十月警厅报告，为三八五一四五人。依四年的义务教育，都市学龄儿童百分之七计算，当有学龄儿童二六九六〇人。按南京教职员学生比例，约计每教职员平均担任三十个学生，应有教职员九一三人。又按南京每校学生数约计，要有二百多个国民学校。我们试问：开办二百多个学校，指导九百多个教员，造就二万七千多个学生，这是何等大的事业！岂能不组织一个独立的专管机关来办理一切吗？这不过就义务教育一方面说，事业已如此之大。此外，还有都市所应举办之各种教育，若一一提出来，更令人觉得南京有组织特别市教育局之必要了。再谈江宁全县的情形。江宁县的人口统计，不大靠得住。据民国九年邮政局报告册上所载，江宁全县有九〇二九四一人，减去南京的三八五一四五人，余下的五一七七九六人，都住在乡村或小的镇市上。乡下儿童对于人口的百分比，较都市为大。依四年的义务教育计算，乡间每百人中，应有九·三为学龄儿童。五一七七九六人中，就要有四八一五五学龄儿童。每个教职员平均担任三〇学生的教育，就须一千六百多个教职员。乡下每个学校内的学生，势不能有都市那样多。假使每学校平均收学生一百人，已经要四百八十多个学校了。开办四百八十多个学校，指导一千六百多教员，适应农村的需要，造就四八一五五个学生，这又是何等重大的责任！还不够一个县教育局去专心办理吗？将来教育发达之后，还有各种教育事业，要在各乡办理。一个机关的精力是有限的，断断乎不能兼顾南京教育的全体了。不能兼顾而勉强兼顾，其结果必至于使南京和四乡的教育都不能发展，都不能进步。我们从江宁四乡那方面说，不想把乡间的教育办好则已，若要办好，非组织教育局专管乡间的教育不可。我们如果要想把南京教育办好，非设立南京教育局积极进行不可。这个家是不能不分的。这不是自私的分家，乃是两全的分家。我们市民对于这件事的责任：

第一，是请求把南京改为特别市，教育自然要组织在这种基础之上。教育以外还有别的事件，也应该组织在这种基础之上，要想新南京的种种事业都能进步发达，不可不把南京改为特别市。

第二，是预先研究如何分治的手续——机关如何组织、经费如何划分、学区如何规定及其他有关系的问题，都应该预为之备，使此种制度得以早日见诸实行。

市乡教育分治，不过是改良教育行政之一种，并不能就说南京已经成了特别市。但是我们至少可以说，如果市乡教育分治的政策采取以后，教育是比从前更容易办得好的，是比从前更难办得坏的。不过我们理想上是如此，至于事实上究竟办得好办得坏，却难预言。

学制会议关于此事的议决案，我附在后面给大家参考。议决案的内容，很有可以讨论的地方。我以上所说的，只限于这一点，就是主张市乡教育分治。

原载 1922 年 11 月 5 日《新南京》

## 中华教育改进社简章

第一章

**第一条** 定名：本社定名为中华教育改进社。

**第二条** 宗旨：本社以调查教育实况，研究教育学术，力谋教育进行为宗旨。

第二章　社务

**第三条** 本社社务如下：

（一）通信或实地调查各种教育状况；

（二）依据实际问题研究解决方法；

（三）辅助个人或机关对于教育之实施或改进事项；

（四）编译关于教育之书报；

（五）提倡教育事业之发展及学术之研究；

（六）其他关于教育改进事项。

第三章　组织

**第四条** 社员资格分二项：

（一）机关社员：机关担任本社每年合组费二百元以上者，但中等以下学校得出合组费百元以上。

（二）个人社员：个人研究学术或办理教育有成绩、岁纳社费五元以上者。

合以上二项资格之一者，由本社社员三人以上之介绍，经董事会通过，得为本社社员。

**第五条** 董事会：本社设董事九人，由机关社员公选，任期三年，每年改选三分之一。惟第一次选出之董事任期一年、二年、三年者各三人，由董事会第一次开会时签定之。董事部长及其职员由董事推选之。

董事会每年于选举之先，由董事会照定额加两倍推选候选董事，通信于各机关社员。各机关社员就所开候选董事，按定额通信选举，但机关社员欲于候选董事以外选举者，亦得听其自由。

**第六条** 本社设主任干事一人，由董事会聘任之，商承董事会主持本社一切事务。

**第七条** 本社设学术部，分下列各科：

（一）研究科；

（二）调查科；

（三）编译科；

（四）推广科。

本社设事务部，分下列各科：

（一）会计科；

（二）文牍科；

（三）庶务科。

**第八条** 各科人员分聘员、雇员二种。聘员须由主任干事推荐，经董事会认可聘任之。

**第九条** 各科依事物之繁简定员额之多寡。事务过简之科，不设专员，其事务得由他科职员兼任，各科办事细则另订之。

**第十条** 特别赞助本社或特别捐助者，经董事会通过，得推为名誉社员或名誉董事。

## 第四章　职权

**第十一条**　董事部之职权如下：

（一）规定进行方针；

（二）筹募经费；

（三）核定计划及预决算；

（四）审核各科办事细则；

（五）聘请主任干事；

（六）提出候选董事；

（七）核定聘员之任免；

（八）审定社员资格；

（九）审定名誉社员、名誉董事之资格；

（十）组织委员会。

**第十二条**　主任干事之职权：

（一）编拟计划；

（二）编拟预算、决算；

（三）推荐聘员、任免雇员；

（四）执行董事会议决事项；

（五）总理本社一切进行事务。

## 第五章　经费

**第十三条**　本社经费以下列各项充之：

（一）机关社员合组费；

（二）个人社员社费；

（三）特别捐；

（四）官厅补助费。

## 第六章　会议

**第十四条**　本社每年开全体大会一次，于暑假期举行，其地点由前一年大会决定。

全体大会分社务会议、学术会议两种。

**第十五条** 董事会每年至少开会两次，其时间、地点由董事会自定之。

### 第七章　社址

**第十六条** 本社总事务所设在北京。

**第十七条** 本社遇必要时，经董事会议决，得分设事务所。

### 第八章　附则

**第十八条** 本简章有不适之处，经董事过半数以上或社员二十人以上之提议，大会到会社员四分之三以上通过得修改之。

1923年8月中华教育改进社第二届年会通过

载1923年10月《新教育》第7卷2-3期

## 平民读书处之试验

平民读书处，为平民教育组织之一种。试验以来，已有两个月了。我现在要把这两个月来经过的情形写出来，献给热心平民教育的同志做参考，并请大家随地试办后不吝指教。

自从中华平民教育促进会筹备会成立之后，我们先后在南京、北京办了十几个平民学校实地试验。有空的时候，我就在平民学校四周的社会探听消息。学校虽近在咫尺，店家住户有大多数的人不能到学校来上课。例如平民学校定晚上七点钟上课，看门的不能来；抱小孩的小孩没有睡不能来；晚饭后要洗锅洗碗的不能来：这是平常住户的情形。再看那店家做买卖要做到九点钟、十点钟、十一点钟的都不能来。不能来而勉强来，必定要妨害家庭的事务，扰乱生活的常态。读书是要紧的，管家谋生也是要紧的。有没有两全的方法，使那一班人民于管家谋生之外还能读书？这是我对于学校式平民教育效力上的怀疑，也是我对于平民读书处开始试验的第一个原因。

我和朱经农先生把第一册《平民千字课》做成之后，桃红讨了一本去读，小桃也要读。于是弟弟就跟着哥哥去学。我起初并不十分注意，后来看见哥哥读一课，弟弟也读一课；哥哥把第一册读了，弟弟也把第一册读了。我渐渐地得到一个很重要的暗示，这暗示就是如果八岁的小孩子能教五岁的小孩子，那么十几岁以上识字的人，更能够教十几岁以下不识字的人了。这个假设，引导我打破非师范生不能办平民教育的假象，引导我去试验种种识字的人去教种种不识字的人。这是我开始试验平民读书处的第二个原因。

这时候虽有设立平民读书处的动机，但是平民读书处的名词还没有成立。这时候所用的名词是：（一）辅导考试自学法；（二）连环教学法。第一个法子就是请店家住户里识字的人，辅助引导不识字的人自己学习，学了四个月，举行一次考试，考及格的，给一张好国民的文凭。这个叫做辅导考试自学法。郑晓沧先生提议，"好国民文凭"不如改做"识字国民文凭"，我们都赞成。以后就采用识字国民文凭的办法。连环教学法有两部分。第一，识字的人有几种：一是文理精通的；二是半通半不通的；三是不通的。只要认识字，虽然不通，都可以教《平民千字课》。因为不通的人眼睛认识这些字，虽然初看不懂这些字所做成的句语，只要用嘴读出声音来，耳朵就听懂了；耳朵听懂，眼睛也就看懂了。所以这种人读一句就通一句，通一句就可教一句；读一课就通一课，通一课就可教一课；读一本就通一本，通一本就可教一本；读四本就通四本，通四本就可教四本。他一面读就一面通，一面通就一面教。这是一种眼睛教嘴，嘴教耳朵，耳朵再教眼睛的办法。第二，没有受过学校教育的人，要他去教四五十人一班的学生，他是不会干的。叫他教一两个人是做得到的。假使有两个人要读书，就可以在他的左右各坐一人跟他学。一人教两人，两人教四人，四人又可教八人。你教我，我教他，他又可以教他。一店之中，管账的教同事，同事教徒弟。一家之中，先生教师母，师母教小姐，小姐教老妈子，老妈子教丫头。大家不必同时学，各人可以乘空闲的时间向人讨教。照这个法子，每一个人家、店家，只要有一个人识字，大家就可以读书了。

自从拟订这两种方法，我就直接或间接去试办。中华教育改进社的职员在羊市大街，东南大学教育科在北门桥，郑晓沧、陈鹤琴、廖茂如、徐则陵、王伯秋、胡适之、姚文彩诸先生在他们家里，洪范五先生在成贤学舍，王仕泰君在小乐意饭馆，慧空和尚在栖霞寺，薛仲起先生在江裕轮船，江彤侯先生在教育厅，江爱吾先生在安徽省公署，袁烈青先生在安徽第一监狱，都在那儿试办。

虽然有了这种办法，但是名不正则言不顺，还是不易推行。有一天晚上，在南昌和几位同志讨论定名，江西省视学桂汝丹先生提议称为"读书处"，我就加了"平民"两个字在上头，大家都赞成，命名为"平民读书处"。桂汝丹先生就做了第一个平民读书处的处长。有了这个名字，一两天之内开办了二三十处平民读书处。现在推行到武昌，这个星期之内各处开办平民读书处至少当以百计。

就经过的情形看来，识字的同事可以教不识字的同事；识字的家人可以教不识字的家人；识字的夫役可以教不识字的夫役；识字的车夫可以教不识字的车夫；识字的和尚可以教不识字的和尚；识字的犯人可以教不识字的犯人。凡是识字的人都可以教不识字的，都可以做平民读书处的助教或教师。

办教育比如给人饭吃，给人饭吃有两个方法：一是开饭馆，贴招贴，使那愿意和能够上饭馆的可以来吃饭，这是开平民学校的办法；二是叫每个人家家里设厨房弄家常便饭吃，平民读书处就是一种家常便饭的平民教育。社会上顶多十人中有一人可上饭馆吃饭，顶少有几人是要在家里吃家常便饭的。所以要想平民教育普及，就要兼办平民学校和平民读书处。照中国现在社会的情形看来，我们要特别地多设平民读书处。

## 【附录】

## 平民读书处组织大纲

（一）平民读书处称为某某平民读书处，以捐资人之别号或捐资人指定之人之别号称之。

（二）平民读书处以每机关、每店铺、每住户为设立之单位。

（三）凡机关、店铺或住户内有能读《平民千字课》者，即可请其充当该机关、店铺或住户附设平民读书处之助教；如有中学以上肄业或同等程度者，即可请其为教师。

（四）平民读书处设处长一人，以文理清通或受过学校教育，年龄在十七岁以上者为合格。捐资创办人如合资格，得兼任读书处处长。

（五）捐资创办人或平民教育委员会或劝导员得依据第四条之规定，向平民教育促进会推荐读书处处长。

（六）平民读书处处长之任务如下：

1. 检定助教或教师；

2. 检定学生程度；

3. 考核学生成绩；

4. 指导助教之教法；

5. 转发课本、教具、证书；

6. 向平民教育促进会注册并随时报告情形。

（七）检定助教及审查学生程度可用《千字课》本令其抽读。

（八）指导助教次数，可视助教能力而定。普通助教，第一星期连去指导三天，再定以后每月指导次数。

（九）平民读书处人数不拘，少则每处一两人，多则每处千万人（例如军队）。

（十）平民读书处经费，每处普通以五个人计算，大约每处须用洋七角钱之谱。《千字课》每人一部，五部共洋六角（助教一部在内）；石板四个人合用一块够了，只花六七分钱；用笔墨砚纸的，酌加费用。人多的地方可以类推。

（十一）凡平民读书处均须由处长或捐资创办人向平民教育促进会注册，方能得相当奖励。

（十二）注册时，向平民教育促进会领平民读书处名称一纸《一览表》，填一张存会，填一张与平民读书处名称同贴在门首。

（十三）平民读书处适用连环教学法，由每助教先教两个人，再由此两人各教一两人。

（十四）自设立之日起，四个月后须经处长依照平民教育促进会考试办法举行考试。凡考及格的，一律发给识字国民文凭一张。如所教之学生有三人以上及格者，亦可得平民教师证书一张。若所教之及格学生数在三十人以上，即可得平民良师证书一张。学生得识字国民文凭后，如继续读《平民丛书》，亦可得相当奖励。办法另订。

（十五）本机关、店铺或住户内，除六岁以下儿童及已入小学儿童及残废者外，全体皆得过识字国民文凭时，得由处长报告平民教育促进会，发给读书明理褒奖状，张贴门首。

（十六）同事同居中如有新加入不识字之人，即须报告处长，并设法教导。

（十七）凡平民读书处对于所在机关、店铺或住户所有应识字、读书之人，均以四个月完全教毕为原则。遇有特别情形，得展长期限。

（十八）凡机关、店铺、住户之主持人员，宜劝服务人员注意读书。

原载1923年12月3日《申报·教育与人生》第8期

## 论平民读书处之得失

平民读书处自试办以来，我们好几位同志一方面亲自试行，一方面静观效果；一方面用思想去引导实行，一方面用实行来纠正思想。现在平民读书处成立了好几千：衙门里、会社里、学校里、商店里、工厂里、家庭里、轮船里、寺庙里、监狱里、善堂里、济良所里都有了他们的脚迹。平民读书处在各种环境和情形之下，都经过了相当的试验：有的成功，有的失败；有的由失败变为成功，有的由成功转为失败。我们平心静气地观察他们的现象，推究他们的因果，觉得成功有成功的要素，失败也有失败的缘由。或得或失，都不是偶然的。我现在要把我们所见到的，一条一条地列举起来，作为推行平民读书处的同志的参考，还望大家把试办的心得来指教我们。

### 一、平民读书处之成功要素

平民读书处有六种成功要素。统观所有的平民读书处，完全有了下列六种要素的，就完全成功；那缺少一部分要素的，就不免有一部分失败。

（一）**主人要肯负督促之责** 这是最重要、最重要的成功要素。凡平民读书处设立的地方，必定要那个地方主人肯负督促的责任。家庭里要家长负责督促，店铺里要店主负责督促，推而至于一切机关里都要他们的主持人员负责督促，才可开办。如果做主人的敷衍了事，或明里承认负责，暗中阻止；或一时热心，终归懈怠：都是不能成功的。主人的督促并非难事，不必费什么时间。他只须于开办的时候，告诉大家说："从今天起，大家都要抽空读书，会读的人教人，不会读的人跟人学。"过一个星期可以问一句："你读了几课了？"到了一个月可以问一句："你读完一本了吗？"到了两个月、三个月、四个月，都可以仿照这样问问大家，他们就自然而然地用功了。这种督促的法子并不费事。我想凡做主人的都应当为全国读书运动负这点责任。现在修正的《平民读书处组织大纲》的里面，要家长、店主和机关主持人员担任处长，就是要重视这种督促的专责。

**（二）至少必须有一个会认字的人做助教**　平民读书处是以内里的人教内里的人。无论家里、店里、机关里，总得要有一位识字的人才能一个教两个、两个教四个地干起来。只要一个这样的人就行了。那肚里清通的固然顶好，就是半通甚至于不通的人，也是可以的。有了这一个人，加上了相当的指导，就有办法；倘若像这样一个人也没有，那就要从造就他入手了。

**（三）助教要有专责感**　若一个读书处里面，有几个识字的人，几个不识字的人，那么某人教某人都要指定，或让他们自己认定。因为责任不专，不易督促。如此指定，教的人和学的人都明白责任之所在。

**（四）指导要有定期**　平民读书处的指导员一人，管一个读书处至十个读书处不等，看本人的精神、能力、热心、时间而定。指导员的功用就是指导助教，鼓励学生。他一方面引他们朝着正路走，一方面叫他们不致懈怠。最好指导员每星期到读书处去一次，每次指导助教六课，并使学生挑读一段以验成绩。对于程度高些的助教，可以酌减指导次数。倘使指导员能用实用方法，如写信之类引起学生兴味更好。如学生中发现懒惰，或助教中发现懈怠情事，就须加劝勉。劝勉不听，再与处长协商办法。

**（五）全体要一律读书**　除特别情形外，无论家庭里、店铺里或机关里的人，均须一律读书。若是这个人读那个人不读，或是要别人读而亲人反不读，精神一定提不起来，并且彼此推诿的事情不久就要发现。所以不办平民读书处就算了，要想办平民读书处，就得要男女、老少、大小、主仆，一律读书。

**（六）读书要与饭碗发生关系**　无论什么社会里的人，大概约有三分之一光景，除非有别人督促强迫，很不愿意读书。但是空言督促还是没有多大效力的。要想有效力就要使不读书的人觉得饭碗不稳。安徽教育厅有二十一位公役，内中有六个人起初不愿意读书。厅长只说了"不愿读书的人不得在厅里做事"一句话，大家都读了。协和医院里定了一个办法，凡是考不及格的都不得加薪，也是把读书和饭碗发生了一个密切的关系。如果个个家长、店主以及机关的主持人员肯把这层办到，那真是可以事半功倍了。

### 二、平民读书处的四忌

我们开办平民读书处，不但要注意成功的要素，并且要回避忌讳。有好多平民读书处的失败，都是因为犯了这些忌讳的缘故。所以我特为的要提出来作为一种警告，以免大家重蹈覆辙。

（一）**忌生** 平民读书处要在熟人的地方尽先推行。因为熟的地方对于我们本人既无怀疑，那么对于我们介绍的平民教育也就可以放心，若没有特别困难，必定是欢迎的；并且开办之后可以按着定期过去指导，很少不便的地方。至于生的地方，他们对于我们本人既不相知，自然不晓得我们葫芦里要卖什么药。客气的敷衍我们几句话，不客气的就要给我们钉子碰了。纵然开得起来。只怕时常去指导，他们又要觉得我们讨厌了。所以平民读书必要在熟的地方推行，不可在生的地方推行。我们自己的家庭、商店和自己主管的机关，都是我们用武之地。渐渐地我们可以把读书处的办法，介绍给朋友亲戚。我们可以拿我们自己的地方做一个中心，渐渐地对凡与我们有往来、有关系的人去介绍或推行。凡与我们有关系的裁缝司务、剃头司务、送煤炭的、卖柴的、挑水的、布店、米店、纸店、杂货店，等等，凡是认得我们的地方，都是我们推行平民读书处的地方。不过生的地方，假使有自动的要求，我们当然是可以替他开办的。

（二）**忌招外面学生** 平民读书处和平民学校根本不同的地方就是以内里的人教内里的人。因为他们一个根本原则就是为着那些不能进学校的人设立的。那外面的人既能到别人家的平民读书处去读书，就应当到平民学校去读书了。招外面的人到自己家里或店里来读书有种种不方便的地方。有好多人起初的时候热心过度，要收纳外面的学生，到了后来，很觉得不讨好，或者就变成平民学校了。殊不知外面来学的人既多，我们开始的时候，就要照平民学校办理，不可照读书处的办法办理。

（三）**忌引生人参观**　平民读书处不宜引生人参观。参观平民学校是可以行的，参观平民读书处是要讨人厌的。我们有几处成绩优良的平民读书处，就是因为参观、照相破坏掉了。

（四）**忌带政治、宗教色彩**　我们办平民教育就要纯粹地去办平民教育，断不可带一丝一毫政治、宗教的作用。我们办平民读书处对于这点更要格外留意，一不谨慎就要失败。

我们对于平民读书处如果注意上面所举的成功要素，并且免除上面所举的忌讳，我敢说办一个就有一个成功，办十个就有十个成功。不过所谓成功要素和忌讳，都是从现在的社会情形里面发生出来的。如果社会情形变更，那么上面所列举的种种当中，也有不能不变更的地方。比如社会对于平民教育倘已到了充分了解的时候，或政府对于平民教育倘已下了强迫令，那么我们也无须用如许力气使他成功，并不必避除如许忌讳才免失败。不过一定要等到那个时候到了，我们方能放手做去。现在还是要多方留神，才有把握。

原载 1924 年 4 月 21 日《申报·教育与人生》第 27 期

## 社会改造之出发点

从事社会改造的人，要远处着眼，近处着手。现在中国注重社会改造的人渐渐地增加，是一件很可庆幸的事。但是总觉得肯在近处着手的人还是太少。我们要想做近处着手的功夫，最要紧的是划分范围，确定责任。社会的范围可大可小。大而言之，社会就是全世界；小一点就是一国；再小就是一省，一县，一城；再小就是我们最近的环境，在我们前后左右的邻居。我以为要在我们自己机关以外服务社会，最好是从我们的最近环境着手，逐渐地推广出去。我们最近的环境要待改造的事体也很多。卫生问题、生计问题、道德问题、娱乐问题，以及种种别的问题都待解决，都是从事社会改造者不忍放弃的问题。但是人民不能识字读书也是个待解决的问题，恐怕是一个基本的问题。我们倘能把种种问题用大刀阔斧来同时解决，岂不痛快！世上做这种梦的人确实不少。无如天下事没有这样容易，我们的精力也很有限，要想把一切问题同时解决，结果必定是一个问题也不能解决。倒不如按着自己的能力，看准一件具体的事，会精聚神地来干他一下。如果我们对于一件事肯得专心继续地努力去干，一定有解决的希望。一个人，一个时候在一个地方，干一件事，是社会改造的不二法门。本社依据这个原则，就拿羊市大街一百二十一号门牌里的读书问题，来做我们改造社会的出发点。

原载 1923 年 12 月 23 日《中华教育改进社第二周年纪念会会刊》

## 全国平民教育之现状

平民教育自"五四"以来，各地学生都很热心办理。青年会在长沙、烟台、嘉兴三处的试验，更能引起社会对于此事之注意。十二年六月，朱其慧、晏阳初、朱经农先生等在上海发起中华平民教育促进会筹备会，就是平民教育从局部试验变为全国运动的起点。八月，中华教育改进社在清华学校开第二届年会，中华平民教育促进会总会就在此时成立。参与此会的代表共有十九省区。从此可见全国人士对于平民教育的赞同。九月开始推行，到现在只有七个月，各地已经组织平民教育促进分会有十五省区；同时受《平民千字课》教育者，已有三十余万人。我现在要把这个运动的几个重要方面，大略报告如下。

一、精神

我要首先报告各地所表现之精神。平民教育范围很广，故推行之时，非全社会的人都来赞助参与不可。我们要有组织的军队、警察、商人、教员、学生和无组织的市民都一同出来运动。南京、安庆、武汉、南昌、芜湖、徐州都有过大规模的游行，参与的人数少则数千，多至三万余人。在这些人中，有军队、警察、教员、学生、商团等等。他们平日对于其他各事，都很隔膜，然而对于平民教育运动，则能万众一心，协力合作，恰是人同此心，心同此理。这种全社会一致合作的精神，又非勉强得来，实是自然而然发现的。大家见平民教育运动一来，非常欢迎，非常乐观；他们为了平民教育，都来聚首一堂，笑嘻嘻地开会，一团和气地互助。我们很希望把这种精神传到全国去，使国人把一切意见不同的问题，都放在脑后，而对于这件事大家起来合作。

二、组织上的特点

凡事要有组织，才办得好。所以小事要小组织，大事要大组织。有人说我们中国人，凡三人以上之团体，人愈多则力量愈小。这句话对与不对，我们姑且不管，但是现在中国一般团体，总不能说组织能力不缺乏。我们要使不识字者识字，不读书者读书，这是何等重大的事体，所以更非有能力不可。这次平民教育运动，各地组织虽不尽同，然有几点是到处一致的，兹特述之如下：

第一点，各地都有董事部，且董事部均有继续的性质。董事人数从十一至二十三不等，每年改选几分之一，故不致每年完全换一种新的人来。我们觉得凡是新旧交替，往往很多阻碍，故现在董事之组织，采用此法。如每年改选三分之一的人数，则还有三分之二的人在这里，不致新来的毫不知道头绪，把从前未做完的计划，全行丢掉。

第二点，董事部要大家合作，不是一部分人可以包办的。所以希望各方面领袖与夫有能力的人物，都出来加入。这种董事部，可以说是一个小社会。此次这些当董事的人，虽旁的事不能合作，对这件事却很一致。

第三点，有干事专门来办事。因此事虽然有社会帮忙，然也要有专司其事者，效率始能大广。故各处都有专门的机关，聘请专门的人，进行一切。

### 三、现有学校在附近地方划定范围为该校推行平民教育之责任

现在有好多赞成平民教育的学校和机关，在附近地方划一范围，或由本地促进会划分区域，特别叫这些学校或机关负责任。如经过一时期之后，这个范围以内，没有一个不识字的，就是某学校或机关的成绩。反之，若查出尚有不识字的，则这个学校或机关亦必负其责任。即如以某学校为中心，把东西南北四围定一界线，某校同人，即共同负责做去。但是这种办法还未彻底，何以说呢？因这个范围，是某校的人所共有的。但一校之中，有教职员，有学生，有夫役，我们要找其负责者是哪项人呢？若说是学生，则学生之中，有姓张的，姓李的，究竟谁去负责呢？假定某校有一千同学，千人除去二百人不能服务的，还有八百人。又假如某校四周，有二千四百户人家，则每人仅担任三个人家；如四周有一千六百户人家，则每人仅担任两个人家；如四周有八百户人家，则每人仅担任一个人家。这样分配好了，经过一时期之后，若那个门牌内，尚有不识字的人，就是那个担负这家人的责任未尽到。这是国内很通行的一种办法。

### 四、发现平民读书处

给人受教育，如同给人吃饭一样。给人吃饭的方法有二：第一就是开饭馆，谁要求来吃饭的，就来吃，如平民学校，就是叫人来吃平民教育的地方；第二就是要在每个人家、每个店铺内都有厨房，可以给人吃家常便饭。平民读书处设于每个人家、店铺里，可以说是平民吃家常便饭的平民教育的地方。平民读书处只以内里识字的人教不识字的人。教的人是里面的，学的人也是里面的；教员不从外面去请，学生不到外面去招。只要家长、店主和主持的人员负责督促。平民读

书处很能补平民学校之不足,现在各省设立之平民读书处已有好几千。

### 五、私塾里施行平民教育

现在全国学校的学生数合计,远不及私塾学生之多。即如南京一处,现在有五百个私塾,一万多名学生;若广州则有一千多个私塾;此外越到内地,则私塾学生越多。我们如何才能省私塾学生的精力,就是要私塾也用《平民千字课》为课本之一种。现在南京、武昌、察哈尔、河南等处,都在试办。

### 六、公署办平民教育

这件事情,省行政官厅、省视学、道尹都很提倡。安徽省公署是第一个公署提倡平民教育的。公役统归教育科教育,卫队统归训练官教育。以后安徽的教育厅,南昌的教育厅、实业厅,武汉三镇的各种公署,芜湖那里的皖南道尹公署、海关公署、芜湖县公署、京兆宛平县公署,都是很热心这件事情的。

### 七、教育厅实行强迫平民教育

把读书和饭碗发生密不可解的问题,这是最好的方法。现在读书的人可找饭吃,不读书的人也可找饭吃,所以大家就以读书不读书为无关紧要的事。要解决平民教育这个问题,非使饭碗与读书发生关系不可。如安徽教育厅有二十一个夫役不识字,江彤侯厅长请我设法去教他们,我很欢喜,以为这是平生最好的差事。这二十一个夫役当中,有六个人能教人,有九个愿意读书。这九个之中,有六十五岁的两人,我才教了他们一课,就觉得很有兴趣,比往常在大学教书还好多了。但是除了这九个人之外,还有六个未来。到了第二天,我就照实地报告他。厅长听了,他说:"没来的有什么办法使他们来?"我说:"你不如叫庶务员发个命令,说从今天起,不读书的人,不得在本厅干事。"他听了很以为然,就吩咐庶务员照样说了。于是不到五分钟之久,这六个人都来了。这是强迫的效力。

其次,就是南昌商务印书馆的经理张雄飞先生,对于平民教育,也非常提倡，曾办了一个平民读书处。他还说："过了六个月以后，若无识字国民文凭，无论哪一项人，均不得在本馆干事。"这种办法，对于推行平民教育，有很重大的价值。

现在我们欲请北京开通的人家、商家和机关，门首均各贴一启事，其大意就说，在民国十四年一月一日以后，若无识字国民文凭的人，不能在本处服务。这都是要以读书和饭碗发生关系的意思。

### 八、说书人宣传平民教育

社会上对于平民教育能出力的人很多很多，只怕我们不会把他们找出来。南京全城说书的共有五十余人，经总务董事王伯秋先生之劝导，他们就答应尽力帮忙。现在他们于每月三、六、九、十三、十六、十九、二十三、二十六、二十九日分区宣传。其余的时候，就一面说书，一面乘机宣传，听说结果很好。我想各地方若能运用各种人出来推行平民教育，结果一定比现在大得多。

### 九、寒暑假乡村教育之办法

平民教育运动，是到民间去的运动。据估计，中国每一百人中，有八十五个都在乡下。所以平民教育，是要到乡下去运动。在寒暑假的期间，各校学生，回到本乡，都可以去办的。孔子说："十室之邑，必有忠信。"我们相信一百人中，总有些聪明的人。我们就把这些人集合拢来，每天教以《平民千字课》四课。每教完一次，就叫他们回去再教别人一课。假如教过的一人，可以另教二人，则教完五十人，就可以再教一百人。如此推行，恐怕不到两三年，就可以使全乡的人都识字了。所以利用寒暑假去进行乡村教育，是平民教育运动中的最好方法。去年寒假已经有好几个地方的同学回家办理此事，颇有成效。

### 十、平民教育入监狱

新监里的犯人最宜于施行平民教育。平常犯人可以开班教学；情节较重的犯人不便开班的，可以采用读书处的办法。只须每个房间里分配一二识字的人，叫他们轮流教学。半年之内，可保全狱犯人识字。现在安庆、南京、武昌、汉口的新监里都已先后输入平民教育。

十一、改造教具

平民教育之最要工具有二：一为《千字课》；二为辅助教具。《千字课》，中华平民教育促进会总会为急于推行起见，已于去年八月编成一种。这几个月来，局部的修改已有两次。现在，决定于六个月内，征集各方意见，从事根本修改，以求完善。至于辅助教具，有二种：一为幻灯；二为挂图、挂课。现在青年会正在研究反光幻灯教学，使费用可以减省。

十二、第二步的平民教育

现在中华平民教育促进会总会方面，已着手第二步的平民教育。敦请专家分任编辑《平民丛书》数十种，并计划编辑周刊一种，以便平民学校毕业生阅览。中华职业教育社正在准备的平民职业小丛书，也是第二步的平民教育。

平民教育的目的，是要叫十二岁以上的人，个个读书做好国民。假定中国有四万万人，十二岁以下的儿童约有一万万二千万；七岁至十二岁的儿童约六千万，算为义务教育的问题。平民教育的责任，就是叫其余的二万万八千万人，能够领受相当的教育。这些当中，据我们估计，有八千万人是识字的，余下来的二万万是不识字的。我们平民教育第一步的问题是：如何叫不识字的会读书，会读书的常读书；同时叫他们得些做人做国民的精神。现在推行之初，一切进行多有不妥当的地方。最重要的是一面研究，一面办理；一面办理，一面研究。我们很欢迎大家的批评，更欢迎作试验后的批评，尤其希望我们实行和研究的同志。

原载 1924 年 3 月《教育月刊》

## 家庭妇女与普及教育

近来有几位前进的家庭妇女关心普及教育,并想对普及教育努力,这是一件可以报告的好消息。她们来和我讨论了好几次,我对于她们的建议有三点,现在写出来请前进的妇女们指教。

(一)**开放家庭** 中等人家的门户是不肯开放的,如肯开放,只是打麻牌,约外面的人来赌他几天几夜都可以,但是你要他开放出来干点教育文化的工作,那是很难得到许可。他们有的是宽敞的房子,却让它空在那儿不肯借给人用。穷人的家庭就不然。他们所有的只是一个亭子间,或是一个小客堂,或是一个灶披间,都肯借给穷孩子读书。例如卖报小孩吕公义的母亲吕老太太是一位顶好的人。在她的一丈见方的小房里,每天是有十来个小孩读书。华荣根的父母靠卖花过活,他们的惟一的亭子间是做了八个小孩的书房。我所说不过是两个例子,这样慷慨的穷人到处找得着。我们不应该跟他们学吗?家庭妇女大概是子女没有长大,家累重重,不便时常出外为社会服务。但如果肯把家庭每天开放个把钟头,组织一个读书会或是共学团,邀约邻近没有上学机会的妇女或小孩来参加。这不是一件很有意义的工作吗?假使自己不愿主办这种读书会或共学团,也不妨借间房子给别人办。借给别人办是和自己主办一样的有意义。

(二)**允许小先生活动** 如果你们自己有孩子在学校读书,鼓励他们做小先生,帮助办理读书会或共学团,至少要允许他们教车夫、老妈子或邻居的穷苦小孩。倘使家里没有读书的小孩,可以允许别的小先生到家里来帮助这些人求学。小先生抱着一腔热血来为社会服务,千万不要把冷水浇在他们的头上。如果小先生们有图画、书报,你们还可以鼓励他们合起来办一个小小流通图书馆,让各人可以借书出去看。你们也可以捐点钱,或者代他们捐点钱,来多买些书。

这两件事是很容易办的。现在有许多没有受过学校教育的妇女是已经在那儿办了,而且办得有成绩。受过学校教育的妇女如果肯办,是格外地容易办起来。等得你们办得有成绩的时候,还可以把自己的经验告诉别的朋友,并且鼓励他也试试看。这样你们对于普及教育必定是有很大的贡献。

原载 1935 年 11 月 19 日《晨报·普教周刊》

## 民族解放大学校

你一看见"大学校"三个字,或者要疑心我想谈一谈"中央大学"一类的学府,其实我心里所想说的并不是这样的学府,而是比这样学府要大二三十万倍的大学校。

这个大学校,自二十四年十二月九日起,已经开学,还没有取名字,我姑且送它一块校牌,叫做"民族解放大学校"。

这个大学校是没有围墙,万里长城还嫌太短,勉强地说,现在中华民国的国界就算是我们这个大学校的"四至"。

它也用不着花几百万去建造武汉大学那皇宫一般的校舍。工厂、农村、店铺、家庭、戏台、茶馆、军营、学校、庙宇、监牢都成了这个大学校的数不清的分校。连坟墓都做了我们的课堂。谁能说庙行的无名英雄墓和古北口的支那勇士墓不是我们最好的课堂啊?

它并且没有校长。的确,一直到现在,我们还没有找到这样的一个校长。大概这校长怕不是一个人做得起来,照趋势看来恐怕是要由四万万人合做一个集体校长,或是由大家的公意产生一个校长团。

它的导师多着咧!前进的大众,前进的小孩,前进的知识分子,都有资格做这大学校的导师。学生们学得一点真理,立刻就负了教人的义务,也立刻成了先生了。广义地说起来,是四万万人都是先生。

它的学生也是一样的多,顶少也有四万万。在这所大学校里,大家共同追求真理,活到老,学到老,教到老,干到老,团到老。

我说四万万人这句话是有毛病。（一）因全中国的人是没有正确的统计。（二）因少数汉奸卖国贼必得开除出去。（三）因我们不能关起国门来办教育，这个大学校的国外学生、同学、导师，谁能数得清呢？

学校虽大，功课只有一门，这门功课叫"民族解放教学做"，简单一点，它叫做"救国教学做"。先生教什么？教救国。学生学什么？学救国。教与学都以做为中心。先生要在救国的行动上教救国，学生要在救国的行动上学救国，这样才是真正的救国教学做，这样才是真正的民族解放教学做。这门伟大的功课当然有许多细目可以分出来。例如政治、经济、军事之演讲，作战防卫技术之操练，医药救护之操练，交通工具之操练，戏剧唱歌之演习，国防科学之研究，大众教育之推进，拼音新文字之普及等等，都是这门功课理所应当包括的细目。这些细目都是以民族解放之实际行动为中心，有计划有组织的各种实际行动的过程，便是这个大学校的课程。

照上面的观点看来，救国不忘读书的口号是站不住了。救国与读书是分不开的。我们只读可以救国的书，救国的行动要求什么书我们才读什么书。最近教育部通告里说"教育之生命即民族之生命"，这句话也要颠倒过来才是真理：民族之生命即教育之生命。不救民族之生命，哪能救教育之生命。这个大学校只救民族之生命，则教育自然有生命了。

这个大学校的教育法也特别。前进的生活法便是前进的教育法。前进的生活法是什么？一是批判；二是战斗。这个大学是要根据大众的利害来批评一切歪曲的理论，要为民族解放前途向汉奸卖国贼封建势力帝国主义拼命地战斗。

这个大学也要办毕业，它也有会考。等到一切失地收回，主权恢复，中华民族完全得到了自由平等，我们就算会考及格,定期举行毕业典礼。

这样的会考，当然不是写几篇文章就能及格。我们的民族解放的证书是用血写的，我们的民族解放毕业是打出来的。我们所纳的学费不是金子银子，乃是我们的生命。我们所要得到的不是方块帽、漏斗袋，乃是万万年的整个中华民族之自由平等！

够了！你这个人是多么自私自利啊，单为你自己一个民族打算！对，你的话虽然骂得不错，但是你不要心急，民族解放大学只是一个初级大学（Junior College），在它上面，还有一个更大的人类的高级大学（Senior College）咧。

原载 1936 年 2 月 16 日《生活教育》第 2 卷第 24 期

## 社会大学的创办

社会大学分夜大学、函授大学、新闻大学、旅行大学、广播大学等五部。其中夜大学已于一月十五日开学，共学生百余。内百分之九十为职业青年，因工作关系，多在晚间学习。该校宗旨在于为人民服务。目前分有经济、文学、新闻、教育、民间艺术五系，及拟分文、理及政经三院。以四个月为一学期，一年三学期。八个学期，即两年零八个月毕业。不放寒暑假，毕业后再实习一学期。每晚上四节课，课后并开讨论会，同学们可提出和先生不同的意见。学校管理采民主自治制度。教职员如校长陶行知、政经系教授邓初民、文学系教授茅盾等，均为学生自治会所提出者。学校经费则为学生自筹。一学期出学费二万元，但贫苦学生可免交或因成绩好而得奖学金。学校设备虽较差，但均为学生自己设法装备。

原载 1946 年 2 月 8 日延安《解放日报》

## 谈社会大学

根据国民政府三十二年年鉴的统计有六万大学生，八十四万中学生。再根据这个数目字，平均起来，十万高中毕业生就只有一万能进大学。其余十分之九的高中毕业生，至少九万人，是被摒弃在正规大学之外的。再以年龄计算，应受高等教育失学之人，由十六岁至四十岁这二十几年当中，失学青年以每年十万计，就该有二百万人。这二百万人，应当有高等教育给他们。他们需要，也有能力接受大学教育的。此外，在社会上还有很多的青年，他们也有同样的知识水准、有同样的接受能力，那么算少点罢，加上一倍罢，就该有四百万人，需要受大学教育。收复区还未列入。这么多人要受高等教育，但正规大学数量不多，无法容纳，且大多数都无力进正规大学。因此，解决他们的教育问题，的确是件大事。国家应对他们负责，社会也应对他们负起责任来。社会大学就是在这种客观要求之下产生的。

要真正把社会大学办起来，真正适应这八百多万人的需要，它的条件就必须"简单"，只有简单才易实行，普遍起来。所谓"简单"的办法，他又包含着三个因素；第一个是要有热心的教授，第二个是要好学而有大学学力的失学青年，第三要有大学之道。房屋我们不把它包括在内的，但若没有大学之道，两种人物（学生与教授）是不会联在一道儿的。

孔子是校长兼教授，他的学生有七十二贤，或者"冠者五六人，童子六七人"。他的大学之道"在明明德，在新民，在止于至善"。有了这三种东西，简单的大学就办起来了。

苏格拉底，也做校长也做教授，他的学生是雅典青年（柏拉图也是他的学生之一），街头市场就是课堂。他在市场上走来走去，与雅典青年辩问。他的大学之道是"自明"（know themselves）。他是虽有大学之实而不大喜欢承认他有门徒的。

因为他简单就容易行，有了学者做先生，有了学力够的好学的学生，有了大学之道，于是就构成了社会大学。特别是在中国，他是不需要弄一些不必要的东西来阻挠大学之发展的，什么洋房哪，基金哪，立案哪……有了这些就不可能顾到这么多的广大青年求学，惟其易行，就容易普遍。

我们这个大学（指社会大学）有热心教授，热情的学生，也有我们的新的大学之道："在明民德，在亲民，在止于人民之幸福。"我们没有洋房子，可以借，可以佃；书不够，整个重庆市的图书馆我们都可以去看，朋友的书，彼此间也可以交换着来读。现在没有基金，将来也不会有基金，一切弄来的款子都花在书籍工具上。开创虽简单，必然跟时间的发展而增长，而从社会科学发展到自然科学。

社会大学的创办是独特的，他可以有三种方式出现，都是很方便的。

第一种：重庆社会大学的方式：好学的青年团结起来，自己发起，自己筹备、筹款，自己推董事、选校长，开出聘请教授名单。

第二种：这将在别的地方可被采用，热心的在野在朝的教授团结起来，找好学的学生、自己的朋友，合力创办。

第三种：是社会贤达团结起来，找热心的教授、好学的学生，共同来创办。

三种办法都是可以的。

重庆社会大学，一月一日筹备，一月十五日就开学了。因为他简单，很快就办了起来。他是四个月一个学期，每天四堂课，每堂课四十五分钟，一年三个学期，二年零八个月就可以结业。重庆这里是会继续办下去，别的地方，我们很希望用这种简单的办法广泛办起来，以应这广大青年群的需要。

校场口的事件二月十日发生，听说二月十六日教育部就训令教育局来视察社会大学。三月十九日，教育局来视察，要社大筹基金，履行立案手续，并且有"设备简陋"的批语。"简单"，社大学人是承认的，他的方法就要简单，简单才易行。"陋"就要有一种不同的看法了：《陋室铭》的君子居之，"何陋之有？"是作了我们的辩护。有学问的人当教授，好学的青年做学生，又有新的大学之道来贯彻作指针，可以说得是"君子办之，何陋之有"？

究竟以后社会大学前途的估计怎么样呢？

假如政治民主了，政府就一定会顾虑到这一些青年，给他们以受大学教育的机会，办大学来普及这一类的高等教育的。将来还不止是一个社会大学，而遍地都会办起来的。我这个计划是已经有了十年，从前未提出来，是因为在那么一个政治的环境里不可能。现在，政协会成功了，而且这一计划也正符合了政协决议中的要求，才试办，其试办出来之方法及经验，可供给政府及社会人士参考，大规模地办起来的。

如果是法西斯政治，这一个学校是不可能存在。所以社会大学之前途，将来是决定于政治是否走上民主之路，或停留在法西斯主义，或真假不明的阶段。

原载 1946 年 3 月 30 日《民主星期刊》第 27 期

## 中华平民教育促进会宣言

△ 建立普及教育的基础
△ 花六十块钱可以使一百人受基本的平民教育
△ 花六百块钱可以使一千人受基本的平民教育
△ 解决生计，消弭乱机，奠定国本
△ 爱国者所应注意即爱己者所应注意

古人说："民为邦本。"一个共和国的基础稳不稳固，全看国民有知识没有。国民如果受过相当的教育，能够和衷共济，努力为国家负责，国基一定稳固。如果国民全未受过教育，空空挂了一块民国的招牌，是不中用的。请大家仔细想想：现在中华民国的国民到底有多少人是受过相当的教育的？倘使大多数的人还一字不识，民国的基础能够稳固吗？现在国内乱机四伏，工商业不能发达，推其原因，皆缘多数国民未受相当的教育，无职业、知识以维持生活。不幸者，即流为盗匪。同属人类，苟非全无知识，谁肯轻易牺牲？倘使人人识字读书，有了做国民的常识，自然不至做那危及生命的事业。大家勤勤恳恳谋生做事，各种乱源也就消弭于无形了。所以，我们如想挽救全国不安的景象，除了设法把平民教育推行全国之外，决无第二个好方法。照中华教育改进社估计，中国人有百分之八十不能识字，就是全国四万万人中间有三万万二千万个不识字的人。这些不识字的人里面，至少有一万万是十二岁至二十五岁的人。我们现在想方设法使这一万万人，在极短的时期内，受一点相当的教育。这些青年，大半都靠作工吃饭的，每天很忙，没有许多时间可以读书。我们只能希望他们在百忙中每天能抽一点钟工夫来受四个月的平民教育。现在民穷财困，我们兴办这种平民教育，一切经费必须省之又省，用最少的钱，使他们受最多的教育。照我们现在因陋就简的计划，每个学生身上只须花费六角钱，可以使他们受四个月的教育了。所以，有六块钱可以十人受教育，花六十块钱可以使一百人受教育。只要有人愿担负教育二百人的经费（即一百二十元），本会即可负责为之开办学堂一所，实施四个月基本教育。这四个月的教育，我们把他当作平民教育的第一期。所教的功课，是一千个基础字依着国语的文法、教育心理的原则、共和国民所需用的知识，编成九十六课。使学生每天学一课，于四个月中间，得着共和国民所必不可少的基本教育。中国青年会协会曾在长沙、烟台、嘉兴三处做过小规模的实地试验。我们实地考察所得结果，很觉满意，所以现组织中华平民教育促进会，预备把这种教育切实推行全国。这种教育所用工具有两种：（一）课本；（二）影片。影片是依据课本制造，共分三套。第一套是彩色画片，是用图画表现课文中所述的事体，叫学生把画中情节口述出来。然后再用第二套影片，就是把课文的本身写在玻璃片上，照出来。引导学生认识方才自己口述的文字。他们看了彩色画片，口里所说的话，现在用眼睛去认识他们。第三套课片，是一个个的生字。每个字从幻灯里照出来，射在墙上，比原底子放大了好几百倍，教学生同时看、同时听、同时念、同时写，精神专注，学习是很容易的。我们现在请了许多专门研究哲学、美术、国语、教育的人，合组编辑部，积极进行。等课本编成、影片制好之后，还要编辑《教师指南》，并用所教一千字作基础来编各种平民丛书、杂志、报章。使平民能利用既得之工具继续增进学识与技能。我们现在力量有限，想先在南京、北京试办，然后再逐渐推行各省。很希望国内同志大家出来帮助，使我们的试验能够收效，并且希望大家能够在各地方分头作同样的试验。

原载 1923 年 9 月《新教育》第 7 卷第 1 期

## 中华教育改进社第一次年会报告叙言二

这册年会报告，是年会编辑组主任汪典存先生和该组同人费了一个多月的工夫整理出来的。我们对于汪先生和编辑组诸位组员应该表示最恳切的谢意，因为他们辛辛苦苦地把年会中经过的种种情形，分门别类，编成一册，年会就能留下一个永久的记载。有了这本报告，本社就可以拿来作为进行和研究的底子。凡关心教育的人，从此也就可用最短的时间，明了本社第一次年会的真相，并可给本社一种相当的指导和赞助。我读了这本报告之后，回想到开会前、开会时、开会后种种情形，觉得有几种感触，很情愿提出来，和大家谈谈。

一、就政治方面看，全国分裂的现象，实在令人悲痛。但就这次到会的人着想，觉得全国教育界的精神还是一致的，并丝毫不受割据的障碍。查年会报统计，此次到会人员，除南洋外有十八省区、四十七都市之多。京兆、江苏、山东、直隶、湖北、河南、山西、湖南、安徽、四川、福建、奉天、吉林、江西、广东、察哈尔、绥远，都有人列席。凡现在参与政争的区域，都派有代表到会。全国人民对于教育，从前本是同心协力的，现在还是同心协力。这次会议之后，我们深信全国人民是愿意共同努力从事教育建国的事业的。

二、中国兴学二十多年，对于教育学术贡献太少，推究原因，就是因为教育界的人把教育问题，看得太普通、太浮泛了。大家都以为教育是一个囫囵的问题，是一件囫囵的事业。平日所办的是这种教育，所谈的也是这种教育。彼此的见解，不相上下，都犯了一个博而不精的毛病。这次济南大会最注意的一点，是分组会议。他把教育问题分析出许多小问题，按着一个一个的小问题，使愿意专心研究的人组合起来，分别讨论。最后一次的学术会议，还把这种分组会议设为永久机关，俾能继续研究。从此以后，一种人一个时候从事一个问题的研究，久之，这一个问题，必有相当的解决。如此，二三十年后，中国对于教育学术若无贡献，我是不能相信的。种子已经下了，如能继续地培植灌溉、预防灾害，是可望收成的了。我深信这种分门别类的研究，是教育进步之母。

三、这次年会可以看见的重要结晶体，就是所通过的议决案。这些议决案，有的是请各机关采择施行的，有的是由本社执行的，有的是继续研究的。论到议决案的手续，有人以为六天之内，竟能议决一百多件议案，可算是最有效率；也有人以为时间匆促，难免草率。就内容论，有人觉得满意，也有人觉得不甚满意。但无论如何，这些议决案，确可以代表现代中国教育界的思潮信仰。在这些议案里头，我们可以看得出民国十一年七月三日至八日，这六天之内，中国教育界本身所可表见的希望是什么，并如何透达这种种希望的方法。我们可以说这些议决案，是现代中国教育界思潮信仰的缩影。我应当补一句话，济南大会的结果，并不限于这些议决案。凡同志或同行会面之后，其结果有时是不可思议的。但我们看不见这些不可思议的影响，只好拿这套议决案来代表到会人员一星期的主要生活，和今后因此发生各种运动之原动力。

四、这次会议，凡旱道火车可通、水路轮船可通的省区，大都有代表到会。那铁路轮船未通的省区，都没有代表到会。由此可见交通与教育的关系何等密切。这次大会到会人数所以能如此普遍,得交通部免费辅助的力最大。政府既采用扶植教育之交通政策助成此会,我更希望政府继续这种政策,助成今后相类的全国会议。

以上所说的,是我个人对于此次年会几种较为重要的感想。但这次年会的范围很广,各人所遇见的不同,故所感觉的也不能尽同。到会诸公,必另有高见,还望指教。

原载 1922 年 10 月《新教育》第 5 卷第 3 期

## 在中华教育改进社第二次年会社务会议上的报告

鄙人于此一年中,发生两种感想。一曰快乐,因本社诸事进行,均得各方面及各社员之赞助与夫董事部之指导,致获有今日之结果,诚为忻欢无量。一曰恐惧,鄙人曾任东南大学教育科主任,后因北来本社服务,彼方遂无人代理。当时因系两方兼顾,故一人精力,三分之一在东南,三分之二在本社,奔走驰驱,不遑宁处。屡向东南大学辞职,迄未见许。夫当太平无事之时,或可双方兼顾,然已觉精竭力疲。后来本社事务,日益繁剧,而东南大学,进行亦速。以一人之身,安可当两方重任,至再至三,函向郭校长辞职,幸得其谅解,允给长假,遂得专心社务,以迄今日。然深虑才力不胜,竭蹶立见,所望诸君子加以指导是幸。

关于社务报告,已详本日《日刊》中,谅诸君均经搜阅。今日所欲陈述者,尚有二事:(一)中等教育研究;(二)科学调查。

中等教育研究,本社曾委托张仲述先生负完全责任。张先生所进行者,第一为调查,第二为改造与试验。明日到大会讲演时,必有一番新贡献,尚望诸位努力出席。科学调查,系由推士先生担任。据门罗博士云,中国教育之坏在于中学;中学教育之坏,在于科学。故本社今年特约请推士先生来华,为全国之科学调查。推士先生今年除湖北、江西、四川、广东四省不计外,均为足迹所到之处。结果极为佳良。推士先生明日可到北京,后日即可来会讲演。务祈诸君全体出席,共聆名论,一新耳目焉。

以上为本社已进行之事,惟尚有因他种关系未克即时办成者:(一)教育图书馆;(二)教育陈列所。

前者本定本年八月开馆,后因平民教育运动之发生,遂暂缓进行。因董事会议为平民教育运动,实属要图,遂不惜以全力出之,而图书馆事因而延搁,本社抱歉良深。然决不因此事之进行,致妨碍图书馆。故本社除以金钱选购必要图书及恳求各藏书家斟酌捐助外,尚望本年到会诸君,努力为捐书的大运动,庶几集腋成裘,不崇朝而琳琅满架。

后者因各省送来陈列者为数不多,遂改为教育成绩展览会。规模虽小,然亦可为陈列所之雏形。

鄙人尚有恳求诸位协同进行者,为社员推广一事。中国幅员虽广,然本社社员无地无之,惟热河、贵州、蒙古、西藏等处,尚无其人;是为缺点。以后总望诸位多多介绍,庶众志可以成城,而效果布满全国矣。

此外与社务有关者,则为本社应否加入世界教育联合会一问题。兹有殷芝龄博士,新由美国归来,可谓其在本会场报告一切。至于经费问题,素为社员诸君所关心,盖无经费,则事业无由进行。本社所持方针,一为"量入为出",二为"尽力募款"。其经费详细账目,可参阅本社《第二次社务报告》第八页表内,计收入方面为四万五千零六十二元,支出方面为三万八千一百九十九元,但支出一项,因支给万国教育会代表川资,未取收据,不能入账,故尚不止前数。

以上种种,倘有不明了及必须质问之处,务请诸君多多指教,幸甚幸甚。

原载 1923 年 10 月《新教育》第 7 卷第 2—3 期合刊

## 在中华教育改进社周年纪念会上报告本年社务

本社成立虽已一年，但实际办事，从四月到现在，只有七八月。本社办事有两种精神：（一）互助的精神；（二）分析的精神。互助的精神，定本社事业的范围。教育界有人做的事，本社即让旁人去做；教育界有人做而需本社帮助的事，本社即帮助他；教育界没有人做的事，本社即努力去做；等到有旁人做了，本社又去做旁的事。分析的精神，即将许多大的问题分析为小的问题。以前教育界对于教育问题总是笼统地宽泛地去研究。本社力矫此弊，对于教育问题，用分析的客观的方法研究。将大问题分析为数十数百个小问题，每一小问题至少有一人继续研究办理，如是，即大问题也不难解决了。

再谈到社务进行方面的事。每办一种事业，必有四种不可缺的要素：（1）组织；（2）计划；（3）人才；（4）经费。

关于组织方面，个人社员及机关社员定本社之进行方针，董事部主持社务。总事务所内的组织又分两部：（1）学术部，（2）事务部。学术部内又分研究、调查、编译、推广四科。事务部分会计、文牍、庶务三科。

本社进行计划。（一）研究方面：现有张仲述博士任中学课程改造之研究。初等教育委员会任小学课程改造之研究。推士博士任科学教学之研究。麦柯尔博士任心理测验之编造，现博士在南京正在编造的测验，有二十四种。此外尚有三十一个委员会，已组织成立的，有二十四个；正在组织而没有成立的委员会，有七个：分类地研究教育上各种问题。（二）调查方面：全国的教育调查，十一年度的明年春季结束，十二年度的明年秋季开始。地方的教育调查，如无锡、济南、南京、北京，现均已次第结束。《京师教育概况》现已出版。（三）编译方面：《新教育》月刊，从明年起，拟改十期为十二期。此外由中等教育委员会参加中等教育协会办《中等教育季刊》。由初等教育委员会担任编辑《初等教育季刊》。尚拟编《中华教育改进社丛书》及《中国教育革新纪实》，用英、日、法、德四国文字著述。（四）推广方面：本社研究员在各地考察时演讲教育上各种问题，以引起教育界之注意。明年暑假时尚拟开科学讲习会。明年七月间，拟举行玩具展览会。此外济南年会议决案，拟次第推行。本社还想承受学校的委托，通信讨论种种问题。教育图书馆与教育物品陈列所亦正在进行组织。教育物品陈列所分五种陈列：（1）历史的，如各教科书之进化等；（2）历程的，如设计教学法之步骤如何；（3）比较的，如小学教师薪水之比较；（4）特长的，如各省教育之特长，征集陈列；（5）模范的，如各省教育可为模范等。

本社既有机关社员一百一十九个，个人社员四百七十九人。以全国各省而论，尚有贵州、新疆、热河、川边、蒙古、西藏尚未有社员，这是我们应该注意，设法加入的。职员方面，现如推士、麦柯尔、张仲述三先生任研究方面的事。此外如各委员会的委员分类研究。本社的人才方面情形如此。

经费方面，本年社费，实收二万一千元，来年可收三万八千元。特别捐今年有黎总统捐洋一千元，周子廙先生捐洋一千元，许世英先生及安徽省署同人捐洋一千二百元，熊朱其慧先生捐洋五千元（专为发展女子教育之用），孟禄博士捐金洋四千元，洛氏基金会捐金洋五千元，国际教育会捐金洋三千元，司梯雷底捐金洋一千元。这是本社今年经费的状况。明年拟捐洋二十一万元，为教育图书馆及教育陈列所的基金。

本社这一年来之成绩，多由于政府社会扶助。我们感谢交通部发各路火车免票，使济南大会的时候通火车之社员都可到会。感谢招商局的轮船票折价，使通轮船区域的代表，都可到济南大会。感谢内务部借拨帝王庙，本社因社务扩充，非得宽大之处所不可。即由董事熊秉三先生商请内务部，借用帝王庙，蒙内务部概允。感谢教育部允许每年津贴补助费一千元，使本社得以扩充社务。今天是本社的纪念日，我很欢喜地替改进社谢谢政府各机关及教育界大家的帮助。

原载 1923 年 1 月《新教育》第 6 卷第 1 期

## 中国建设新学制的历史

一切制度都是时势之产物，学校制度亦不违反这原则。时势如此，学制不得不如此；时势如彼，学制不得不如彼。时势变迁，那应时势需求而来的学制亦不得不变迁。时势未到，招之不能来；时势已去，挽之不能留；时势继续地变，学制亦继续地变。

**外国学校制度的影响** 中国自道光、咸丰以来，与外人交接，总是失败。自己之弱点，逐渐揭破；外人之优点，逐渐发现。再进而推求己之所以弱和人之所以强。见人以外交强，故设同文馆；见人以海军强，故设水师、船政学堂；见人以制造强，故设机器学堂；见人以陆军强，故设武备学堂；见人以科学强，故设实学馆。同治以后，甲午以前的学堂，几乎全是这一类的。这时各学堂，受泰西的影响最大，大都偏重西文西语，专务抄袭西国学堂的形式。甲午战败之后，大家以兴学为急务。此时热心兴学的人，对于从前之偏重西文，颇不满意，故"中学为体，西学为用"成为当时最有势力的反动。那时虽为日本打败，但却不佩服日本。孙家鼐说："中国五千年来，圣神相继，政教昌明，决不能如日本之舍己芸人。"故看二十四年的学堂章程，日本教育的势力还未侵入。但日本之所以强，究竟不能不加以注意，渐渐地就有人到日本去考察。日本离中国近，仿效日本，也是一种自然的趋势。后来加以庚子失败的刺激，更觉得兴学为救国要图，不容稍缓。但拟订学制，自然要参考各国的成法。日本学制，因那时国情及文字关系，最易仿行，故光绪二十八年的学制图，特受日本学制的影响。张百熙的奏章，虽说他曾参考各国的学制，但除日本的外，他对于那时各国的学制所说的话，简直是没有根据。二十九年的学制，对于日本学制，更加抄得完备，虽修改七次，终少独立精神。民国颁布学制之前，曾开临时教育会议一次，对于日本的学制，也是仍旧随意抄袭。

德国教育在中国学制上曾有两次的影响：一是宣统元年的中学文实分科，二是民国四年的预备学校和中学文实分科。中学文实分科，确是中学分科的先导；但预备学校根本上与国体不合，故不久即消灭。

近年美国教育在中国很占势力。有好多教育的运动，都带了美国教育的色彩。这次新学制草案有好几处是表现美国教育的新趋势的。那最显见的是"六三三制"和"纵横活动"的办法。

**平民主义的影响** 中国办学之初，大家心目中只知有人才教育。"培植人才，以济时艰"是当时提倡学务的人的共同心理。李端棻、孙家鼐、盛宣怀、邓华熙一流的人所发的议论，及当时所采的制度，都可证明当时所注意的只是人才教育。光绪二十二年，李端棻首请推广学校。他主张"府、州、县学选民间俊秀子弟年十二至二十者入学，……省学选诸生年二十五以下者入学，……京师大学选举贡生、监生年三十以下者入学"。照此看来，李端棻所要推广的学堂，只是培养人才的学堂。

此时不独所要选的是民间俊秀子弟，而且中小学堂是为大学堂开的。二十四年因怕大学堂没有学生可招，管学大臣请旨严饬各省督抚学政速开中小学堂，即是这种精神之表示。

光绪二十八年《奏定学堂章程》开始顾到一般人民之教育，《小学堂章程》第一章第六节说："俟各处学堂一律办齐后，无论何色人等皆受此七年教育，然后听其任为各项事业。"第三章第十二节又说："寻常小学堂学生卒业后，任本人志愿，或升入高等小学，或地方已办有简易农工商实业学堂，听其径往学习。"二十九年《改订章程学务纲要》中有一段说："初等小学堂意在使全国之民，无论贫、富、贵、贱，皆能淑性知礼，化为良善。高等小学堂、普通中学堂，意在使入此学者，通晓四民皆应必知之要端。仕进者有进学之阶梯，改业者有谋生之智能。"就这二种学制看来，凡人都可受一时期之教育。学了之后，升学、谋事，听人自决。故就条文看，似乎已经成了单轨的平等学制。但"壬寅·癸卯学制"有两个缘因够不上单轨制之资格：一、女子教育摈在系统之外；二、实际上皂隶一流的子弟，也被"身家清白"四字，摈在教育之外。光绪三十三年，虽有《女学堂章程》颁布，但年限不同，可算是两性的双轨制。至于"身家清白"的观念，直到宣统年间还没有淘汰干净（一九一〇年浙抚批李家桢禀皂隶子弟一律准入学堂）。到了民国成立，以平民主义为本，纯粹单轨的学制方才发生。

后来袁世凯预备做皇帝，先从教育入手，仿效德国办法，分小学为二种：一国民学校，即现在之初等小学……为纯受义务教育者而设，办理可从简便；一预备学校，与初小相似，为志在升学者而设，办理须求完备。

这是民国四年二月四日《教育纲要》中所说的话。到十一月七日居然下《预备学校令》，规定预备学校附设于中学校，修业年限七年。

至此，民国立国根本的单轨制的教育一变而为双轨制的教育，但为时很短，没有实行出来，已跟随袁皇帝去了。自《预备学校令》取消以后，单轨的平等学制，得以保全。今次所订的新学制草案，是仍旧依据这种平民主义做的。

两性的影响与平民主义有密切关系的，即是两性的区别。光绪二十八年以前的学堂章程，无女子教育的规定。好像在拟订章程的人的心目中，教育只是男子所独享的。二十九年修正章程以"家庭教育包括女学"。那时拟订章程的人，对于女子教育的观念，可从下文得一个大概：

"惟中国男女之辨甚谨，少年女子断不宜令其结队入学游行街市，且不宜多读西书，误学外国习俗，致开自行择配之渐，长蔑视父母夫婿之风。故女子只可于家庭教之，或受母教，或受保姆之教，令其能识应用之文字，通解家庭应用之书算物理，及妇职应尽之道、女工应为之事，足以持家教子而已。"

照上文看起来，二十九年的学制当中，还没有女子的位置，那时女子教育只是包括在家庭教育当中。迟至三十三年才有《女子学堂章程》发现，那年正月二十四日颁布《女子师范学堂章程》三十六条、《女子小学堂章程》二十六条。这是女子教育最可纪念的一天，因为女子教育在学制上占领位置实从此日起。这时之女子教育可注意之点如下：

（一）女子教育与男子教育是分开的。

（二）女子初等小学堂和师范学堂都比男子的少一年。

（三）女子中学尚未占领地位，女子教育到师范学堂为止。

民国成立之后，就学制方面看，小学里男女同学并未说明，修学年限男女却是一样的。五年颁布《国民学校令》施行细则第十九条说："国民学校或其分校同学年之女生数足敷编制一学级时，应分别男女各编学级，但第一第二学年不在此限。"《高等小学校令》施行细则第十六条说："高等小学校或其分校应分别男女各编学级。"换句话说，那时国民小学三年级以上可以同校，但最好不同级；高等小学可以同校，但不可同级。近几年来，国民小学男女完全同级的，已是常事；高等小学中男女同级的也已渐渐发现。至于中等教育，民国初年，女子初级师范学校之外，《女子中学校章程》之上，立《女子高等师范学校章程》。实际上《女子中学校章程》颁后九年内，只有制裁私立女子中学之功用，公家设立的女子中学校很少。至于《女子高等师范学校章程》简直是虚设了八年多。到了八年四月二十三日，北京女子师范学校改为北京女子高等师范学校的时候，才是第一次的实现。自民国九年北京大学、南京高等师范学校相约招收女生，政府默认之后，高等教育对于男女同学的困难，已经打破。十年，广东省立中等学校开始招收女生，北京高等师范学校附属中学校亦有试办男女同学之举。中等学校是否宜于男女同学，姑且不谈，但是中等学校的男女同学的难关，至此时确是已经打破了。

我们可以说：到了民国十年的时候，依理论方面看，女子与男子在教育上已享平等的地位；下至幼稚园，上至大学，女子皆可得教育的机会，女子皆可与男子同学。新学制草案对于两性问题不加区别，与二十八年的学制同一形式，但用意大不相同。二十八年的学制只承认男子能有教育，女子在教育上是没有位置的，所以凡教育只是男子教育的别名。但按新学制草案的用意，教育是男女共有的，并可以同得的。从男子独享的教育而变为男女共有的教育，时间只花了二十年，进步的敏捷，实可令人惊叹。以后我们的责任，只须在数目上去求扩充、性质上去求改良就是了。

**教育行政与学制之分合** 按光绪二十四年和二十八年的《学堂章程》所规定，学堂和教育行政机关是混合为一的。光绪二十四年五月《京师大学堂章程》论大学堂与各省学堂的关系说："今京师既设大学堂，则各省学堂皆当归大学堂统辖。"又说："各省府州县学堂训章，应由大学堂总教习总办拟定，请旨颁示。"当时协办大学士孙家鼐甚至行使他的权势，禁止康有为的著作。他的《严禁悖书折》说："皇上既令臣节制各省学堂，臣以为康有为书中凡有关孔子改制称王等字样，宜明降谕旨，亟令删除。"二十八年管学大臣张百熙《奏定学堂章程》亦有"京师大学堂主持教育，宜合通国之精神脉络而统筹之"的规则，但学堂对于教育行政之责任，比前更加详明。上级学堂对于下级学堂有复试学生给予奖励之责，下级学堂对于上级学堂有报告之责。下级学堂教习如有不谙教法及讲授疏懈的，上级学堂有查察撤退之权。京师大学堂对于省立高等学堂及同等学堂，高等学堂对于官立中小学堂及同等学堂，官立小学堂对于蒙学堂，都发生这种关系。至官立小学堂对于蒙学堂，并且规定有"稽查课程之责"。照此看来，此时之学堂不但是培养学子的机关，而且是承上启下的行政机关。管学大臣，不独要管京城大学堂，又要管外省各学堂事务。后因学务加繁，势难兼顾，到了二十九年十一月会奏改订章程的时候，张之洞等请在京师专设总理学务大臣，以统辖全国学务，别设大学总监督，奉旨颁行。大学及全国学堂，从此纯粹从事教学，不再带教育行政之彩色。

**学制系统之变迁**　中国开办学堂之初，范围很小，如同治元年一直到甲午年间所开之学堂，大都是"一段制"的学堂。在底下没有基础，在顶上没有研究。除开一二例外，我们可以说，这三十余年中几乎尽是"一段制"的学堂。由"一段制"进为"二段制"，虽发轫于沪广两同文馆与北京同文馆之关系，但是明定之办法是从光绪二十一年起的。那时津海关道盛宣怀创设北洋西学堂，由直隶总督王文韶奏准开办，分头等二等学堂各一所，均四年毕业。二等学堂即"外国所谓小学堂"，头等学堂即"外国所谓大学堂"，二等学堂毕业升入头等学堂。二十二年七月，孙家鼐《议复开办京师大学堂折》亦主张"两段制"。他说："小学之学生数年后中西各学俱通，升入大学堂。"这可证"两段制"在当时是一种应时而出之制度和观念。

"三段制"的学堂由李端棻开始建议，他在二十二年的时候，奏请推广学校，主张府州县学、省学及京师大学各以三年为期。二十三年盛宣怀创办的南洋公学的计划，已是按着"三段制"做的。外院之上（附属小学）要陆续开办上中两院。二十四年奏定之《京师大学堂章程》亦分大学堂、中学堂、小学堂三段阶。

**各段学制之变迁**　上面所说的，是关于学制系统全部的变迁，现拟分段叙述找出各段教育变迁之线索。

**（一）初等教育在学制上之变迁**　光绪二十一年直督王文韶奏准开办之北洋西学堂，规定二等学堂四年毕业。二十四年《京师大学堂章程》未载明小学堂修业年限。"壬寅学制"分初等教育为三段，即四年蒙学堂、三年寻常小学堂、三年高等小学堂，共计修业年限十年。或以为蒙学堂即幼稚园之误，但蒙学堂入学年龄为满五岁至满九岁，显是初等小学，故必须并入计算。吾国初等教育制度以此为最长，确是太长了。次年"癸卯学制"颁布,分高等、初等小学堂两种,将蒙学堂并入,减去一年,加到中学里面去。虽是进步,但初等小学五年、高等小学四年共计九年的初等教育,仍是太长。各地办学的人,都感困难。不得已于宣统元年三月,颁布小学简易科办法,定毕业年限为四年、三年两种。但颁布后一年,当局以其易起纷歧,即折中定制,一律以四年为毕业期限,并取消简易科名目。故初等教育到了宣统二年末了的时候,已由"五·四制"变成"四·四制"了。"壬子学制"更减去高等小学校一年,这是现行的"四·三制"。《辛酉学制草案》主张再减少一年,并为六年一段制的初等教育。草案说"各段大致以儿童身心发达时期为根据",初等教育即是依据童年时期分的。我有几个问题提出来请大家考虑:

一、教育分段是否可以单依学生身心发达时期分的?

二、中国儿童之童年时期是不是六岁至十二岁?

三、"四·三制"经过十年试验之后,有何不良之处?

四、如有不良之处,是否必须采用六年一段制才能矫正的?

五、采用六年一段制时所得之益,是否可以胜过取消"四·三制"时所受的害?

六、采取六年一段制是否必须牺牲"四·三制"?

七、六年一段制的第二期两年是否可以单独办的?

**(二)中等教育制度之变迁** 光绪二十四年,南洋公学开办中院,定四年毕业。"壬寅学制"亦规定四年为中等学堂修业期限。"癸卯学制"增加一年为五年(中等实业学校甚至有加至七年的)。此举颇为得力。到壬子改制时,除师范学校外又减到四年,可算退步。虽有继续办理五年中学的,然究属少数。《辛酉学制草案》一面使职业教育的年限可以大加活动,一面将中学教育分为高初两级,总共加到六年,此举很可庆贺,因为职业教育最要留伸缩的余地,而专门事业的基础的中学教育四年,确是不够的。既有了六年来做专门事业的基础和较高职业的准备，又使难易不同的和程度较浅的职业教育可以伸缩他的年限，真是一举两得。不过有个问题发生，就是高初两级中学合起来办与分起来办的利弊与办法，不可不详加讨论。

论到组织方面，"壬寅学制"有一优点，就是中学第三年起可以设实业科，与中等实业学堂平行。换句话说，这就是同时采用分校制和分科制。"癸卯学制"取消实业科，完全采用分校制。但就社会需要与学生性情两方面着想，这种分科制都是应该扩充利用的。到了宣统元年，中学复实行文实分科，但过了两年多，民国开国的几位教育家又把他随便除掉了。民国四年文实分科的运动又发现。民国六年南京高等师范开办附属中学，更进一步设农工商科。吾国政府立的学校，由升学的文实分科，进而为职业的分料，或是从此时起的。以后虽遇阻力，但中学分科的趋势不可遏止。到了民国八年，教育部允许中学校得酌量地方情形增减科目及时间，中学校发展的自由因此增加。民国九、十两年，中学采取分科制或分组制的逐渐加多。民国初年一律的中学制度几乎无形打破了。《辛酉学制草案》主张分科制与分校制同时存在，是欢迎中学分科的趋势，是在学制上给分科中学一个位置。

（三）**高等教育制度的变迁**　甲午前的专门教育对于以后的高等教育制度的影响很少，暂且不谈。光绪二十二年，孙家鼐议复京师大学堂情形，拟分立天学、地学、道学、政学、文学、武学、农学、工学、商学、医学十科。他自己称赞说："虽草创规模未能开拓，而目张纲举已为万国所无。"这是第一次筹办大学的情形。但当局方面故意搁置，到二十四年才正式开办。功课分普通、专门两类，普通功课十种，与一种外国语文，必须于三年内读了，这明明是一种预科办法。专门功课亦分十种，每个学生于普通学科卒业后各选一种或二种学习，但是不像后来那样呆板。第一次有系统组织之高等教育，到二十八年方发现。壬寅年高等教育制度的特点如下：

一、第一段为高等学堂及大学预备科，设在大学堂里的，叫做预备科；设在各省的，叫做高等学堂。大学预备科和高等学堂的课程都是一样的，并都是三年毕业，都分政艺两科，都是预备学生升入大学堂的。所以高等学堂和预备科只是一个东西。与他们平行的有四年的师范馆、师范学堂、三年的仕学馆和三年的高等实业学堂。换句话说，专门学堂和大学预科是平辈的。

二、大学堂三年毕业分七科：政治、文学、商业三科，由预备科之政科卒业生升入；农业、格致、工艺、医术四科，由艺科卒业生升入。这是所谓之综合大学。

三、大学院为学问极则，主研究不立课程，不定年限。

癸卯改订学堂章程，大学预科与高等学堂的关系仍旧，但加分为三类，并设大学实科与之平行。此时这里最显明的变更有二：1. 专门学堂程度提高，几乎有与分科大学相等的；2. 专门学堂开始设预科。至于分科大学最重要的变更，就是加经学科，合为八科；并增加政法科及医科中之医学专门之修业年限为四年。大学院改为通儒院，以五年为限。

癸卯以后、民国以前，高等教育制度还经过一二变更。宣统元年大学预科改为京师高等，减为二类；分科大学裁去医术科，改为七科。二年四月，高等农业、商业之预科一并裁撤。

这种情形直到民国元年。照元、二两年所颁布之高等教育看来，有下列的重要改革：

一、大学预科取消分科制，并须附设在大学里，各省之高等学堂一律取消。那时高等学堂固亦有办理不善的，但一概取消，使各省忽然失掉一个文化中心，未免可惜。

二、恢复专门学校之预科再加一度的提高，连研究科计算在内，简直可与大学不相上下。专门学校与大学的分别愈足引人怀疑了。

三、分科大学制，除去经学科，恢复医科，共七科，或文、理二科并设，或文、理兼法、商二科，或理科兼医、农、工三科，或二科、一科，都可称为大学。京师大学堂即以文、理、法、工四本科及预科组织而成。民国六年九月，大学制度复加修改，设二科以上的得称为大学，那只设一科的称为某科大学。单科大学之名从此起。并改大学修业年限为四年，预科为二年。后来北京大学废科分系和十年东南大学之设教育科与一年的预科，都很与《大学令》有出入。至专门学校方面，九年十二月北京工业专门学校废除预科，改本科为四年。这是与宣统末年废除专门预科的情形相仿的。

《辛酉学制草案》对于高等教育有可注意之点如下：

一、设单科的亦得称为大学，这与民国六年的《修正大学令》相仿。

二、大学与专门学校废除预科为一当行之事，是可以拿本国办预科的历史来证明的。

三、大学毕业期限定为四年至六年，伸缩的机会加多，也可以欢迎的。

四、研究院不定年限，亦与现制同。

但我对于新学制的高等教育段，有一个疑问。这疑问就是：四年的高等专门学校与四年的单科的大学，究竟有什么分别？

**（四）师范教育制度之变迁** 光绪二十三年，南洋公学先设师范院，以培养上中两院教员为目的，分格五层依次递进。二十四年京师大学堂成立，设师范斋，选大学前三级高才学生入斋学习。这都是单级制的师范教育。"壬寅学制"规定两级师范教育制度：一是与大学预科高等学堂平行的，称为师范馆，或师范学堂；一是与中学堂平行的，称为师范学堂，均四年毕业。

癸卯颁布优级、初级师范两种章程，初级师范增加年限为五年，优级师范规定公共科一年毕业，分类科三年毕业。此外优级师范得设加习科，初级师范得设一年简易科，并在实业学校里设实业教员讲习所，分完全、简易两种。师范教育的规模比"壬寅学制"详备多了。

三十三年颁布《女子师范章程》四年毕业，与五年的男子师范不同。

又因应济特别需要，于宣统二年在优级师范中设选科及补习科。初级师范虽有酌量停办简易科之举，但各地需要教员急不可待，于是单级教授练习所及临时小学教员养成所章程于宣统三年相继颁布，临时小学教员养成所肄业年限为一年以上二年以下。这是前清末年的情形。

民国成立后，改优级师范为高等师范，公共科为预科，分类科为本科，加习科为研究科，并限制设校，各省优级师范相继取消。高等师范均由国立。同时，初级师范学校改为师范学校，临时小学教员养成所改为小学教员讲习所，实业教员养成所取消。此时重要的变更就是使女子师范与男子师范立在同等地位。

民国四年恢复实业教员养成所，改订毕业年限为四年，取消简易科，并改小学教员讲习所为师范讲习所。民国八年山西开办国民师范学校，以应义务教育之需要。这种办法是比师范讲习所要强得多。近年来师范学校因受中学选科的影响，亦纷纷采取分科或选科制。

以上是《辛酉学制草案》制定前之状况。

《辛酉学制草案》所定师范教育有六种：一是三年普通、三年师范的六年师范教育，二是初级中学毕业后之三年师范教育，三是四年的高等师范教育，四是大学的师范科（怕也是四年），五是相当年期的师范讲习所，六是高级中学职业科里附设的职业教员养成科。

《辛酉学制草案》关于师范教育的各种问题，当另作文讨论。在这里我只提出一点，希望大家注意，就是师范教育制度是应当符合全部学制的需求的。草案中之师范教育，是不是充分适应这个需求？

（五）**补习教育制度之变迁**　"壬寅学制"中尚无补习教育的位置。"癸卯学制"设实业补习普通学堂，"令已经从事各种实业及欲从事各种实业之儿童入焉，以简易教法授实业所必需之知识技能，并补习小学普通教育为宗旨……三年毕业。"这是为从事实业的人学习实业补习普通教育的学校。宣统元年所颁布的《简易识字学塾章程》，毕业年限定为三年以下；到宣统三年改修业年限为一年、二年两种。

这是为年长失学贫寒无力就学的子弟设的学校。

民国成立后，初等、高等小学校均得设补习科，招收初等小学或高等小学毕业生和有同等以上的学力的学生进去学习，这是继续补习及增进学业的补习学校。光绪三十一年曾有半日学校的运动。到民国三年，为幼年失学便于半日或夜间补学起见，颁布《半日学校规程》。补习教育问题，现在还没有得到相当的重视。这次《辛酉学制草案》初等教育段内为年长失学的人设补习学校，又在初级中学段内为作工儿童设半日、半夜、日曜等补习学校。但补习教育之目的：一是使缺少普通学识的补足必不可少的普通学识，二是使缺少生利能力的补足必不可少的生利能力，三是使已有学问能力的都可得继续增进学识技能的机会。其中有受过学校教育的，有未受过学校教育的；所补习的教育及补习的方法，有与学制分年进程符合的，有全与学制系统不相符合的。例如，年长失学的人关于普通教育的补习，和未受过教育的工人关于职业教育的补习，几乎完全不能配入通常之学制。所以凡是这一类的补习教育，似乎有另立系统的必要。

原载1922年1月《新教育》第4卷第2期

# 后　记

呈现在读者面前的《陶行知师德师风教育文选》是南京晓庄学院陶行知研究院精心编排、用功颇多的一部教育文选。我们就此书的独到之处在此做一说明，以便读者阅读。

本书近三十万字，是对陶行知先生一生著述的选编，其中既有论著，也有译著和书信，所选题材广泛而充实。大凡研究教育者，必须重视对教育经典的耕读，本书的选编对于读者来说很有价值。

与以往陶行知师德师风教育选编相比，呈现在读者面前的《陶行知师德师风教育文选》有以下特点：

第一，创新了陶行知师德师风教育选编形式。与以往选编相较，《陶行知师德师风教育文选》首次将陶行知关于师德师风的教育论述，分为"为学的大先生""为人的大先生""为事的大先生"三大编，且在每一编中都有进一步细化，编排逻辑性较强，让读者读后，既知"点"，更知"面"。

第二，深化了陶行知师德师风教育原则规范体系的内容。《陶行知师德师风教育文选》为我国师德师风教育原则规范体系注入了新的内涵。例如：在"为学的大先生"中，强调教育理想、教育信念、教育方法等。在"为人的大先生"中，更加突显教育仁爱的价值等。在"为事的大先生"中，更加强调教育平等、教育民主等。

第三，体现了"立德树人"是教育的根本任务，为我国发展好现代化教育而服务。《陶行知师德师风教育文选》作为一部探讨师德师风的文选，力求集中反映人类共同的师德师风真理与智慧。作为新时代的教育工作者，我们要崇德修身，忠于教职，不断提高教师道德水平和育人技能。

《陶行知师德师风教育文选》旨在为中华民族伟大复兴、为中国特色社会主义教育事业、为广大教育工作者和大众读者，贡献一点力量。

目前，对于陶行知师德师风教育的研究，仍在不断开拓和完善。此版《陶行知师德师风教育文选》仍存有不足，理论思考还有所欠缺，敬请学界同人和广大读者批评指教，以便今后进一步完善。

《陶行知师德师风教育文选》得到了东南大学出版社的大力帮助，徐莹晖、薛彦桂、于涛等担任了本书文字处理和校对等工作。在此一并表示最诚挚的谢意！

张济洲

2022年10月于南京晓庄学院